TECHNIQUE

DE

L'ORCHESTRE MODERNE

faisant suite au Traité

d'Instrumentation et d'Orchestration

de H. BERLIOZ

PAR

CH. M. WIDOR

PRIX NET : 10 FRANCS

HENRY LEMOINE & Cⁱᵉ, Editeurs
17, Rue Pigalle, PARIS. — BRUXELLES, Rue de l'Hôpital, 44

PRÉFACE

Depuis une cinquantaine d'années le mécanisme de la plupart des instruments a fait de notables progrès, et en même temps la palette orchestrale s'est enrichie de sonorités insoupçonnées jadis. Quiconque, après avoir étudié le Traité de Berlioz, veut passer aujourd'hui de la théorie à la pratique, remarque aussitôt des inexactitudes, des lacunes qui témoignent de l'âge du livre. (1)

Or, il ne faut pas qu'un tel ouvrage vieillisse. On devra toujours lire et relire ces descriptions si pittoresques, cette psychologie suggestive des différents types de la Symphonie. Rien n'est plus instructif.

Aussi, beaucoup le lisaient-ils et relisaient-ils, un crayon à la main, notant au passage les divergences du texte et de la réalité, noircissant les marges, soulignant et annotant. Et ce sont ces notes, ces remarques rectificatives ou complémentaires que les Editeurs du Maître illustre ont bien voulu me demander.

Le présent travail n'est donc qu'un appendice venant à la suite d'une œuvre qu'il fallait, avant tout, religieusement respecter et à laquelle nous n'avons pas touché. C'est un simple Post-Scriptum constatant l'état actuel des instruments d'Orchestre, leur étendue, leurs moyens.

Après Berlioz et Gevaert, — si peu de temps après Gevaert, — l'idée de produire un Traité eût-elle pu nous venir? Il faudra bien un demi-siècle pour que la nécessité s'en fasse sentir à nouveau, alors que la mécanique aura fait encore d'autres progrès, la Symphonie acquis de nouvelles richesses.

CH.-M. W.

---

(1) Le Traité d'Instrumentation de Berlioz date de 1843.

II

Ordre des Chapitres

Dans le présent travail, nous avons suivi l'ordre généralement adopté pour la disposition des instruments d'une partition d'orchestre, en commençant par l'aigu :

> FLÛTES, (Petite Flûte)
> HAUTBOIS, (Cor Anglais)
> CLARINETTES, (Clarinette Basse)
> BASSONS, (Contre-Basson)
> SARRUSOPHONE,

Puis viennent, après une *Théorie des Instruments de* CUIVRE A EMBOUCHURE [1], les

> CORS,
> TROMPETTES, (Cornets à Pistons)
> TROMBONES,
> TUBAS, (Saxhorns)

Puis la

BATTERIE,

Ensuite, et comme entre parenthèse :

> Les SAXOPHONES,
> La HARPE,
> L'ORGUE,

Enfin le

QUATUOR.

---

[1] Cette étude a été faite grâce à l'obligeance de MM. Couesnon et Cⁱᵉ, les intelligents constructeurs, qui ont bien voulu mettre leurs ateliers à ma disposition, et me fournir toutes les mesures (longueurs et diamètres) intéressant les tubes métalliques de cette catégorie d'instruments.

III

Memento

Le son parcourt environ 340 mètres à la seconde.

Le son le plus grave que nous puissions percevoir est celui produit par un tuyau de 64 pieds (Orgue de Sydney, Australie, *ut* grave donnant 16 vibrations à la seconde. – Orgue de St Louis, Etats-Unis).

Un tuyau de	64 pieds	donne	16	vibrations.	
—	32 —	—	32	—	
—	16 —	—	64	—	
—	8 —	—	129	—	
—	4 —	—	258	—	
—	2 —	—	517	—	
—	1 —	—	1034	—	

L'*ut* grave que devrait donner la Contrebasse (et que d'ailleurs nous donnent quelques instruments récemment construits) correspond à un tuyau de 16 pieds. L'*ut* grave du Violoncelle . . . . correspond — de 8 pieds. L'*ut* grave de l'Alto . . . . correspond — de 4 pieds.

(Le diapason normal est réglé à 870 vibrations).

Les sons les plus aigus perceptibles atteignent 30 000, 40 000, 50 000 vibrations, et au delà....

Le Timbre dépend de la façon dont est ébranlée la colonne d'air, bien plutôt que de la matière dont est fait l'instrument. Dans le groupe des cuivres, l'embouchure influe beaucoup sur cet ébranlement de la colonne d'air. Comparez le peu de profondeur de l'espèce de petite cuvette qui forme l'embouchure d'une Trompette par exemple, avec celle d'un Cor; ces deux *Bassins* sont dans la proportion de 1 à 2; et plus le bassin de la Trompette se raccourcit, plus le son devient strident: telle la Trompette de cavalerie; plus celui du Cor s'allonge, plus le timbre s'adoucit.

Pour que les divisions harmoniques d'un tube se produisent librement, pour que les sons les plus graves sortent comme il convient, il faut qu'il y ait un juste rapport entre le diamètre et la longueur de ce tube. Si le diamètre est trop étroit, le tube trop mince, impossible d'en tirer le son fondamental.

La division naturelle de la colonne d'air, dans un tuyau, par moitié, tiers, quart, cinquième, sixième etc... (sons harmoniques), correspond à la division d'une corde en moitié, tiers, quart, cinquième, sixième etc...

Technique de l'Orchestre Moderne

(Faisant suite au Traité d'Instrumentation
de H. BERLIOZ)

PAR

CH.-M. WIDOR.

La Flûte.[1]

1.§—Son étendue est de 37 notes, d'*ut* en *ut* (trois octaves):

Quelques instrumentistes montent encore plus haut et donnent jusqu'au *mi* ♭ suraigu, mais c'est l'exception, et quand on écrit, ce n'est pas pour quelques virtuoses exceptionnels, mais bien pour tous.

L'échelle chromatique des trois octaves de la Flûte est assez égale. Les 35 premiers degrés peuvent être attaqués et soutenus soit *forte* soit *piano* à volonté, sans trop de précautions.

Quant au 36ᵐᵉ et au 37ᵐᵉ degrés, ils sont le produit d'un effort et ne peuvent sortir que violemment:

Impossibles dans le *piano*,
excellents dans la force.

1ʳᵉ Remarque: A la rigueur le son 36 peut être donné en douceur par quelques artistes, mais c'est encore là un effet d'exception. Quant au son 37, c'est tout à fait impossible.

2ᵉ Remarque: Tous les intervalles de la Flûte peuvent se lier entre eux, sauf *deux:*

Dangereux, impossible à lier *piano*,
le *mi* est revêche.

---

[1] Nous ne parlons ici que de la Flûte, système Bœhm, à perce cylindrique, la plus généralement usitée aujourd'hui.

2.§ — En disant que cette échelle est assez égale, j'entends par là que le compositeur peut en considérer chaque degré comme très suffisamment harmonisé avec les autres, et n'a pas à se préoccuper des défectuosités de quelques notes.

3.§ — Ces notes défectueuses sont au nombre de huit:

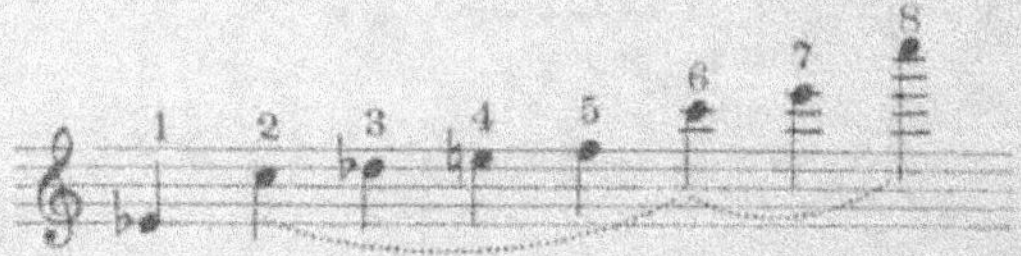

Et d'abord les trois *ut* (N°ˢ 2, 6, 8) sont trop hauts: quant au *mi* ♭ (N° 1), il est au contraire un peu bas. Le *ré* ♭ (N° 3) exige un soin particulier d'émission, et les N°ˢ 4, 5, 7 sont difficiles d'attaque.

Mais encore une fois, ces défectuosités ne regardent guère que l'exécutant; c'est à lui de les corriger.

4.§ — Quoique la Flûte, instrument agile entre tous, affectionne pour briller plus à l'aise, les tonalités peu chargées d'accidents, (à éviter toutefois les toniques de *ré*, *mi*, *mi* ♭ comme pivots d'arpèges rapides,

les intervalles: 

étant difficiles surtout en descendant), quand elle doit soupirer une tendre Cantilène, rien ne lui sied mieux que le ton de *ré* ♭. Plusieurs charmantes compositions modernes en témoignent. Excellent encore le ton de *la* ♭.

Et à ce propos je citerai cet *Andante* finissant sur un *ut* pianissimo, d'une sonorité si pure, que cet *ut* semble l'une des meilleures notes de l'échelle, contrairement à la remarque faite au paragraphe 3:

La raison en est que cet *ut* final ne résulte point du procédé ordinaire. Pour le donner, l'instrumentiste se sert du doigté de *fa* (douzième inférieure) pendant que la pression des lèvres produit l'harmonique du son fondamental, tel le doigt sur la corde d'un violon.

5.§— Les seuls sons harmoniques usités ont pour fondamentales les quatorze premiers degrés de l'échelle: d'*ut* (1) à *ut* ♯ (2):

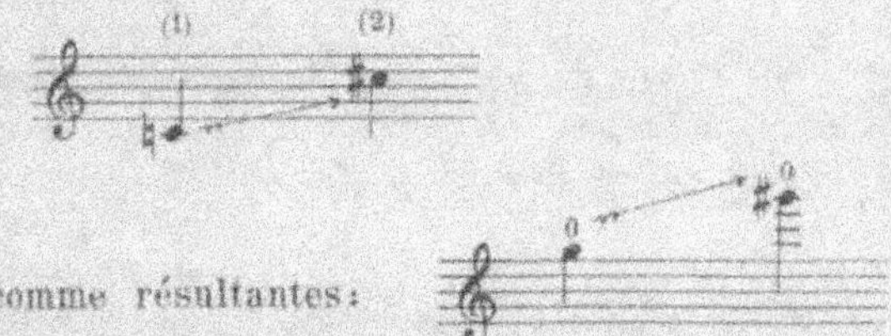

Ce qui nous donne comme résultantes:

Il n'est pas possible de monter plus haut.

6.§— Ainsi que le fait très judicieusement remarquer Gevaert dans son *Traité d'Instrumentation*, «lorsque la Flûte aura à soutenir une Cantilène de soprano, sa place naturelle sera à l'octave supérieure du chant; il en sera de même lorsqu'elle doublera un instrument à vent situé dans la même région que la voix féminine.»

Quand un organiste veut éclaircir une sonorité de jeux de 8 pieds, il leur adjoint une flûte de 4 pieds, qui ne fait que renforcer les harmoniques de ces registres, sans donner aucunement la sensation d'une transposition à l'octave.

Le rôle de la Flûte, à l'orchestre, est donc assez souvent de réaliser le premier harmonique du hautbois ou de la clarinette. Essayez de supprimer, dans un groupe d'instruments à vent, les flûtes doublant à l'octave les parties supérieures, votre ensemble deviendra gris et triste, d'une désespérante pauvreté; et cependant à la lecture de la partition, ces flûtes paraissaient luxe inutile, simple remplissage.

Articulation de la Flûte.

7.§— Le coup de langue est aux instruments à vent, ce qu'est le coup d'archet au quatuor.

Les flûtistes pratiquent trois sortes de coups de langue, qu'ils nomment: *Articulation simple, double, triple*.

L'*Articulation simple* se produit en prononçant la consonne *t* (prononcez *te*, comme dans «bronchite»): c'est celle qui donne le maximum de sonorité et de coloration; un peu comme le grand «détaché» du violon:

Articulation simple:

Mais ce n'est point ainsi que l'on peut aller vite. Dans les traits d'agilité, l'exécutant doit recourir à d'autres moyens, moyens mécaniques, pour ainsi dire, ne permettant ni la même intensité de son, ni la même liberté expressive.

Il se sert alors de l'*Articulation double* en prononçant alternativement les deux consonnes *t k* (prononcez *que*), ou de l'*Articulation triple* avec ces trois lettres *t k t*.

8.§— L'*Articulation simple* ne permettrait pas de faire sortir dans la rapidité du mouvement, par exemple, les notes graves du Scherzo du *Songe d'une Nuit d'Eté*. Aussi les exécute-t-on ainsi:

Articulation double:

De même, le Solo de *Namouna* (Lalo):

Articulation double:

Remarque: Ces deux exemples sont très périlleux pour les instrumentistes, le staccato dans le grave étant difficile à exécuter; mais qu'importe, puisqu'ils sont possibles et que l'effet en est charmant?

L'*Articulation double* permet encore d'exécuter très aisément et rapidement toutes notes répétées:

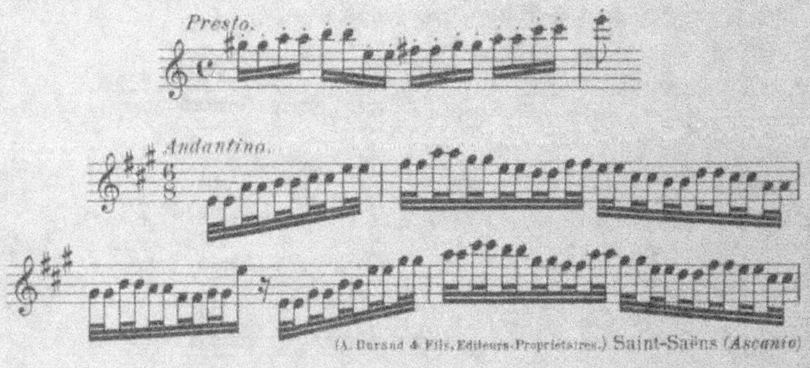

9.§— Quand il s'agit de groupes ternaires, on emploie l'*Articulation triple*, presque aussi rapide que la *double*, mais présentant un petit danger d'inégalité dans la succession des trois consonnes à prononcer *t k t*, étant donnée la tendance qu'on a d'appuyer la dernière.

Des traits comme celui-ci sont très faciles, vu l'uniformité du texte et l'absence de tout sentiment mélodique; on les joue mécaniquement:

Mais voici un thème plus délicat d'interprétation et demandant toute l'attention de l'exécutant:

Vitesses de l'Articulation.

10.§—Dans le grave de la Flûte, le maximum de vitesse ne peut dépasser (Articulation simple) 112 à la noire, et encore faut-il que le trait ne dure pas longtemps, étant donnée la fatigue d'émission et l'allourdissement, conséquence de cette fatigue:

En allant à l'aigu, la vitesse peut s'accroître naturellement; toutefois le *si♭* suraigu ne pourra guère dépasser 120:

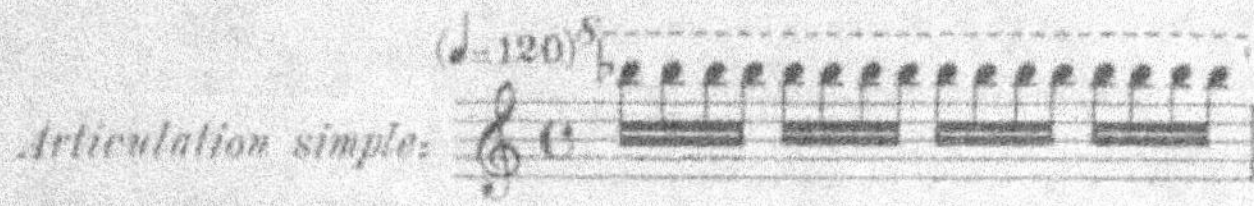

Mais il n'en est plus de même avec l'*Articulation double* qui permet d'atteindre facilement 144 à la noire; il est vrai qu'alors l'intensité et la netteté de son diminuent quelque peu:

Avec l'Articulation double, on irait facilement à 160.

11.§— Dans le registre moyen, on arrive, grâce à cette *Articulation double* à lutter de vitesse avec les cordes et à produire un véritable *trémolo*, témoin *La Grande Pâque Russe* de Rimsky-Korsakow:

Le poignet d'un violoniste ne serait pas plus agile et ne pourrait fournir un *trémolo* plus serré.

Respiration.

12.§— L'embouchure de la Flûte exigeant une dépense de souffle plus considérable que celle du hautbois ou de la clarinette, il faudra se méfier de la durée du son dans les mouvements lents. La facilité de la respiration n'a pas toujours préoccupé le compositeur, même dans certaines œuvres célèbres, témoin le Trio des «Jeunes Ismaëlites», de l'*Enfance du Christ* dont l'Andante demande des durées qui font la terreur des interprètes.

Trilles et Batteries.

13.§— Tous les trilles sont excellents du *ré* grave au *mi* suraigu.

Nota: Le trille est très gauche: si Wagner n'a pas craint de s'en servir dans la *Chevauchée de la Walkyrie* (page 284), c'est qu'il l'a fait doubler par la Petite Flûte.

Série complète des Trilles et Batteries.

(La croix signifie *mauvais*, la double croix *impossible*.)

14. §—

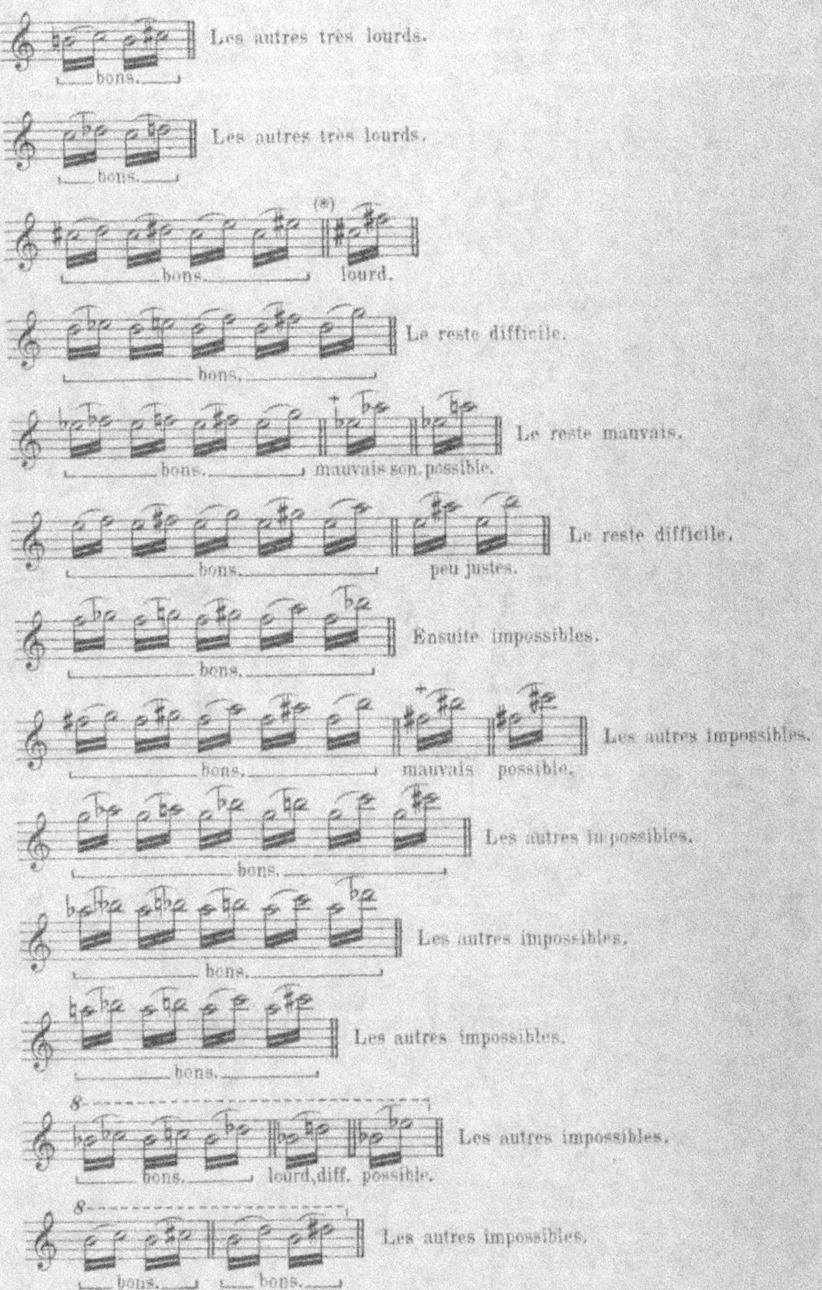
Les autres très lourds.
bons.
Les autres très lourds.
bons.
(*)
bons. lourd.
Le reste difficile.
bons,
Le reste mauvais.
bons. mauvais son, possible.
Le reste difficile.
bons. peu justes.
Ensuite impossibles.
bons.
Les autres impossibles.
bons. mauvais possible.
Les autres impossibles.
bons.
Les autres impossibles.
bons.
Les autres impossibles.
bons,
Les autres impossibles.
bons. lourd, diff. possible.
Les autres impossibles.
bons. bons.

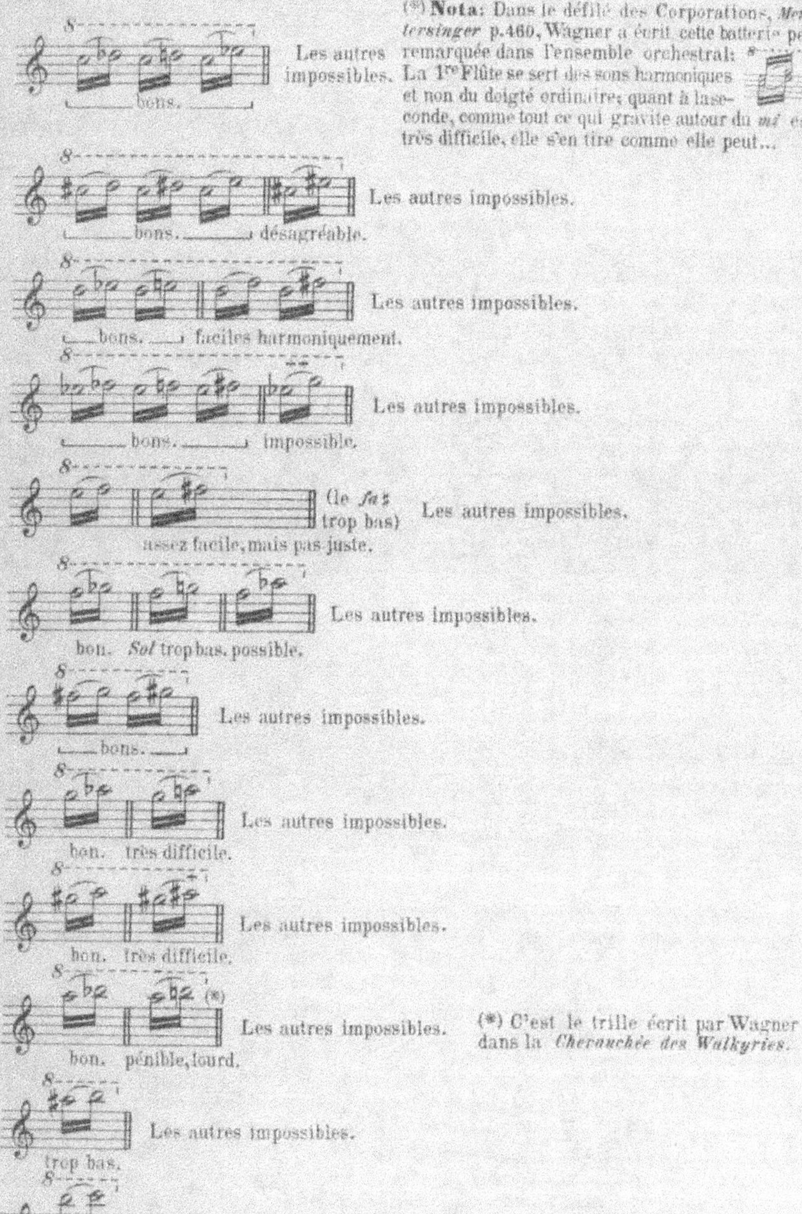

(*) **Nota:** Dans le défilé des Corporations, *Meistersinger* p.460, Wagner a écrit cette batterie peu remarquée dans l'ensemble orchestral: La 1re Flûte se sert des sons harmoniques et non du doigté ordinaire; quant à la seconde, comme tout ce qui gravite autour du *mi* est très difficile, elle s'en tire comme elle peut...

(*) C'est le trille écrit par Wagner dans la *Chevauchée des Walkyries*.

Nota: Tout ce Chapitre a été lu et vérifié par M. Barrère, flûtiste solo des Concerts Colonne.

15.§—AUTEURS ET ŒUVRES À ÉTUDIER: Bach *(Sonates)* Hændel *(Sonates, Trios)* Mozart, Schubert, voire même Kuhlau, et puis tout un répertoire moderne: *Sonate* de Reinecke, *Concerto* de Langer, *Concertos* et *Fantaisies* d'Andersen, *Poème Symphonique* de Peter Benoit, *Romance* de Saint-Saëns, *Fantaisie* de Fauré, *Suites* de Godard et Widor, *Pièces* de Pratten, Briccialdi, Ciardi, Clarke etc...

Flûtes transpositrices.

16.§— Il existe des Flûtes dans plusieurs tons. A l'exposition de Paris (1900), figurait une Flûte basse accordée à l'octave inférieure, mais ne permettant guère, malheureusement, aux lèvres de faire sortir les sons graves. On en construit en *sol, la, si♭* (au-dessous du diapason de la Flûte ordinaire): la première des trois (en *sol*) excellente, très probablement appelée à prendre place dans les orchestres de l'avenir.

Quant aux Flûtes accordées au dessus du diapason, nous n'avons plus que la Flûte en *mi♭* encore usitée aujourd'hui dans les musiques militaires, on ne sait guère pourquoi. Au temps de Mozart, il y avait encore la Flûte en *fa*, pour laquelle il écrivit l'*Enlèvement au Sérail*, dont on joue la partie sur la Petite flûte, aujourd'hui.

Remarque: La Flûte a relativement aux autres instruments à vent, si peu de son au médium que dans ses ensembles avec eux il ne faut guère compter sur elle qu'à partir du *sol* ou du *la* Écrite plus bas, on ne l'entend plus, et *ce qu'on n'entend pas est plutôt nuisible.*

La seule question indiscrète que nous oserions poser à Weber, c'est au sujet de ses Secondes Flûtes, fréquemment à l'octave inférieure des premières, et par conséquent insonores, alors que tous les autres instruments sont toujours si merveilleusement traités dans cet incomparable orchestre!

Et encore:

Je pourrais multiplier les exemples: à chaque instant, même étonnement pour nous, même point d'interrogation...

La Petite Flûte.
(Piccolo.)

1.§— S'écrit comme la Grande et produit le son à l'octave supérieure.

Toutefois elle n'a ni l'*ut* grave ni le *si♮* suraigu de la Grande Flûte.

Remarque: Le *si♮* est impossible à la plupart des exécutants, mais on peut «à la rigueur» écrire l'*ut* au-dessus qui sort plus facilement:

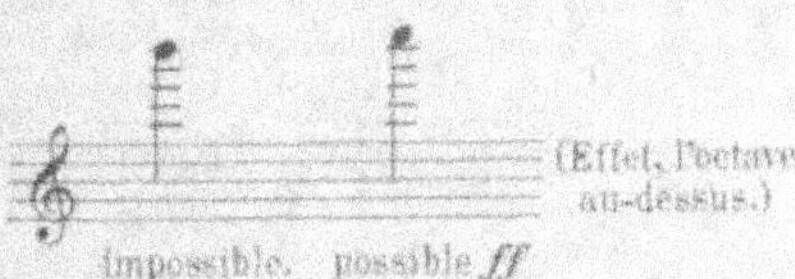

2.§— Le défaut de la Petite Flûte est dans son absence de justesse. Je me souviens d'un Opéra, qui a peu vécu, dans lequel le compositeur lui avait confié un rôle important et exagérément sentimental. Cette flûte aux sonorités défaillantes et tendant à baisser, faisait songer à un pauvre être commençant à souffrir du mal de mer.

3.§— C'est une erreur de faire chanter une Petite Flûte; c'est même une erreur de la prendre comme Première Flûte, comme *soprano* des deux autres Flûtes, si ce n'est pour lui donner une partie pour ainsi dire mécanique, tel l'exemple (cité au chapitre précédent) tiré de la *Pâque Russe*.

Berlioz l'a admirablement traitée, toujours. Lisez la *Damnation de Faust* où elle est presque toujours employée en *staccato* ou en *coulées* rapides: *Valse des Sylphes*, *Évocation*, *Course à l'Abîme*.

4.§— Tout ce qui a été dit sur le doigté et sur l'articulation de la Flûte, dans le chapitre précédent, s'applique à la Petite flûte.

Tout ce qui a été dit sur les trilles et les batteries reste encore ici également applicable, sauf deux exceptions:

Les deux trilles suraigus de la flûte, l'un très difficile (*sol la*) et l'autre possible (*si ut*):

sont absolument impossibles pour la Petite flûte. Si vous écriviez le premier des deux, on vous le jouerait l'octave au-dessous: ainsi fait-on à l'orchestre quand le compositeur a commis une imprudence; quand au second, le si♮ n'existant pas, vous ne serez pas exposé à le hasarder.

5.§— La Petite Flûte est généralement en bois, la Grande Flûte moderne, au contraire, en métal; les virtuoses, pour la plupart ont constaté que le métal était plus pratique, plus sûr d'intonation, moins accessible aux variations atmosphériques, plus sonore, plus favorable aux oppositions de timbre. Un artiste habile nous rend sur la flûte en métal le caractère de la vieille flûte de nos pères et en même temps il fait montre de richesses inconnues jadis. Je ne crois pas que, dans quelques années, il reste encore beaucoup de flûtes en bois; elles ont d'ailleurs à peu près disparu çà et là, en Europe.

AUTEURS À CONSULTER: Berlioz, Wagner, Liszt, Meyerbeer, Rimsky-Korsakow etc... dans leurs partitions. Œuvres spéciales écrites pour la Petite Flûte, nulles.

Le Hautbois.

1.§— Le Hautbois du temps de Bach s'étendait du *la* grave au *ré* aigu :

Celui qu'ont employé les symphonistes du dernier siècle, qu'on trouve encore dans la plupart des orchestres Allemands, Russes, Italiens, Hollandais etc..., celui de Beethoven, Weber, Schumann et Wagner, s'étend du *si* grave au *fa* suraigu :

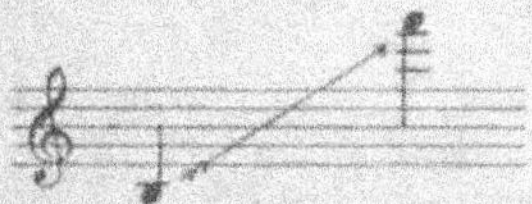

(quelquefois il descend jusqu'au *si* ♭, et dans *Siegfried* il monte exceptionnellement au *sol* suraigu).

Cet instrument n'est pas sans défauts; certains trilles lui sont très difficiles, quelques-uns même impossibles :

2.§— Aujourd'hui tous les Hautbois Français vont du *si* ♭ grave au *sol* suraigu :

c'est-à-dire, nous donnent trente-quatre notes d'une très satisfaisante homogénéité de timbre, les sons graves d'une intensité admirable, tout le registre moyen se prêtant aux manifestations les plus diverses du sentiment humain, tristesse ou gaîté = drame ou idylle = seuls les deux derniers degrés de l'échelle s'amincissant à l'aigu et perdant un peu de leur timbre :

Toutes les notes (sauf deux: *ut♯* et *ré* aigus) très justes, très malléables, très franches, très sûres, aussi faciles à attaquer qu'à soutenir soit dans le *piano*, soit dans le *forte*.

Remarque: Les deux degrés: *ut♯*, *ré*, n'ont pas d'infériorité sonore relativement aux autres, mais ils sont assez délicats à attaquer dans un trait rapide, comme par exemple dans ces deux batteries réellement très difficiles:

Articulation.

3. §.— Au contraire de la Flûte, nous n'avons plus affaire ici à un instrument d'agilité, l'anche étant toujours moins rapide que l'embouchure, mais à un moyen d'expression, à un instrument chanteur; lisez plutôt dans la «Tristesse de Roméo», la très caractéristique, très pathétique plainte qui monte peu à peu et finit par atteindre son maximum d'intensité sur le *mi* suraigu, très sonore, très vibrant.

4. §.— L'articulation du Hautbois est *simple*; elle se fait en prononçant la syllabe *tu* (*je, tu, il* etc...): le *double coup de langue* lui est interdit (c'est-à-dire toute répétition rapide d'un même son) et par consé-

quent et à bien plus forte raison, le triple coup de langue.

5.§— Quant à la vitesse de cette articulation, il est bon de ne point dépasser 120 à la noire, aussi bien dans le grave que dans le médium et à l'aigu.

Voici quelques exemples tirés des études de W. Ferling, avec les mouvements métronomiques réglés, à l'usage du Conservatoire, par Mr le professeur Georges Gillet :

Et voici trois exemples de vitesses supérieures à 120, mais possibles à réaliser grâce aux alternatives de liées qui reposent les lèvres, les difficultés d'une mesure étant compensées par les facilités de l'autre. (la mesure en écarts du dernier de ces exemples, très difficile.)

Coulées.

6.§— Les intervalles ascendants peuvent en général se lier plus facilement que ceux qui descendent, les lèvres se contractant plus facilement qu'elles ne se desserrent.

On peut lier ainsi par deux toutes les octaves d'*ut* grave au *mi* (la dixième au-dessus):

Les mêmes coulées seraient plus gauches en descendant; tel, le trait suivant dangereux au-delà de 120:

Et celui-ci impossible au-delà de 112:

En revanche, voici un trait très pratique, très expressif dans sa cadence finale, et peu difficile précisément parce que, malgré la vitesse du mouvement, cette cadence laisse aux lèvres la possibilité de poser le son:

Longueur de la respiration.

7.§— Très supérieur par l'intensité et le timbre aux autres instruments à vent (je ne parle pas des cuivres, bien entendu); d'une portée si puissante que, jadis, il constituait l'élément principal des musiques militaires, et que, si dans nos orchestres d'aujourd'hui l'attention se porte sur lui, nous finissons par n'entendre que lui; doué d'une aptitude sans pareille à enfler et diminuer le son, le Hautbois est encore supérieur à tous par la longueur du souffle. Malgré la force de ses vibrations il consomme beaucoup moins d'air que la douce Flûte, par exemple. Mettez aux prises hautboïstes et flûtistes, ces derniers auront depuis longtemps lâché pied, quand les autres tiendront encore.

Peu d'exemples plus concluants, à ce sujet, que le Largo du second *Concerto* de Hændel, et le Prélude du 3ᵉ Acte de *Tannhäuser*, si durs à l'instrumentiste de par la longueur de la phrase et l'impossibilité de respirer. Seul le Hautbois peut faire preuve de poumons pareils.

Trilles et Batteries.

8.§— Aujourd'hui sont possibles sur les hautbois français tous les trilles majeurs et mineurs depuis le *si♭* grave jusqu'au *fa* suraigu:

Aujourd'hui ils permettent tous de boucler ainsi les deux trilles *si do♯*, et *do ré♭*, chose impossible jadis:

Liste complète des Trilles et Batteries.

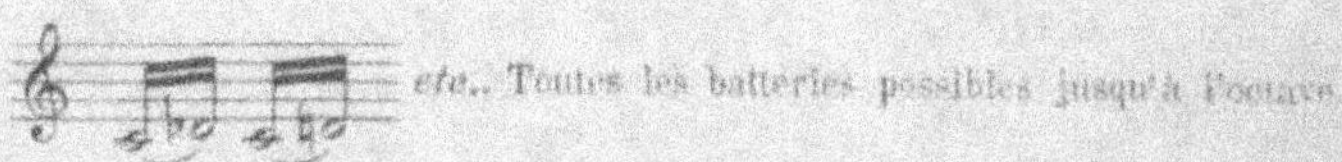
etc.. Toutes les batteries possibles jusqu'à l'octave.

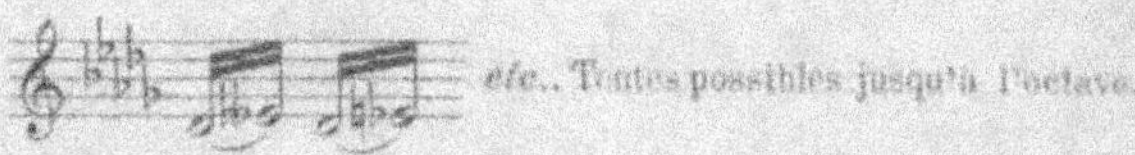
etc.. Toutes possibles jusqu'à l'octave.

etc.. Toutes possibles jusqu'à l'octave.

etc.. Toutes possibles jusqu'à l'octave, sauf:

etc.. Toutes possibles jusqu'à l'octave.

etc.. Toutes possibles jusqu'à l'octave.

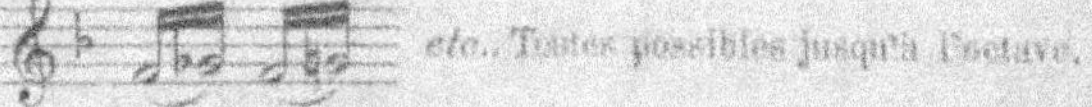
etc.. Toutes possibles jusqu'à l'octave.   (a) *Trille excellent aujourd'hui.*

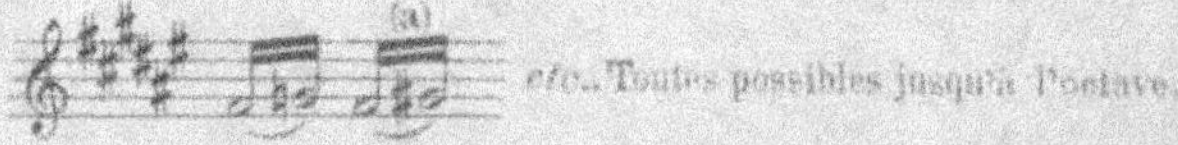
etc.. Toutes possibles jusqu'à l'octave   sauf:

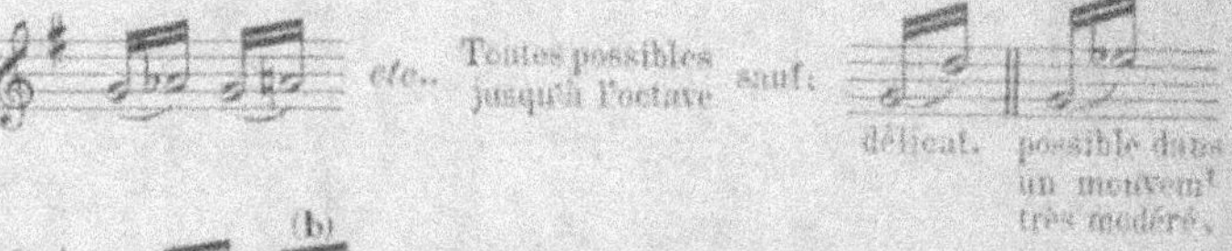

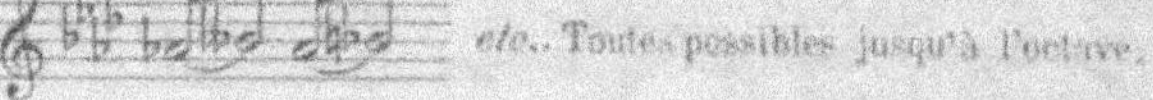
etc.. Toutes possibles jusqu'à l'octave.   (b) *Trille excellent aujourd'hui.*

etc... Toutes possibles jusqu'à l'octave.
Toutes possibles jusqu'à l'octave, sauf:
difficiles.
très difficile.
etc... Toutes possibles jusqu'à l'octave.
etc... Toutes possibles jusqu'à l'octave.
Cette batterie se fait facilement grâce à une fourche.
(a)
etc...Toutes possibles jusqu'à l'octave.
(a) Trille excellent aujourd'hui.
Toutes possibles jusqu'à l'octave, sauf:
et
(*) Note délicate.
excellent sur le Htb moderne français.
etc... Toutes possibles jusqu'à l'octave, sauf:
un peu lourd.
difficile.
(*) Note délicate.
etc... jusqu'à:
(*) Notes délicates.
très difficiles, ainsi que toutes les autres au-dessus.
etc... jusqu'à:
très difficiles. etc.
(b)
etc... jusqu'à:
très difficiles. etc.
(b) Trille excellent aujourd'hui.
etc... jusqu'à:
très difficiles. etc.

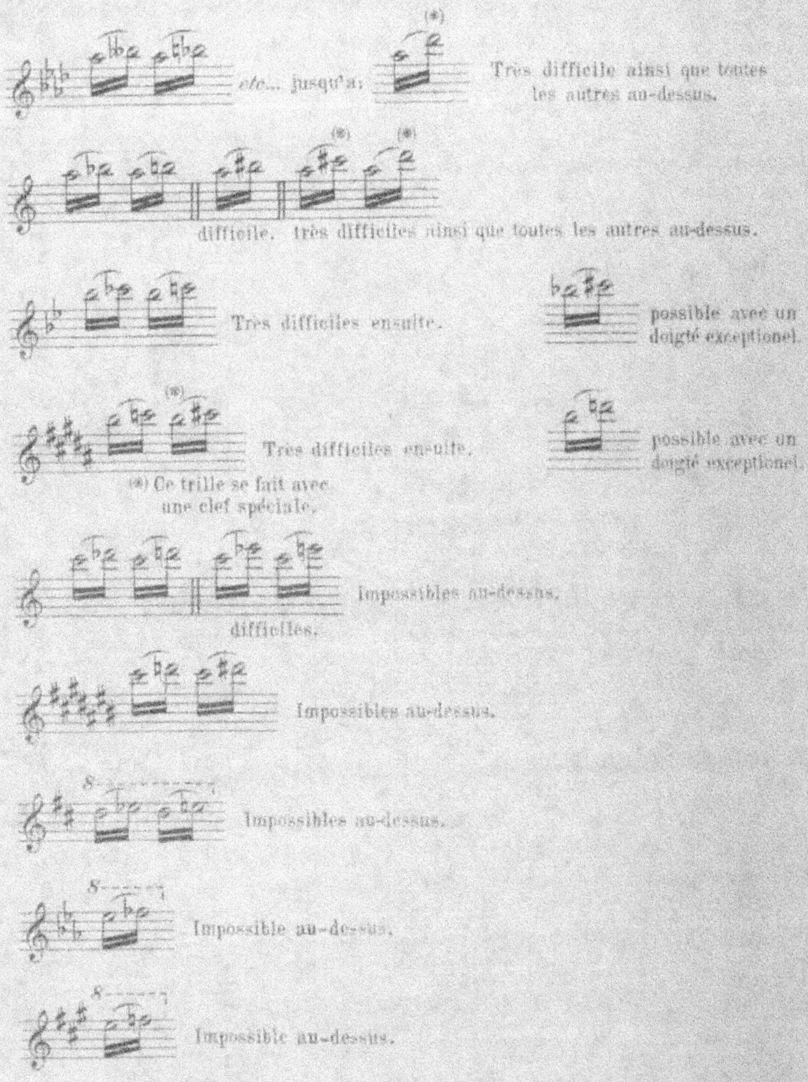

9.§—Il y a quelques soixante ans, le Hautbois fut ingénieusement
perfectionné par Triébert (à Paris) sur les indications de Barret, soliste
à l'orchestre de Covent Garden; toutefois ces perfectionnements ne per-
mettaient encore ni la possibilité ni la justesse de tous les trilles. L'instrument d'aujourd'hui (construit d'après les conseils de Georges Gillet)

nous donne une absolue justesse et tous les trilles majeurs et mineurs du grave à l'aigu, piano ou forte, jusqu'au *fa*♮, ainsi que nous venons de le voir. (Lorée, *constructeur*).

10.§—AUTEURS ET ŒUVRES À ÉTUDIER: Bach *(Cantates)*; Mozart *(Quatuor)*; Hændel *(Concertos, Trios, Sonate)*; Beethoven *(Trio, Quintette)*; *Pièces* de Schumann, Dvórák, Théodore Dubois *(Pièces en canon, hautbois violoncelle)*; Paladilhe, De Grandval, Busser, Gillet, Sellner, Ferling, Vogt etc...

Hautbois transpositeurs.

11.§—Dans la famille des Hautbois, nous trouvons trois instruments transpositeurs: Le Hautbois d'amour, le Cor Anglais, le Hautbois baryton.

Hautbois d'amour.

12.§—Une tierce mineure au-dessous de l'instrument type, accordé en *la*, allant du *si*♮ grave au *mi*♮ aigu (il n'a pas le *si*♭ grave):

Remarquable de timbre, de souplesse et d'homogénéité de son; pourquoi n'est-il pas habituellement pratiqué dans nos orchestres, on ne le comprend vraiment pas. C'est à lui que Bach confie les plus pathétiques de ses Cantilènes; rien n'égale, dans la demi-teinte, le charme du registre supérieur:

Les trois temps forts marqués d'une croix *fa, sol, la,* de sonorité délicieuse. A lire d'ailleurs, dans la même Messe, l'air de Basse, *et in spiritum sanctum*, accompagné par deux Hautbois d'amour. A étudier encore, à ce point de vue; la *Passion St Matthieu*, l'*Oratorio de Noël*, les *Cantates*, le *Magnificat* etc...

13.§—Le Hautbois d'amour se joue comme le Hautbois, il a le même mécanisme, les mêmes trilles sauf deux:

Remarque: Ces trilles (a b) deviendront possibles au moyen d'une clef, facile à adapter à l'instrument, quand on voudra l'admettre à l'orchestre.

Le Cor Anglais.

14.§—C'est le Hautbois-Alto (l'ancien *oboe da caccia*, si usité jadis), à la quinte inférieure de l'instrument type, ayant la même étendue que le Hautbois d'amour du *si* grave au *fa* aigu. (lui non plus n'a pas le *si*♭ grave)

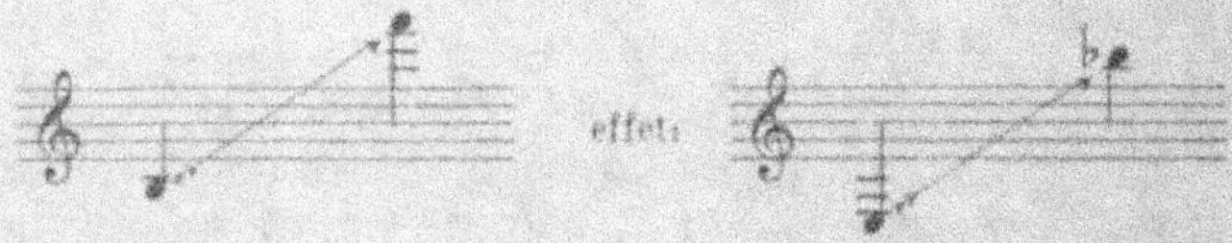

Inférieur comme puissance, comme homogénéité au Hautbois d'amour, il présente trois sensibles différences de timbre dans son échelle, le grave étant très puissant et l'aigu maladif. Le meilleur registre se trouve compris entre le *mi*♭ grave et le *la*♭ aigu.

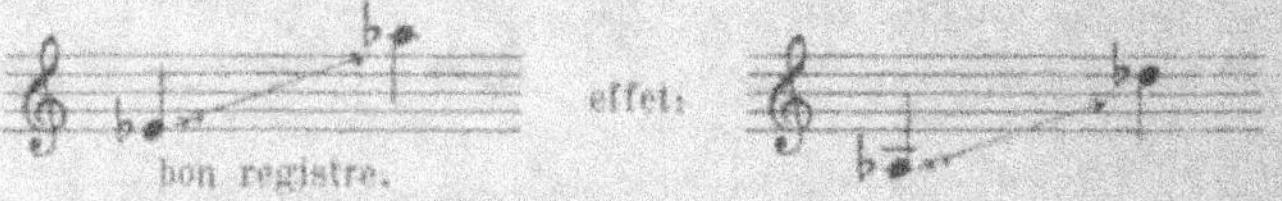

Tous les dessins pivotant autour de l'*ut*♯ aigu: très inquiétants pour l'instrumentiste, cet *ut*♯ étant l'une des plus mauvaises notes de l'instrument.

15.§—Avec les anciens Cors Anglais le trille: était impossible; aujourd'hui, grâce à une clef spéciale, tous les trilles se font du *si* grave au *ré* aigu:

tous, majeurs et mineurs inclusivement.

Remarque: Les deux trilles graves *si ut♯* et *ut ré♭ (♮)(♭)* indiqués comme impraticables sur le Hautbois d'amour (paragraphe 13), sont ici très faciles parce que le Cor Anglais a été enrichi de la clef spéciale a laquelle je faisais allusion.

16.§— Œuvres à étudier: *Les Huguenots, Guillaume Tell, Lohengrin, Tristan et Yseult, Siegfried, Tannhäuser, Manfred, Le Carnaval Romain, La Prise de Troie, Henry VIII, Samson et Dalila, Sigurd, Salammbô, Le Cid, Thaïs, Patrie*, etc… Beethoven (*Trio* pour deux Hautbois et Cor Anglais).

Le Hautbois Baryton.

17.§— Une octave au-dessous de l'instrument type; étendue de *si♮* à *mi* suraigu (pas de *si♭* grave):

Même doigté, même mécanisme que le Hautbois ordinaire. Ce sera une admirable basse le jour où l'on voudra grouper tous les instruments de même famille, et constituer un foyer de sonorité intense, presque agressive, au centre de l'orchestre, tout à côté des Cors.

18.§— Je n'ai à parler ici ni de la *Musette*, ni du *Hautbois Pastoral* (en *la♭*), deux variétés d'un même type d'instrument, ne différant que par l'anche. Ils ne sont point admis à l'orchestre.

Mais je dois mentionner le Hautbois-soprano en *mi♭*, pratiqué, ainsi que la petite clarinette en *mi♭*, dans les musiques militaires; très sonore, très agressif à l'aigu, pouvant être de grand secours si l'on voulait grouper toute la famille des hautbois, celui-ci planant au-dessus de tous. Il va du *si♭* grave au *fa* suraigu.

Même doigté, même mécanisme que celui des autres types du genre. Il n'a été employé qu'une fois encore à l'orchestre (Vidal, *La Burgonde*).

19.§—Remarque: La sonorité du Hautbois est si caractéristique, si prédominante, qu'en l'employant dans des tenues, des accords, des effets de second plan, il faudra se servir du meilleur registre, choisir les intervalles les plus euphoniques, éviter les notes graves si agressives, "l'écouter" toujours.

Par exemple, si nous devons écrire à quatre parties l'accord parfait
suivant, la première de ces deux versions sera préférable:

Dans la conclusion de l'Allegro de la VIIIe. *Symphonie* Beethoven laisse au dernier plan Clarinettes, Cors, Trompettes et Bassons pour mettre au premier les Flûtes et les Hautbois, ne s'appuyant que sur eux:

Donnez aux Hautbois la partie des Clarinettes et réciproquement, toute élégance disparaîtra; la sonorité deviendra lourde; l'oiseau s'aplatira,
les deux ailes cassées.

La Clarinette.

1.§— Son étendue est de quarante-deux notes du *mi* grave au *la* suraigu; par conséquent supérieure à celle de la Flûte et du Hautbois.

La limite extrême d'un instrument est toujours difficile à fixer, certains virtuoses atteignant à des hauteurs interdites à d'autres. Si donc le *la* suraigu est indiqué ici comme point terminus de l'échelle, c'est qu'il faut le considérer tel pour la grande majorité des exécutants.

En tout cas l'*ut* suraigu est impossible pour la plupart, même aux prix des plus grands efforts, et dans le *piano* il ne faut pas dépasser le *sol*.

Tous les degrés de l'échelle excellents; mais les parties de cette échelle assez différentes de timbre et pouvant se diviser en trois groupes, inégalement répartis:

Le Chalumeau d'une intensité dramatique que l'Introduction de *Freischütz* a mise pour la première fois en relief, alors que les prédécesseurs de Weber semblent ne point s'en être doutés; le Médium, de caractère plus discret et l'aigu plus perçant.

2.§— En disant que tous les degrés de l'échelle sont excellents, j'entends par là (ainsi ai-je fait pour la Flûte et le Hautbois) que le compositeur n'a point à se préoccuper des quelques notes défectueuses qu'il appartient au talent du clarinettiste de dissimuler.

Ces mauvaises notes sont au nombre de trois:

Médiocres d'intensité et inégales à celles qui les entourent; il faut éviter de les prendre comme pivots de dessins ou de traits quelconques, mais autrement on n'a pas à s'en soucier.

Faisons encore remarquer le difficile passage du *la* au *si* ♮ à propos duquel nous répéterons l'observation précédente. (Quand on écrit ce trille, l'exécutant use d'un doigté spécial).

3.§— Après la Flûte, la Clarinette est l'instrument le plus agile. Dans les gammes, surtout dans les gammes chromatiques, dans les arpèges issus de l'accord parfait ou des accords de septième dominante et de septième diminuée, elle fait merveille.

Toutefois il faut se garder de l'entraîner dans des tonalités lointaines, si vous voulez en faire un instrument de virtuosité; *ut, fa, sol, si♭* ainsi que leurs relatifs sont excellents parce qu'ils sont faciles; *ré majeur, mi♭ majeur* deviennent déjà difficiles. A deux reprises seulement et pendant peu de mesures, si vous feuilletez *La Walkyrie*, vous verrez trois ou quatre accidents à la clef; mais cela n'arrive que par suite d'une brusque modulation, par suite de l'impossibilité, à ce moment précis, de changer le ton de la Clarinette, et surtout parce qu'il n'y a là aucune difficulté de doigté, aucune complication, aucune crainte pour l'exécutant qui n'a qu'un texte très lent, très simple devant les yeux. Au premier repos, le compositeur indiquera le changement nécessaire, et le clarinettiste se retrouvera avec un nouvel instrument, en *ut* ou en *fa* ou en *sol*.

Quand, pour la première fois, Mozart donne à la Clarinette des arpèges dans le grave (Trio des masques), il choisit le ton d'*ut*. Beethoven a pris le ton de *fa* pour un effet analogue dans le Final de la *Symphonie Héroïque...*

4.§— Nous n'avons plus de Clarinettes en *ut*. Nous pratiquons exclusivement les Clarinettes en *si♭* et en *la*.

La première est plus brillante: les virtuoses l'ont adoptée pour leurs morceaux de Concert. L'autre, plus grave d'un demi-ton est d'une incomparable noblesse de sonorité: de plus, elle offre l'inappréciable avantage de descendre jusqu'à l'*ut* ♯, tandis que la Clarinette en *si♭* s'arrête au *ré*.

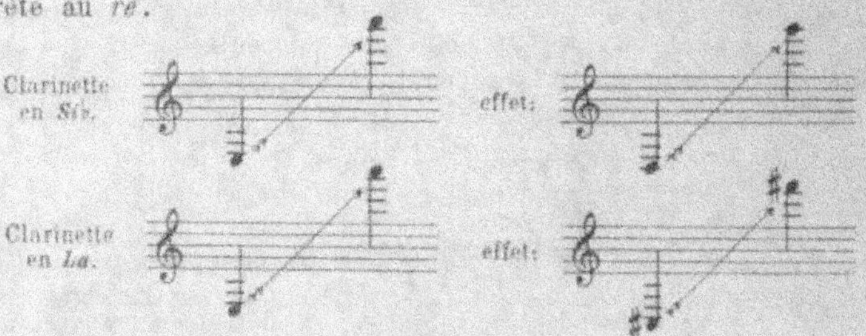

5.§ — Les clarinettistes se plaignent des compositeurs qui préfèrent les promener dans des tons hérissés d'accidents plutôt que de changer l'instrument. Il est bien vrai qu'il n'est pas sans inconvénient de substituer à un instrument qui s'est peu à peu échauffé entre les mains du virtuose, un autre plus froid et par cela même moins juste. Mais quelques mesures suffisent pour que la substitution s'opère convenablement et efficacement; et le virtuose est satisfait. Il semble qu'il y ait alors quelque repos pour ses lèvres, une sorte de renouveau bienfaisant.

Il s'agit naturellement ici d'Orchestre de théâtre, et de développements musicaux de longue durée; quant à la Symphonie, dont les proportions sont relativement restreintes, il est bien rare qu'elle nécessite une substitution de ce genre. Oui certes, vous lirez souvent en tête d'un Allegro: *Clarinette en si*♭ et puis à l'Adagio suivant: *Clarinette en la*; mais jamais pareille indication dans le courant du morceau. De même pour les pièces de virtuosité.

6.§ — Seule, dans le groupe des instruments de bois, la Clarinette peut opposer un *piano* à un *forte* en un contraste tel que l'un semble réellement l'écho de l'autre.

Le *pianissimo* des Clarinettes atteint le *minimum* de son qu'on peut obtenir d'instruments à vent, dans le grave comme dans le médium. A côté d'elles des Flûtes dans le grave paraissent aussi intenses, aussi cuivrées que le seraient des Trompettes dans la demi-teinte. Ce n'est presque plus alors un *pianissimo*; il n'y a presque plus de timbre: ce n'est plus qu'un souffle.

7.§ — Autre qualité particulière à l'instrument: sa neutralité de couleur dans le médium, neutralité qui lui permet de se fondre avec à peu près tous les groupes de la symphonie. Alors que le Hautbois ne remplace personne, la Clarinette peut, sans se faire remarquer, tenir lieu d'une seconde Flûte, d'un second Cor, voire même d'un Basson, sa sonorité grasse et pleine s'assimilant comme pas une à n'importe quelle autre...

Dans ses *Concertos* de Piano, Mozart écrit souvent pour une seule Flûte et deux Clarinettes, les trois instruments traités de même façon,

comme trois Flûtes. Dans l'Ouverture d'*Egmont*, Beethoven ne craint
pas de confier la dissonnance de l'accord à une seule Clarinette, traitée
en second Cor; (c'est d'ailleurs la seule erreur d'équilibre qu'on puisse
surprendre dans son orchestre, car cet unique *sol*♭ contre un *mi*♭,
quatre *ut* et deux *la*♭ est vraiment faible):

Nous avons tous remarqué l'effet de "Basson poétique" obtenu par la
Clarinette dans la *Danse des Sylphes*. Un vrai Basson eût été d'une
sécheresse ridicule; un Cor, trop lourd: ces temps forts ainsi rythmés
sont délicieux sous les harmoniques de la Harpe: ils laissent derrière
eux comme un peu de poussière de son, presque un *pizzicato*.

Et la péroraison orchestrale du Duo de *Béatrix et Bénédict*...! L'admirable effet de l'association de la batterie des Clarinettes avec le
tremolo des Violons:

Articulation.

8.§— Tout ce qui a été dit à ce sujet pour le Hautbois (paragraphes 3,4,5) s'applique à la Clarinette. (Articulation simple)

Comme pour le Hautbois, aussi bien dans le grave que vers l'aigu, le maximum de vitesse pour les notes articulées et les traits en *staccato* ne doit guère dépasser 120 à la noire.

Comme pour le Hautbois, on peut trouver de nombreux exemples de traits, pris dans des Etudes ou des morceaux de Concert, excédant ce mouvement.
Par exemple:

Très souvent on voit les Clarinettes assimilées aux Flûtes et forcées d'articuler comme elles dans des mouvements très rapides, témoin ce début de la Symphonie Romaine :

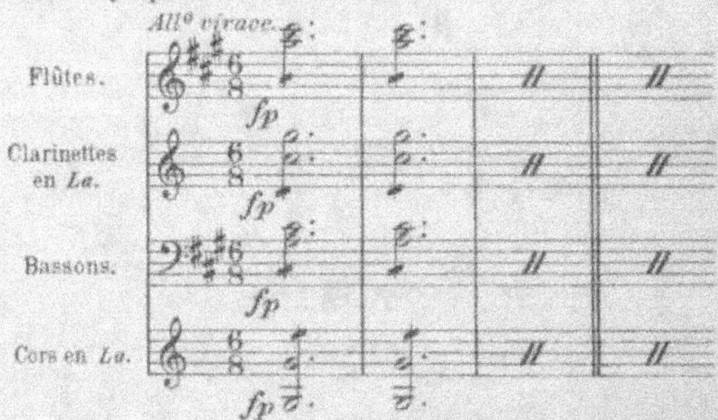

Les clarinettistes vous avoueront ici qu'ils s'efforcent d'être aussi agiles que leurs voisins d'en haut, mais que leur exécution manque de pureté; et que, s'ils étaient au premier plan, ils se feraient plutôt défavorablement remarquer.

9.§ — La Clarinette n'est guère inférieure au Hautbois sous le rapport de la respiration. Les deux instruments peuvent être mis de pair. Exemple: la rentrée en *la*♭, après la phrase du Cor, dans l'Adagio du Septuor :

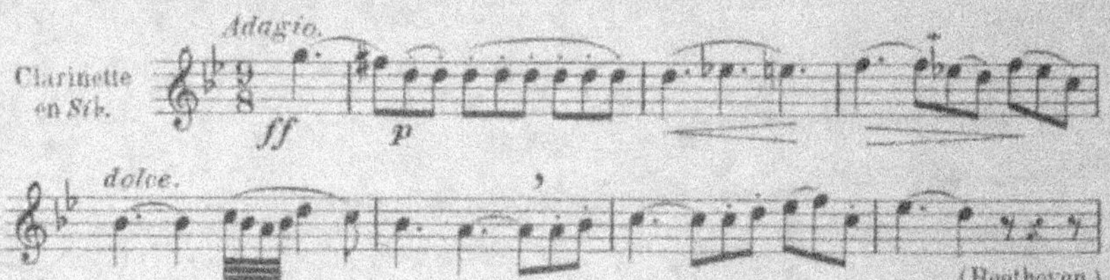

Un bon clarinettiste ne respire pas après le crescendo ✛ , mais seulement deux mesures plus loin, après le *la*.

Autre exemple :

Nous avons calculé avec M. Turban, professeur au Conservatoire de Paris, que la respiration (dans une tenue *piano* du médium) pouvait durer de 40 à 45 secondes.

Trilles et Batteries.

10.§—Depuis l'application du système Bœhm perfectionné par Buffet, au mécanisme de la Clarinette, tous les trilles majeurs et mineurs sont possibles du *mi* grave au *sol*♮ suraigu:

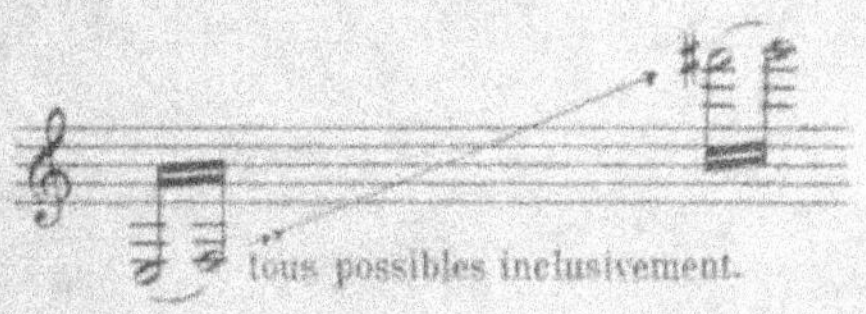

Quelques-uns sont moins brillants, ou moins faciles c'est-à-dire plus lourds; les voici:

Nota: Le doigté de la Clarinette se reproduit à la douzième; aussi la clef spéciale qui permet maintenant le trille grave *si do*♯, permet-elle le trille *fa♯ sol*♯.

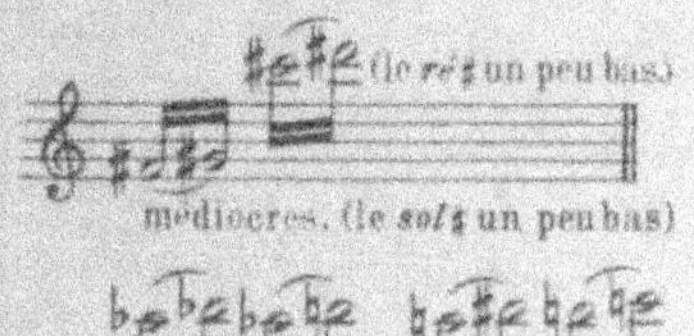

Nota:  se trouve dans les *Maîtres Chanteurs*.

11.§—En réalité on peut écrire tous ces trilles, même les médiocres (surtout s'ils participent à un ensemble d'autres trilles) jusqu'à celui-ci:

Nota: Le *sol*♯(*) est un peu bas, mais on pourrait encore l'employer pour renforcer les Flûtes, par exemple.

12.§—Voici maintenant la liste complète des trilles et batteries:

Liste complète des Trilles et Batteries.

Nota: Toutes les batteries deviennent
lourdes, dès qu'elles ont dépassé la quinte.

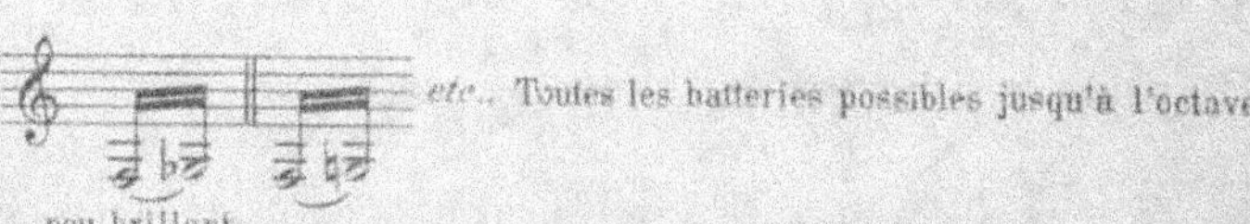

etc.. Toutes les batteries possibles jusqu'à l'octave.

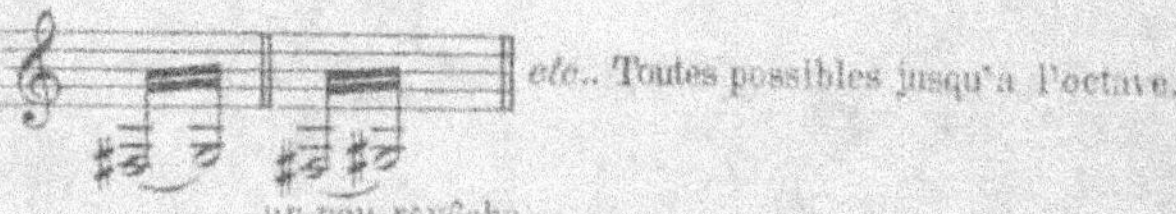

etc.. Toutes possibles jusqu'à l'octave.

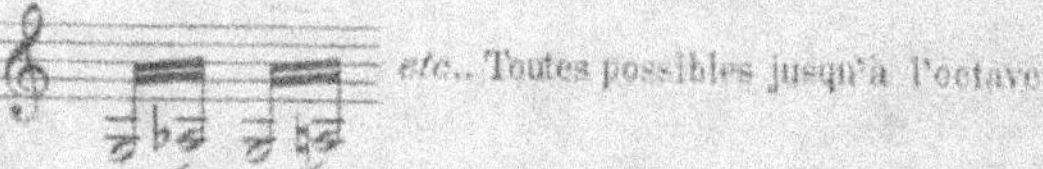

etc.. Toutes possibles jusqu'à l'octave.

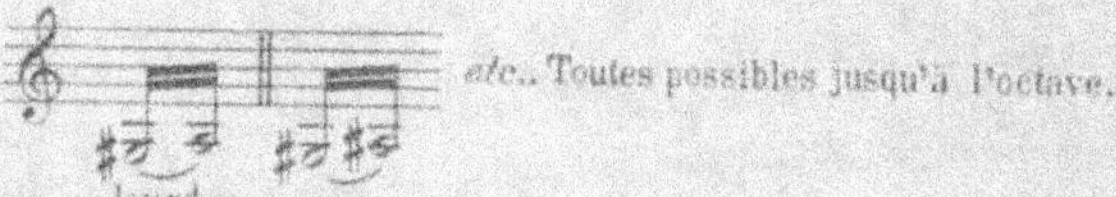

etc.. Toutes possibles jusqu'à l'octave.

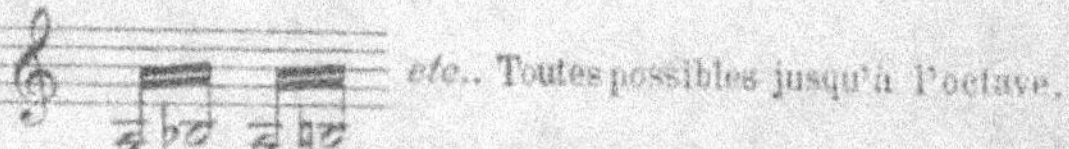

etc.. Toutes possibles jusqu'à l'octave.

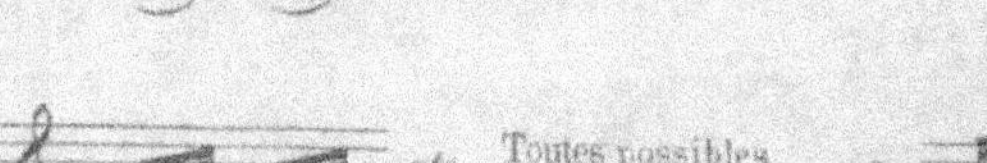

etc.. Toutes possibles jusqu'à l'octave,

sauf:

Nota: Les trois notes *la, sib, sib*, toujours délicates à attaquer.

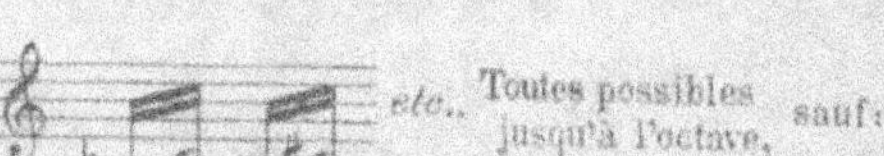

etc.. Toutes possibles jusqu'à l'octave,

sauf:

etc.. Toutes possibles jusqu'à l'octave,

sauf:

etc...
Toutes possibles jusqu'à l'octave, sauf:
lourdes.
lourd.
etc...
Toutes possibles jusqu'à l'octave, sauf:
lourdes.
etc...
Toutes possibles jusqu'à l'octave, sauf:
lourdes.
etc...
Toutes possibles jusqu'à l'octave, sauf:
lourdes.
etc...
Toutes possibles jusqu'à l'octave, sauf:
lourdes.
etc...
Toutes possibles jusqu'à l'octave, sauf:
lourde.
possible.
etc...
Toutes possibles jusqu'à l'octave, sauf:
lourde.
etc...
Toutes possibles jusqu'à l'octave, sauf:
lourde.
possibles.
possibles.
difficiles.
Nota: A partir du sol les batteries deviennent difficiles.
etc...
Toutes possibles jusqu'à l'octave, sauf:
et au-delà difficiles.
possible.

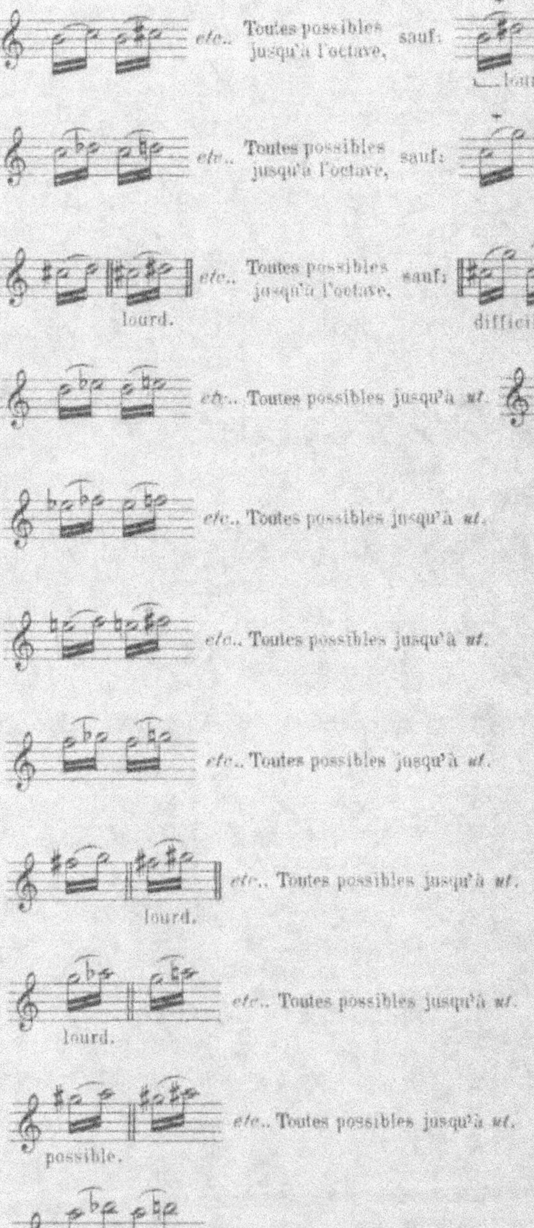
etc.. Toutes possibles jusqu'à l'octave, sauf: et au-delà difficile.
lourdes.
etc.. Toutes possibles jusqu'à l'octave, sauf: et au-delà difficile.
etc.. Toutes possibles jusqu'à l'octave, sauf:
lourd.
difficiles. bonnes
etc.. Toutes possibles jusqu'à ut.
(*) Cet ut est difficile à faire sortir piano, très délicat d'attaque.
etc.. Toutes possibles jusqu'à ut.
etc.. Toutes possibles jusqu'à ut.
etc.. Toutes possibles jusqu'à ut.
etc.. Toutes possibles jusqu'à ut.
lourd.
etc.. Toutes possibles jusqu'à ut.
lourd.
etc.. Toutes possibles jusqu'à ut.
possible.
etc.. Toutes possibles jusqu'à ut.

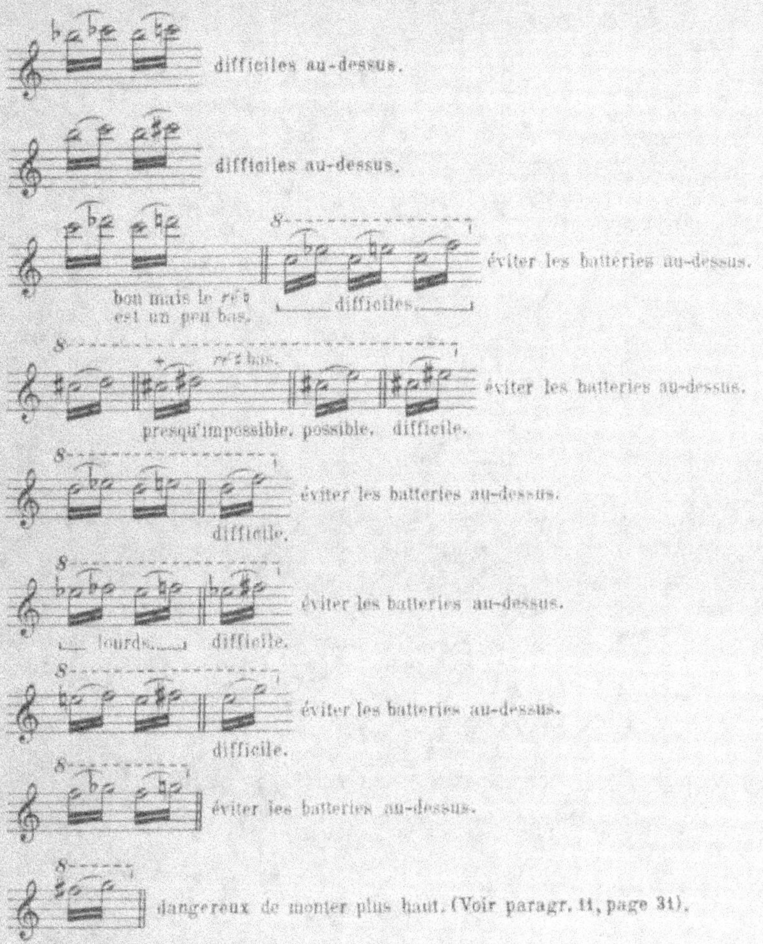

Transposition.

13.§ — Nous avons vu (paragraphe 4) que la Clarinette en *ut* était abandonnée de nos jours et qu'on n'écrivait plus que pour des Clarinettes en *si♭* et en *la*.

Tout ce qui a été dit pour l'une est vrai pour l'autre ; elles ont toutes deux le même mécanisme, les mêmes qualités, les mêmes petites défectuosités. La seule différence est dans le timbre, la noblesse du son, la douceur, la plénitude de la Clarinette en *la*, sans compter, je le répète, ce précieux *ut♯* que ne peut donner, dans le grave, la Clarinette en *si♭*.

Clarinette Alto.

14.§—Une quarte au dessous de l'instrument type: en *fa* (en prenant *si*♭ comme ton-type). Elle est peu pratiquée aujourd'hui.

Voici son étendue:

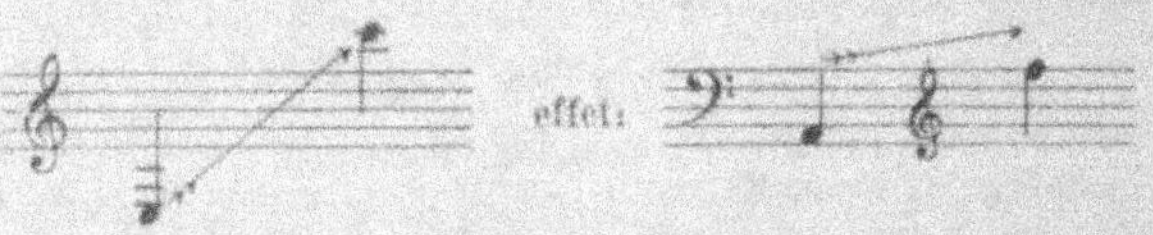

Elle ne peut monter plus haut.

Mendelssohn a écrit deux Duos pour Clarinette Alto et Clarinette en *si*♭.

Petite Clarinette.

15.§—Elle, non plus, n'est pas d'usage fréquent, sauf dans les musiques militaires où on la joue accordée en *mi*♭: le son réel donne la tierce mineure au-dessus de la note écrite.

Berlioz s'en est servi dans la nuit de Sabbat de la *Symphonie Fantastique*: Wagner dans le Final de la *Walkyrie*: (alors elle est accordée en *ré*, mais souvent l'exécutant transpose et se sert du type ordinaire en *mi*♭.)

Clarinette Basse.

16.§—S'écrit comme la Clarinette en *si*♭ ou la Clarinette en *la* et donne l'octave inférieure.

Elle va du *mi* grave à l'*ut* aigu. (Les sons ne sortent plus au-dessus de cet *ut*.)

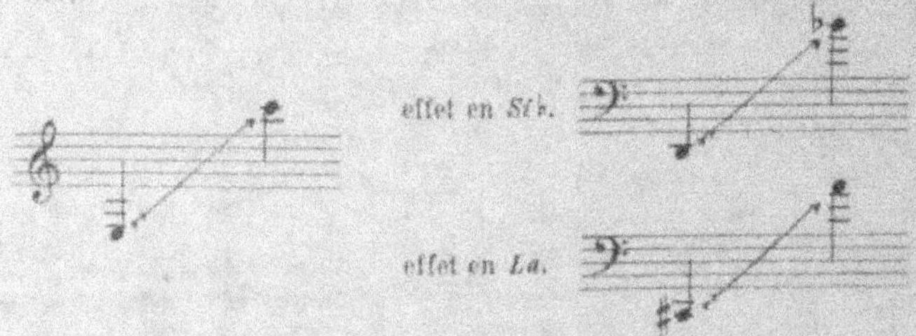

Naturellement, on l'emploie surtout dans le grave où se trouvent ses plus belles notes. Son mécanisme est le même que celui de l'instrument type.

C'est une admirable voix chantante; Meyerbeer, le premier, l'a mise en relief dans les *Huguenots* et le *Prophète*. Wagner ensuite l'a adoptée comme basse presque constante de la masse des instruments à vent, comme renfort des Bassons, ce qui ne l'empêche pas de la faire aussi chanter çà et là... (Lisez le 3ᵉ Acte du *Tannhäuser*, le 2ᵉ de *Lohengrin*, *Dante-Symphonie* (Le Purgatoire), de Liszt, le 2ᵉ Acte de *Samson et Dalila* etc...

Écoutez l'effet des tenues des Clarinettes, Clarinettes-Basses et Bassons accompagnant la prière d'Elisabeth...

17.§—La Clarinette basse peut passer du *forte* au *pianissimo* aussi facilement que l'instrument type lui-même. Si l'on voulait dégrader une phrase en échos, par l'opposition de trois instruments à vent, je crois qu'on pourrait obtenir ainsi l'effet cherché:

Voici d'ailleurs un exemple tiré de la *Légende de Loreley*:

La Clarinette obtiendrait certainement dans ce concours de sonorités comparatives, le prix de *pianissimo*, à l'unanimité.

18.§—Meyerbeer et Wagner ont écrit la Clarinette-Basse comme si c'était l'instrument type lui-même (en le considérant comme un jeu de 16 pieds). C'est la notation française.

À partir de *Lohengrin*, Wagner l'écrit en clef de fa:

Il y a là une cause sérieuse de confusion: il s'agirait de s'entendre. Les Cors, les Violoncelles réclament une réforme à ce sujet: ils restent à chaque instant incertains sur l'octave voulue par le compositeur, troublés qu'ils sont par les divers systèmes. Cela ne vaut-il pas la peine d'un congrès?

A mon avis, la notation en clef de *fa* se rapproche plus de la réalité. Ecrire en clef de *sol* une Clarinette qui joue à l'unisson d'un Basson en clef de *fa*, me semble d'une incohérence égale à l'orthographe des deux mots *Harpe* et *arpèges!*

Votons pour la clef de *fa*.

19.§ — AUTEURS ET ŒUVRES A ÉTUDIER: Mozart *(Concerto)*; Weber *(2 Concertos, 1 Concertino, Variations, Quintette, Sonate)*; Spohr *(Concerto)*; Schumann *(Pièces)*; Brahms *(2 Sonates, Trio, Quintette)*; Morceaux-Etudes pour l'instrument, de Kalliwoda, Frédéric Beer, Klosé. Morceaux de Concours de Messager, Marty, Rabaud etc...

Ecouter (pour l'emploi de la Clarinette en *si♭*), dans le *Tannhäuser*, la Scène de Vénus et Tannhäuser au 1ᵉʳ Acte, l'Entrée de Tannhäuser et de Wolfram au 2ᵉ, la Prière d'Elisabeth au 3ᵉ; = (pour celui de la Clarinette en *la*), dans la *Prise de Troie,* toute la belle scène d'Andromaque au tombeau d'Hector.

20.§ — **Remarque:** Une des erreurs les plus fréquentes quand on commence à orchestrer, consiste à prendre les Flûtes, Clarinettes ou Bassons comme fond sur lequel se développe la trame des instruments du premier plan en ne s'inquiétant guère du niveau où on les écrit. En somme on veut un fond neutre, c'est-à-dire des sonorités qui se fassent oublier, un simple appui, une façon d'orgue doux et lointain. Si vous écrivez des tenues de Clarinettes dans le grave, il en résulte aussitôt l'effet dramatique de Freischütz, et la couleur de votre fond devient agressive et lugubre; vers l'aigu, votre fond arrive tout-à-coup et malgré vous au tout premier plan où il crie...

Le vrai registre neutre de la Clarinette, celui qui semble continuer la Flûte et qui sert d'intermédiaire entre elle et le Basson, c'est le médium de *mi* à *si♭*:

(Déjà l'*ut* 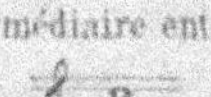 est plus sonore.)

Quand Robert Franz a cherché à réduire (pour les salles de Concert n'ayant pas d'orgue) la partie d'Orgue des Cantates de Bach, c'est aux Bassons et aux Clarinettes qu'il s'est adressé, en ayant soin d'écrire ces dernières dans leur registre moyen, de façon à se rapprocher autant que possible du son, pour ainsi dire anonyme, du médium d'un Bourdon ou d'une Flûte d'orgue. Il ne pouvait faire autrement. Rien de triste comme une tenue de Clarinette écrite trop bas.

Le Basson.

1.§— Etendue de trente-sept notes du *si♭* grave au *si♭* aigu:

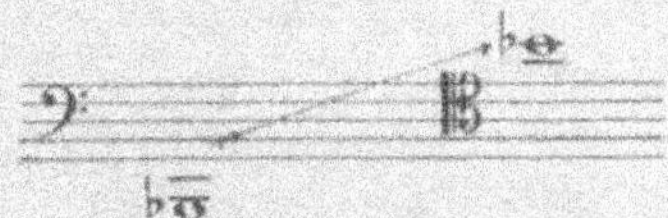

Il est dangereux, à l'orchestre, de dépasser cette limite; mais dans un morceau de virtuosité, on peut monter une tierce au-dessus et écrire le *ré* :

Si Wagner n'a pas craint, une fois, d'aller jusqu'au *mi*, c'est d'abord parce que son thème l'exigait, et qu'ensuite l'intensité des Violoncelles et des Altos jouant à l'unisson devait rendre sans conséquence tout accident possible à pareille altitude:

(*Tannhauser*, Ouverture, p. 25.)
(A. Durand & Fils, Éditeurs-Propriétaires.)

L'ancien Basson ne se pratiquait guère au-dessous du sol 8 pieds.

Puis on le fit descendre jusqu'au *si*♭, mais sans pouvoir obtenir le *si♮* et l'*ut♯*; de telle sorte qu'il était, dans le bas, diatonique, puis (à partir du *mi♭*) chromatique:

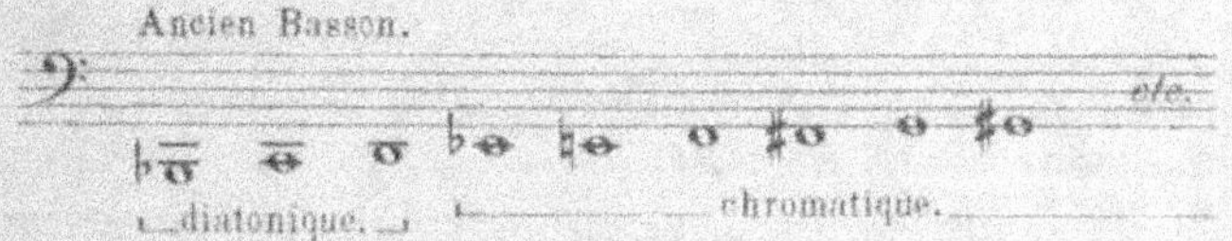

Mozart, qui écrit merveilleusement pour l'instrument, le maintient d'ordinaire dans ses anciennes limites, du *sol* grave au *sol* aigu; très rarement il le fait descendre, comme par exemple dans l'Ouverture de *Don Giovanni* (où il donne le *ré* grave) ou dans l'Andante du Concerto en *ut mineur* (*ut* grave).

2.§— Dans le *forte*, toutes les trente-sept notes du Basson peuvent être considérées comme également bonnes: il n'en est pas de même dans le *piano*, le *si♮* et le *ré*, en bas de l'échelle, étant difficiles à attaquer, le *mi♭*

du médium un peu haut, les quatre notes suivantes, *mi*♮, *fa*, *fa*♯, *sol*, étriquées; le *la*♭ aigu assez mauvais et enfin le *ré* suraigu exigeant quelque préparation:

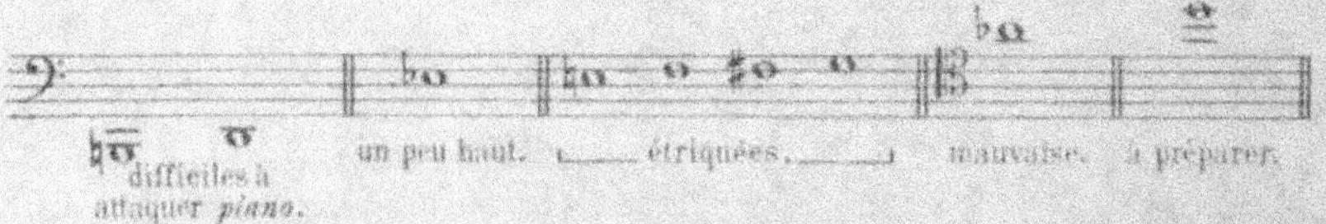

3.§— En réalité cette basse du groupe des "Bois" est un instrument de sonorité très inégale, passant d'une admirable quinte grave: à un assez bon médium: puis, après quatre notes faibles, à une septième de sonorité délicieuse, très voisine de celle du Cor: ensuite, après un mauvais *la*♭, à une quarte suraigue d'un timbre éteint, produit par un tube dont le diamètre s'amincit de plus en plus.

La quinte grave est assez sonore pour lutter de puissance avec les cuivres: le *si*♭ pourrait servir de basse à des Trombones. Toutefois il faudra tenir compte, le cas échéant, de la vigueur de poumons nécessaire à des sons de telle intensité, et craindre d'essouffler l'exécutant.

4.§— Depuis Wagner, on fait souvent descendre le Basson jusqu'au *la*; on pourrait aussi bien le faire descendre plus bas encore en augmentant la longueur du tube… Sans doute dans quelques années, tous les Bassons devront-ils nous donner ce *la*, mais il est prudent aujourd'hui de ne pas dépasser le *si*♭, la grande majorité des instruments n'allant pas au-dessous.

Articulation.

5.§— Comme le Hautbois et la Clarinette, le Basson se sert de l'Articulation simple. Du *si*♭ grave au *si*♭ aigu, sur une étendue de trois octaves, il peut détacher ou répéter tous les sons, soit *forte* soit *piano*, presqu'aussi aisément que le ferait l'archet d'un violoncelliste.

Ainsi dans le grave :

Dans le registre moyen et à l'aigu :

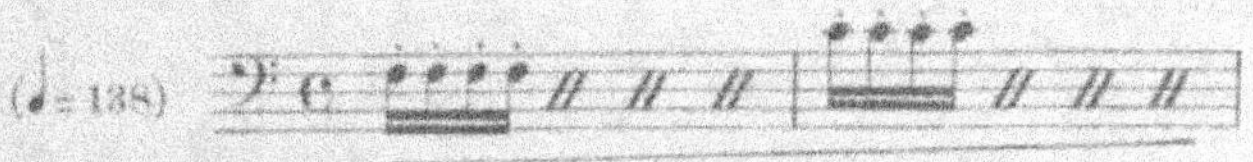

Naturellement, dans des effets de ce genre, il faut éviter les difficultés de trop longue durée, la langue s'embarrassant assez vite; il faut non moins soigneusement éviter de laisser l'exécutant trop à découvert.

6.§— C'est avec une surprise mêlée d'admiration que l'on constate la légèreté d'une masse d'instruments à vent aux prises avec des articulations rapides: feuilletez les partitions de Wagner, de Liszt, de Berlioz, de Brahms, de Tschaïkowsky, de Glazounow, de Borodine ; les exemples abondent: depuis Beethoven, pas un compositeur qui n'ait ainsi, dans l'extrême vitesse, opposé ce groupe des «Vents» à celui du Quatuor.

Si, par hasard, vous prenez à part chaque membre du groupe (à l'exception des Flûtes, bien entendu) vous serez étonné de la timidité, de la lourdeur, de l'incorrection même de quelques-uns. Isolés, ils prennent peur; mais ensemble, c'est la perfection, la sécurité même.

7.§— Le Basson, comme on l'a vu plus haut (paragraphe 2), a des notes d'une justesse relative que l'exécutant met toute son habileté à dissimuler; faites doubler ces notes douteuses par les Violoncelles, elles paraissent alors excellentes.

Voici quatre mesures dont la basse avait été confiée par un compositeur inexpérimenté à un Basson *solo*.

Or cette basse, se trouvant dans le registre de l'*assez bon médium* et des *notes étriquées* (paragraphe 3), semblait maigre et fausse, non certes par la faute de l'exécutant, mais parce que, alors, c'était le timbre même de l'instrument qui laissait à désirer.

Aussitôt que le compositeur eût dissimulé ces notes défectueuses sous le *pizzicato* des Violoncelles, les choses prirent une autre tournure:

Tout se fondit dans un très sympathique unisson, dans un ensemble d'une justesse absolue.

7.§ — Ainsi que les Hautbois et les Clarinettes, quand il s'agit d'articulations liées, le Basson aime mieux monter que descendre:

Toutefois, lorsque l'écart entre les notes liées n'est point trop considérable, ou le mouvement trop rapide, les liées descendantes sont praticables:

Notes détachées, sauts d'octaves, de dixièmes, de douzièmes, de double octave etc... le Basson les exécute avec une invraisemblable agilité:

8.§— *Articulations descendantes à éviter:*

Toutes les liées descendantes partant de *sol* b, *mi* b, *ré*, *ut* ♯, *ut* ♮:

9.§— Dans un mouvement *lent* (en exceptant bien entendu les articulations ci-dessus) les articulations descendantes sont possibles à condition qu'on les emploie dans l'ensemble, non dans un Solo:

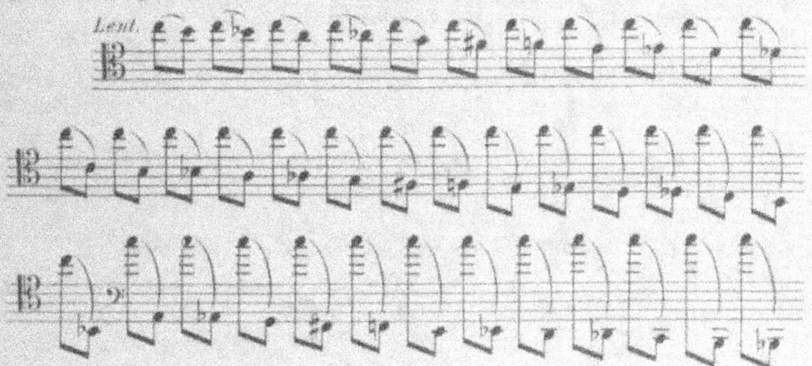

En prenant pour point d'appui n'importe quelle note de l'échelle, on peut descendre ainsi la gamme chromatique; mais, encore une fois, c'est assez dangereux, et il ne faut pas aller vite.

10.§ — N'est-il pas extraordinaire qu'un instrument qui descend plus bas que le Cor, et qui émet des sons graves si intenses, puisse se livrer à des acrobaties, à des souplesses interdites à tous ses voisins? Quels services ne rend-il pas à l'orchestre? Il se prête à toutes les combinaisons, se fond avec tous les groupes, Bois, Cuivres, Cordes: on le met à toutes sauces.

Il renforce un accent du quatuor, sans qu'on soupçonne sa présence:

(J. Hamelle, Éditeur-Propriétaire.) (Chr. M. W. *2e Symphonie*, p.135.)

Il complète le groupe des Cors, s'assimilant à leur timbre avec assez d'homogénéité pour se confondre avec eux:

(Mendelssohn, *Sommernachtstraum*.)

Il peut porter sur les épaules, sans faiblesse aucune, toute la masse harmonique:

Son appoint dans les dessins des Violoncelles et des Contrebasses, voire même dans l'ensemble du Quatuor, contribue puissamment à en augmenter l'énergie et l'intensité:

Il sait, au besoin, se faire aussi léger que le pizzicato des instruments à cordes:

Et d'ailleurs n'est-il pas aussi souple qu'un *pizzicato*, ce «détaché» du Basson dans la Sérénade de Méphistophélès:

En l'associant à la Flûte à deux octaves de distance, Mozart a tiré du Basson le timbre le plus doux, le plus gras de l'orchestre. Parfois même encore il le fait jouer ainsi à deux octaves du Violon:

Il suffit d'ouvrir au hasard une partition quelconque pour trouver des exemples de cette singulière faculté qu'a le Basson de se prêter à tout, discrètement, avec une efficacité et une opportunité sans égales.

Respiration.

11.§—Règle générale : *Plus on descend, dans l'échelle des instruments, plus il faut dépenser de souffle.*

Or, voici le maximum que peuvent donner les poumons d'un Bassoniste dans le grave, le médium ou l'aigu, d'après expérience faite avec M. Eugène Bourdeau, professeur au Conservatoire.

En montant plus haut, on ne dépasse guère ce maximum; et, bien entendu, s'il s'agit de jouer *fort*, ces durées se trouvent assez sensiblement diminuées, la longueur du son étant en raison inverse de son intensité.

Trilles et Batteries.

12.§—Depuis le *si♭* jusqu'au *fa* grave, tous les trilles sont impossibles, sauf deux :

Depuis le *fa* grave jusqu'au *si♭* suraigu, presque tous sont possibles, sauf:

Voici, d'ailleurs, le tableau complet de ces trilles:

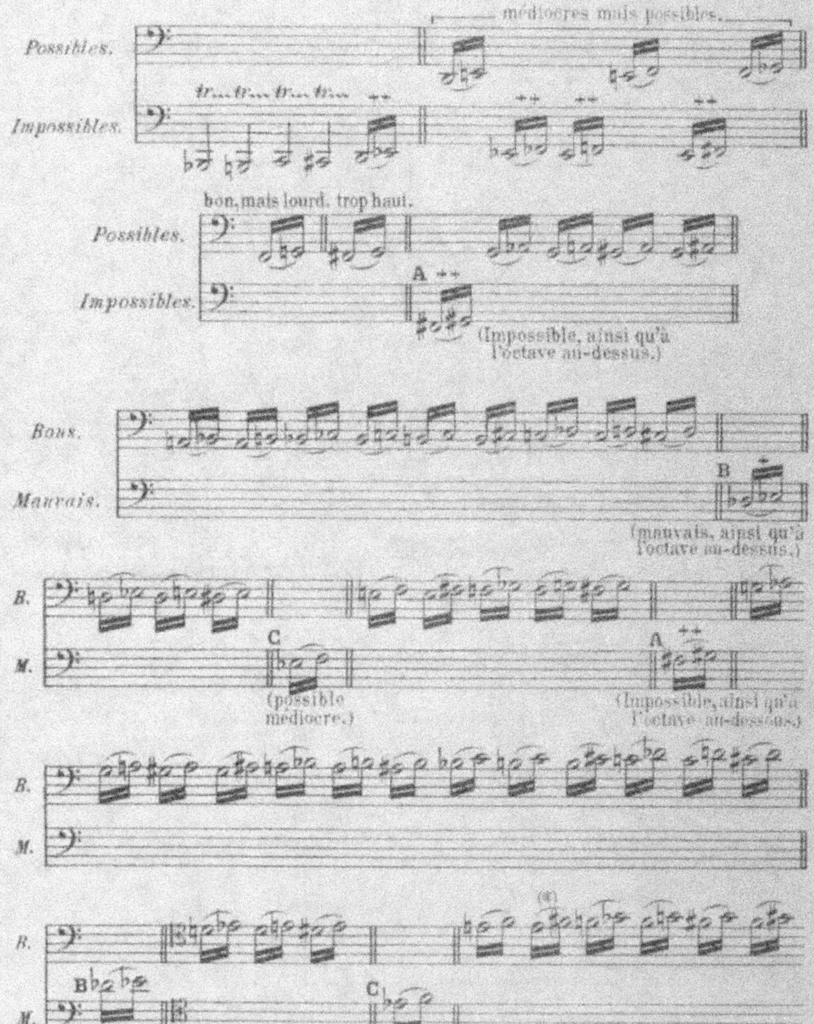

(*) **Remarque:** Ce trille *mi fa♯* était jadis classé parmi les plus gauches; aujourd'hui tous les virtuoses, l'ayant travaillé depuis Bizet, le font sortir brillamment.

13.§—Quant aux Batteries, elles deviennent à peu près impraticables sur les instruments graves comme le Basson ou le Cor. Il serait d'ailleurs, bien difficile de trouver dans les œuvres des maîtres, quelque exemple à citer.

Au-dessous de l'*ut* du médium, l'effet produit serait plutôt malheureux: à partir de cet *ut*, on dépasse quelquefois la tierce, mais cette tierce même est le plus souvent impraticable sinon en montant, au moins en descendant.

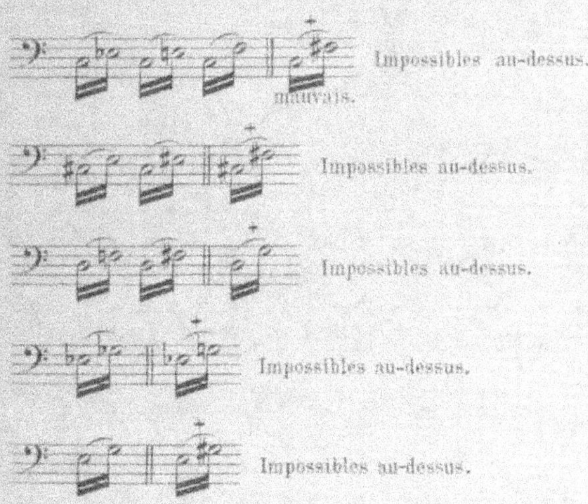

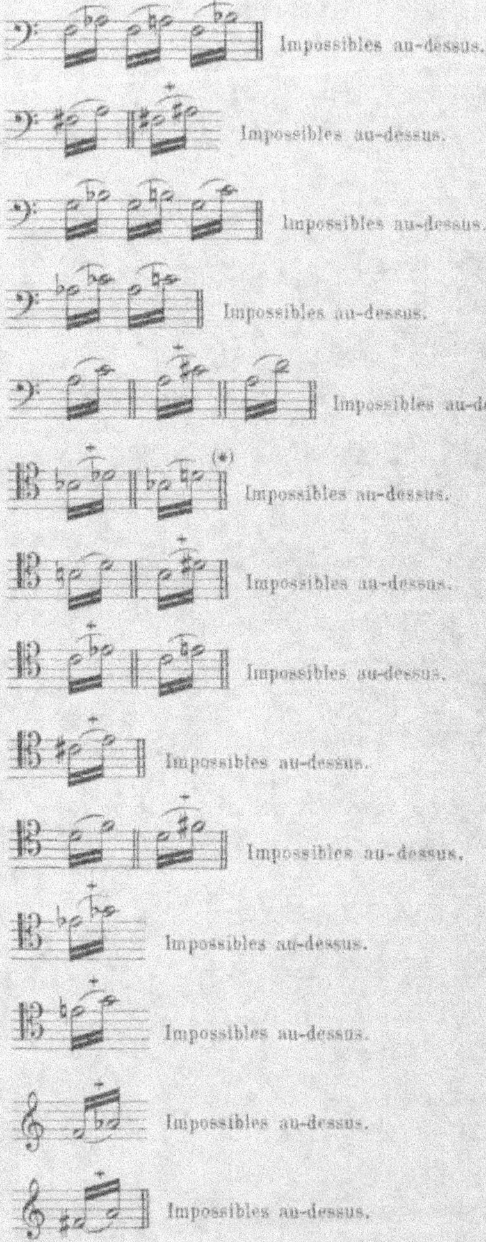

(*) **Nota:** A partir d'ici, les batteries deviennent à peu près impossibles.

On ne peut monter plus haut.

Œuvres et Auteurs à étudier: Mozart (*Concerto*, *Sérénades*, *Quintette*); Weber (*Concerto*, *Andante et Rondo Hongrois*); Beethoven (*Quintette*, *Ottetto*, *Trio* flûte, basson et piano, *Septuor* etc...); Schubert (*Ottetto*); Rubinstein (*Quintette*); Reinecke (*Ottetto*); Thuille (*Sextuor*); Raff (*Sinfoniette*); *Suites* de Ch. Lefebvre, Pierné, Dallier, Eug. Bourdeau. *Etudes* d'Ozi, Gambaro, Neukirchener, Milde etc...

Instruments Transpositeurs.

Le Basson quinte.

14.§— Il n'existe pas, mais les Bassonistes le réclament. C'est celui qui fera la vraie basse du groupe des «Vents», une quinte *au-dessous* de l'instrument-type, descendant par conséquent au *mi*♭ de 16 pieds (un demi-ton plus bas que la Contrebasse):

Le *la* grave que Wagner a fait succéder au *si*♭ est excellent, d'admirable sonorité: il n'y a pas de raison, disent les instrumentistes, pour ne pas descendre ainsi jusqu'au *mi*♭, avec les mêmes doigtés, les mêmes moyens que le Basson ordinaire.

Nous avons vu (paragraphe 3) que la quinte grave *si*♭ *fa* était capable de soutenir n'importe quel poids sonore; la quinte inférieure, la «nouvelle» quinte sera plus robuste encore.

L'instrument est facile à construire, assure-t-on: à Messieurs les Facteurs, de nous le donner. (Voir C. Pierre, *La Facture Instrumentale à l'Expos. de 1889, page 27.*)

Le Contre-Basson.

15.§— C'est l'instrument-type à l'octave grave, moins le *si*♭ et le *si*♮ bas. Il commence à l'*ut* de 16 pieds (une tierce majeure plus bas que la Contrebasse) pour monter jusqu'au *mi*♭ du médium:

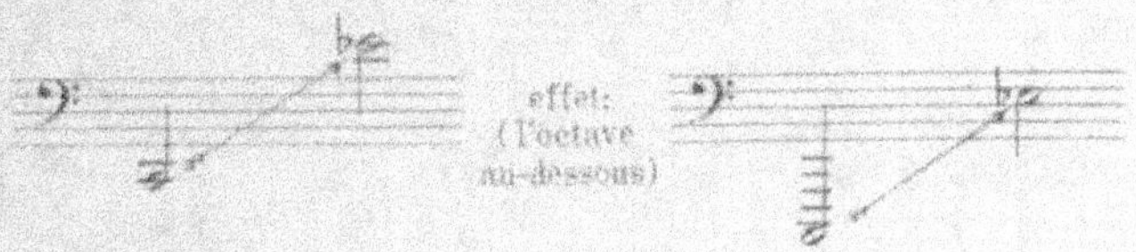

Le Contre-Basson se construit en bois ou en cuivre.

Sa sonorité est très inférieure à celle du Basson surtout dans le registre commun aux deux instruments. Satisfaisant dans la première septième grave, il paraît déjà faiblir à partir du *si* ♮ de 16 pieds, diminuer encore d'intensité vers le *fa* ♯ de 8 (au moment où l'on prend la clef d'octave), et finit par ressembler au nasillement du mirliton en se rapprochant de l'aigu.

La première octave basse est seule assez satisfaisante, lorsqu'on l'emploie largement, en évitant les détachés, en façon de pédale profonde soutenant l'ensemble des "Bois", voire même des Cors. L'émission du son est assez semblable à celle de l'instrument-type; mais l'anche plus grande vibre plus lourdement: aussi le *staccato* et les successions rapides sont-elles ici du plus médiocre effet.

Dans sa *IX{e} Symphonie*, Beethoven a assez dédaigneusement traité le Contre-Basson, le faisant d'abord monter jusqu'au *la*, ensuite lui imposant des traits rapides qui ne peuvent sortir. Cela ressemble à un effet de virtuosité sur le plein-jeu d'un mauvais Harmonium:

Mais ces notes étranglées du registre aigu, et ces traits, qui seraient difficiles même à un Basson ordinaire, se perdent dans une masse compacte où l'oreille la plus exercée est incapable de rien distinguer. Beethoven s'est peu inquiété du détail; et puis, il était sourd quand il écrivit l'œuvre immortelle. Je me permets la remarque afin que les jeunes compositeurs, tant qu'ils ne seront pas Beethoven, se montrent moins audacieux.

Voici par contre un bel effet de Contre-Basson, à découvert; rien de profond comme ce *sol*, au-dessous du sol grave des Cors:

Le Contre-Basson demande de solides poumons; les sons graves surtout absorbent beaucoup d'air. Le maximum de durée d'une tenue dans le grave ne peut dépasser deux mesures *moderato*.

Il faut donc prendre grand soin, quand on met l'instrument en évidence, de lui ménager à temps, les repos nécessaires.

* * *

Le Sarrusophone.

1.§—C'est l'instrument rival du Contre-Basson, rival avantagé, hâtons-nous de le dire, sous le double rapport de l'émission et de l'intensité dans le grave.

D'une grande largeur de tube, sa colonne d'air est mise en vibration par une anche double, semblable à celle du Basson, dont il a, d'ailleurs, à peu près le mécanisme.

On reproche quelquefois au Sarrusophone ce timbre un peu nasillard et cette qualité de son qui crépite sous la lèvre comme ferait une succession de chocs très rapides; il semble qu'on distingue isolément chacune de ses vibrations, ainsi qu'il advient quand on se trouve tout près de l'anche battante d'un tuyau de 32 pieds.

Très injuste reproche.

Quand l'instrument est entre les mains d'un artiste habitué à l'anche du Basson, ces défauts disparaissent en grande partie. C'est alors une sonorité vibrante et pleine, une excellente basse des "Vents", descendant sans hésitation à l'extrême grave de l'orchestre, une octave au-dessous du Basson ordinaire:

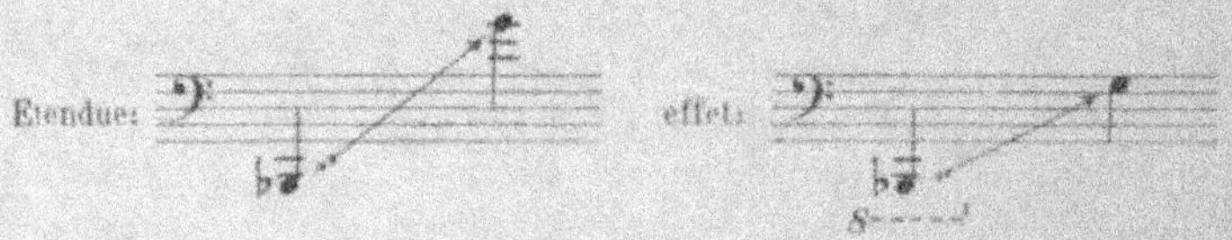

2.§—On l'écrit en *ut*, comme le Basson, dont il est le 16 pieds (le Basson étant considéré comme un 8 pieds.)

Adjoint aux Violoncelles et aux Contrebasses, le Sarrusophone fait l'effet d'une Gambe d'Orgue, ou d'une Bombarde très douce; il leur prête une nervosité très caractéristique.

3.§—La famille des Sarrusophones est complète.

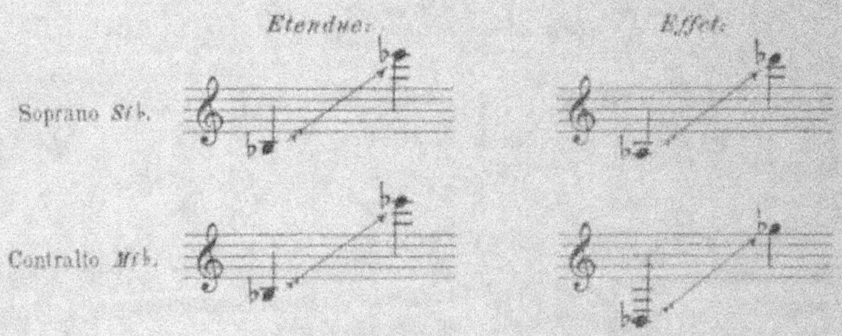

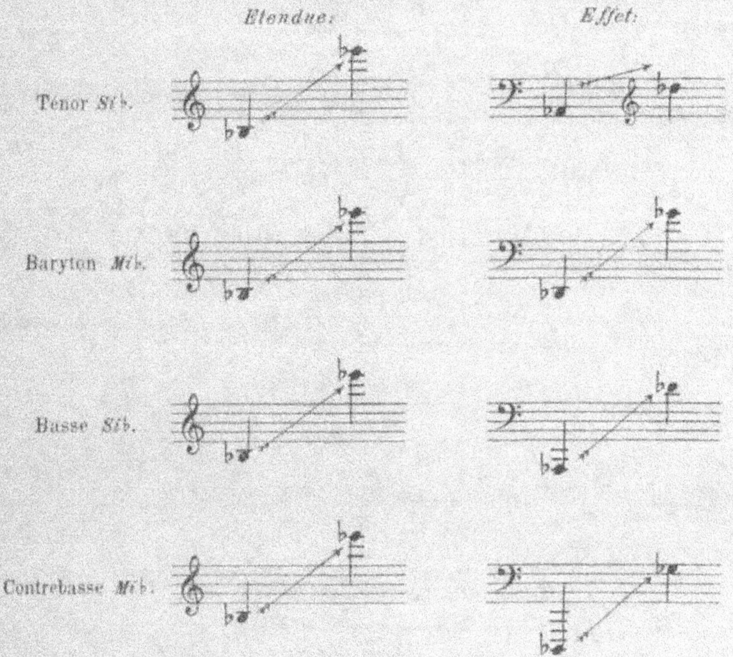

Aucun de ces types intéressants n'est encore usité dans nos orchestres. On leur préfère les Saxophones.

Mais comme le Saxophone le plus grave ne descend pas au-dessous du Basson ordinaire (le Saxophone-Contrebasse ayant des dimensions qui le rendent impraticable), le Sarrusophone en *ut* se trouve rester sans concurrent sérieux à l'extrême profondeur de l'orchestre.

4.§—Il y a deux octaves d'une vraie plénitude, d'une solidité remarquable:

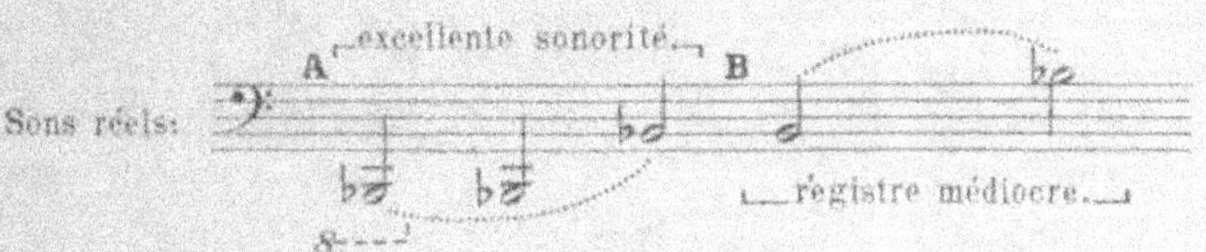

A partir de **B**, le son s'assèche et devient semblable à celui du Basson vers l'aigu. Mais peu importe, les octaves graves, seules, nous intéressent.

Tous les degrés du Sarrusophone sont malléables et souples comme ceux d'un Hautbois ou d'un Cor Anglais: on peut les attaquer *forte* ou *piano*, les enfler ou les diminuer à volonté. L'émission reste aussi nette, aussi franche dans le bas que dans le haut de l'Echelle. Même dans un mouvement rapide, on peut exécuter des traits *staccato* comme celui-ci (l'effet se produisant une octave au-dessous):

Un Contre-Basson, en pareille aventure, n'aurait aucune sonorité, tandis que le Sarrusophone s'en tire presque aussi aisément qu'un Basson ordinaire.

Articulation.

5.§—Voici environ le maximum de vitesse possible:

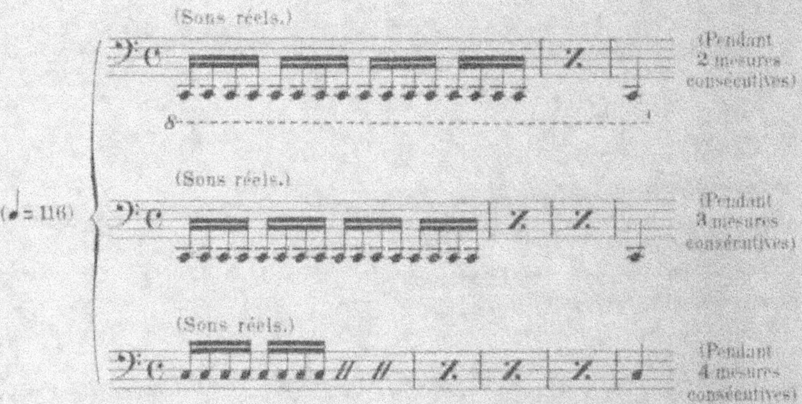

La longueur de respiration pour les sons soutenus est à peu près la même que pour les sons détachés: ainsi on pourra tenir le *contre-ut* grave deux ou trois mesures dans un mouvement modéré, suivant qu'on jouera fort ou faible:

En s'élevant d'une octave, de trois à cinq mesures.

Trilles.

6.§—Le Sarrusophone ayant le doigté du Basson, en reproduit tous les trilles. Même dans l'octave grave, le battement reste rapide et le son net:

Bref, on peut traiter l'instrument relativement au Basson, comme la Contrebasse relativement au Violoncelle. On écrira Basson et Sarrusophone, comme on écrit Violoncelle et Contrebasse.

Ce que fait l'un, l'autre le fera dans les limites permises aux sons graves, lesquels ont naturellement une lourdeur proportionelle à leur situation, et demandent à être traités en personnages de poids.

Saint-Saëns et Massenet ont employé le Sarrusophone dans plusieurs œuvres importantes. C'est un instrument dont la pratique se généralisera peu à peu, maintenant surtout qu'il a été perfectionné et prolongé dans le grave par M M. Couesnon & Cie (il ne dépassait pas l'ut 16 pieds, il y a quelques années). L'Opéra, l'Opéra-Comique, les Concerts Colonne et Lamoureux l'ont adopté à Paris. On commence à le voir un peu partout.

Théorie des Instruments de Cuivre
à embouchure

1.§—Prenons un tube, par exemple la longue trompette que nous voyons sur les bas-reliefs antiques. Quels sons peut-on en tirer?

«Ceux, uniquement, qui correspondent à l'ébranlement de toute la colonne d'air, ou de sa moitié, ou de son tiers, ou de son quart etc..., suivant la pression des lèvres.»

L'ébranlement de la colonne tout entière, c'est le son 1, le son fondamental; de la moitié, c'est le son 2; du tiers le son 3 etc...

Supposons comme fondamental l'*ut* grave de 8 pieds (correspondant à l'*ut* grave du Violoncelle), voici la série que successivement nous donnera le tube:

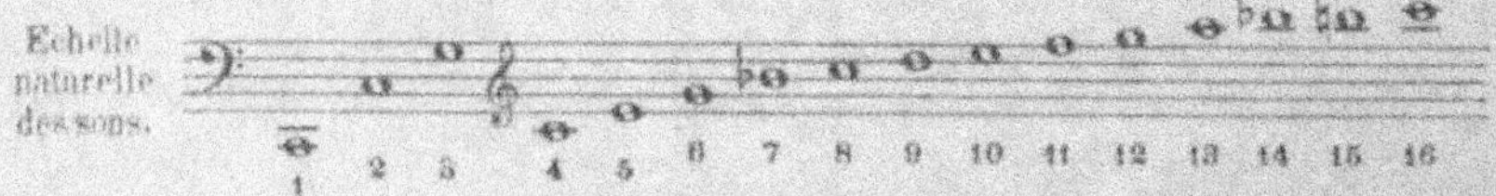

De même que les ondes produites par la chute d'un corps dans un bassin, se rapprochent mathématiquement les unes des autres à mesure qu'elles s'éloignent du point de départ, de même ces ondes sonores, (distantes d'abord d'une octave (1-2), puis d'une quinte (2-3), puis d'une quarte (3-4), puis de tierces et de secondes) se resserrant toujours, finissent par se confondre en tiers, en quarts, en huitièmes, en dixièmes de tons. Essayez de noter les seize sons compris dans l'octave 16-32, les trente-deux de l'octave suivante, les soixante-quatre, cent-vingt-huit etc!..

2.§—Théoriquement les instruments de cuivre ont tous l'étendue de l'Echelle naturelle, du son 1 au son 16.

En réalité, cela n'est point:

Seuls, les tubes de large diamètre, comme les Tubas et les Bombardons (Basses et Contrebasses) descendent jusqu'au son 1. Les autres ne sont praticables qu'à partir du son 2, la fondamentale leur restant interdite.

Seuls, les tubes de mince diamètre, comme les Cors et les Trompettes peuvent atteindre ou même dépasser les sons 12, 13, 14.

Et ce sont ces treize ou quatorze sons égrenés comme au hasard sur une étendue de deux octaves-et-demie, qui pendant des siècles ont suffi à la force et à l'éclat de l'orchestre. Ni Hændel, ni Mozart, ni Beethoven, ni Weber n'ont jamais soupçonné qu'une Trompette pût un jour

chromatiser quatre demi-tons de suite, ou un Cor descendre sans ca-
hots les degrés de la gamme.

Etant données les lacunes de l'Echelle, la Trompette, jusqu'au son 7,
ne pouvait jamais que procéder par bonds, tel un moineau sautillant de
branche en branche.

Ecrire un quatuor de Cors ressemblait à un "Jeu de Patience", chaque
partie renonçant à toute bienséance de conduite, pour courir sans cesse
après la note sonore.

3.§— L'invention des pistons est venue tout arranger, en rendant la
liberté au Compositeur. Elle lui a enfin donné, complètes et très é-
gales, les gammes diatoniques et chromatiques du bas au haut de l'é-
chelle. Elle a ramené au plus juste les degrés qui ne coïncidaient pas
exactement avec notre système, comme par exemple les sons 7 et 11.

Elle a permis de constituer au centre même de l'orchestre deux nouveaux groupes sonores capables de lutter de souplesse et de puissance
avec tous les autres, celui des Cors et celui des gros Cuivres. Bref,
elle a brisé les chaînes et, toutes grandes, ouvert les portes.

4.§— Le piston *abaisse l'étendue de l'instrument en augmentant sa longueur*. On en jugera par le tableau suivant (je me sers ici du système
de la Basse à 4 pistons, généralement employé):

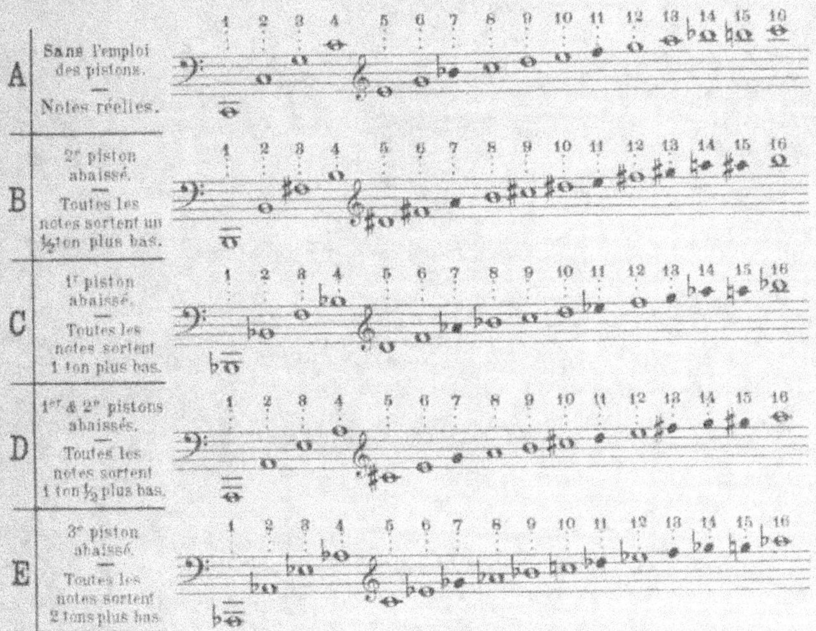

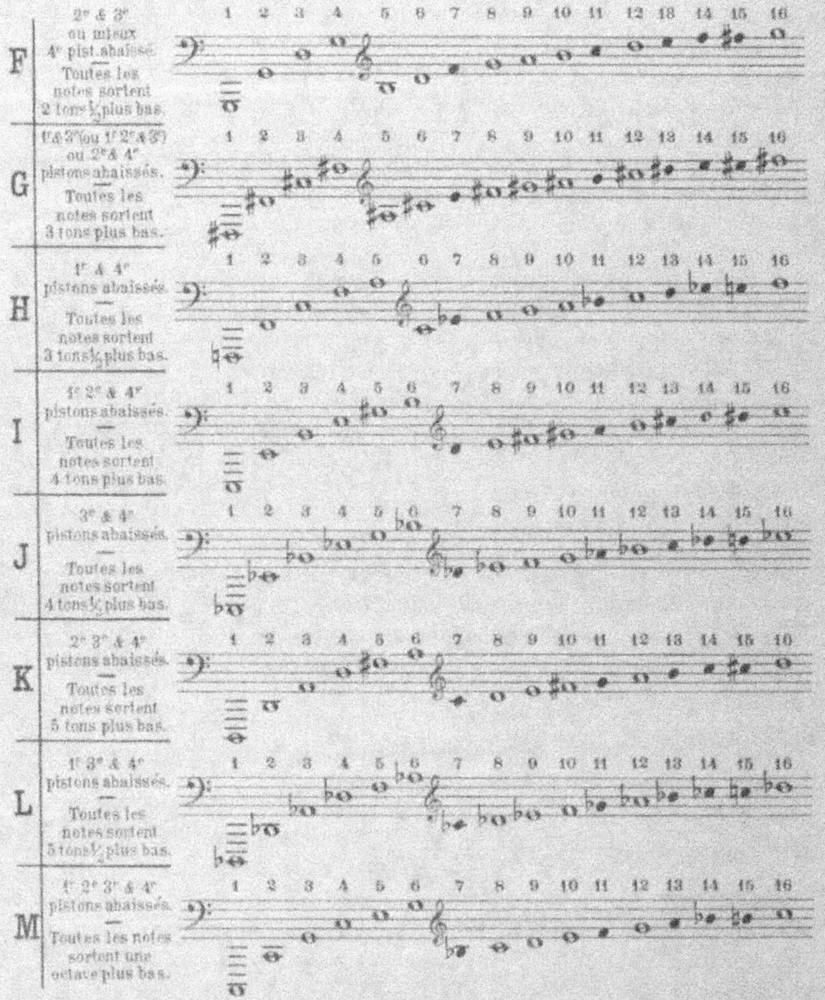

Voilà donc une étendue *théorique* de cinq octaves chromatiques, étendue qui pourrait encore être dépassée à l'aigu.

Mais, hâtons-nous de le dire, aucun artiste ne peut faire sortir les sons d'un clavier pareil; le plus habile ne dépasse pas trois octaves et demie.

5.§ — En dehors des Saxhorn Basse et Contrebasse, du Trombone à pistons et de quelques Barytons, tous les autres instruments n'ont que trois pistons, ce qui réduit à *sept* le nombre des combinaisons du tableau précédent (A B C D E F G), lesquelles correspondent aux sept positions du

Trombone à coulisse. Ce sont celles des Contrebasses en *si*b, ou en *mi*b (Bombardons) des musiques d'Harmonie. Les autres n'intéressent que des instruments peu pratiqués, qui, d'ailleurs, ne descendent pas jusqu'au son 1.

6. § — En considérant l'Echelle naturelle des sons, nous voyons les instruments de cuivre à embouchure se grouper en trois catégories:

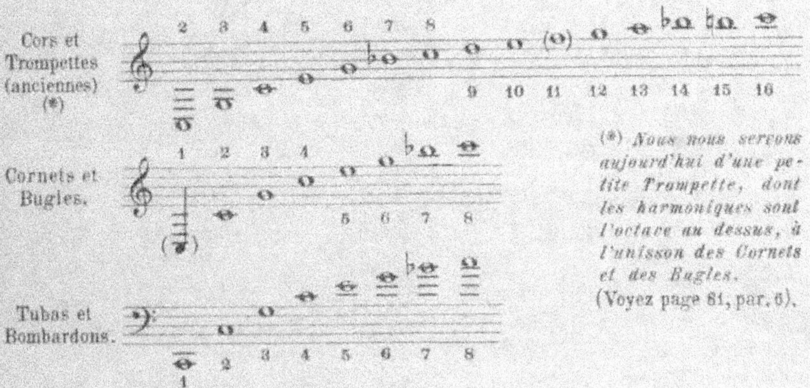

Cors et Trompettes (anciennes) (*)

Cornets et Bugles.

Tubas et Bombardons.

(*) *Nous nous servons aujourd'hui d'une petite Trompette, dont les harmoniques sont l'octave au dessus, à l'unisson des Cornets et des Bugles.* (Voyez page 81, par. 6).

Si nous comparons maintenant la longueur des tubes, voici leurs proportions respectives (en prenant pour type le ton de *si*b commun aux uns et aux autres):

Cornet en *si*b . . . . longueur du tube   1ᵐ 335

Trompette.(*) . . . .   —   2ᵐ 75

Cor (*si*b grave) et Bombardon.   —   5ᵐ 85

(*) *Trompette grave in B, octave au-dessous de la Trompette moderne.*

D'après ce tableau, les Cornets sont assimilables aux jeux de 4 pieds de l'Orgue, les Trompettes à des 8 pieds, les Cors et Bombardons à des 16 pieds. Mais dans la pratique les choses se passent autrement.

En réalité Cornets et Trompettes, enfermés dans les mêmes limites, habitent les mêmes hauteurs, et procèdent si parallèlement que dans beaucoup d'orchestres secondaires, au mépris des intentions du Compositeur, au mépris de la différence du timbre, on voit le Cornet remplacer la Trompette, ce dernier instrument étant beaucoup plus délicat, beaucoup plus périlleux à jouer.

7. § — En effet, les sons harmoniques se rapprochant de plus en plus à l'aigu, les divisions du tube deviennent peu à peu si étroites que la moindre hésitation, la moindre erreur dans la pression des lèvres peut être cause d'accidents.

Prenons ce thème :

La Trompette ancienne le jouera sur les harmoniques de 4 à 12 :

Le Cornet en *si♭* donnera les mêmes notes en se servant des harmoniques de 2 à 6 :

(*Les notes marquées d'une croix + n'existeraient pas sans les pistons.*)

Le Cornet qui a précisément ses notes favorites entre le son 2 et les sons 5 ou 6, pourra rendre ce thème avec une légèreté d'articulation, une prestesse, une facilité bien supérieures à celles de la Trompette. Dans ce registre moyen "gammes diatoniques et chromatiques, trilles et roulades sont pour lui jeux d'enfant: il est aussi agile qu'une Flûte ou une Clarinette."

En revanche, son timbre peut-il se comparer à celui de la Trompette, surtout dans le registre aigu, où il s'affadit et se décolore? En a-t-il la force, la noblesse, l'expression dramatique?

8. §—Nous venons (paragraphe 6) de classer les Trompettes et les Cors dans le groupe des instruments ne pouvant pas donner le son 1. Pour la Trompette, cela se conçoit, mais pour le Cor, dont la longueur égale à celle du Bombardon devrait lui permettre de descendre aussi bas, quelle peut en être la raison?

Cette raison vient de la différence du diamètre des tubes. Tandis que le Bombardon est ventripotent, très fine au contraire la taille du Cor, la longueur de ce mince tuyau ne permettant pas aux lèvres d'agir efficacement jusqu'à son extrémité grave. De plus, il y a là une autre question: celle de la forme et de la grosseur de l'embouchure, choses qui sont d'importance non seulement pour le timbre, mais encore pour la facilité d'émission des sons.

Pour obtenir le son fondamental, il faut qu'il y ait un juste rapport entre le diamètre et la longueur du tuyau (Loi de Cavaillé-Coll), et, de plus, une embouchure spéciale à chaque famille d'instruments.

———————

Le Cor simple.

(WALDHORN)

1.§—C'est uniquement au point de vue historique que je mentionne ici le Cor simple, aujourd'hui à peu près partout abandonné.

Le Cor simple ne peut guère produire naturellement que les Harmoniques compris entre 2 et 16 inclusivement:

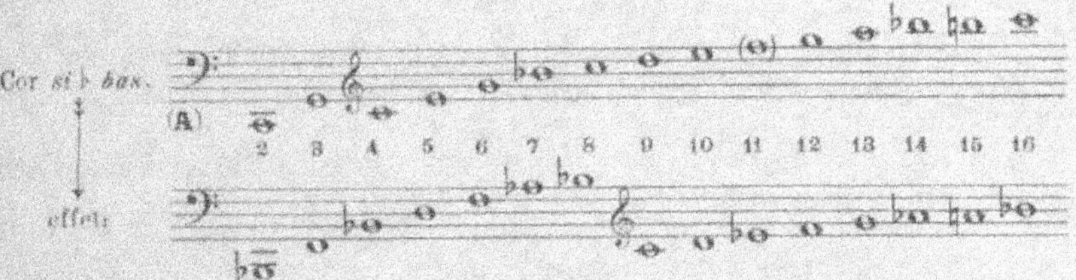

Remarque: Les Cornistes lisent la clef de *fa* une octave plus bas qu'ils ne devraient; n'est-il pas ridicule de noter ainsi à deux clefs: ces quatres harmoniques qu'il faudrait noter ainsi en clef de *fa* seule: ?

Grâce à des tubes supplémentaires, appelés *tons de rechange*, la série harmonique peut se trouver transposée d'après douze ou treize fondamentales différentes:

Ton de	*Si* ♭	*grave*	longueur du tube	5^m	850
—	*Si* ♮	—	—	5^m	571
—	*Ut*	—	—	5^m	258
—	*Ré* ♭	—	—	4^m	963
—	*Ré* ♮	—	—	4^m	685
—	*Mi* ♭	—	—	4^m	422
—	*Mi* ♮	—	—	4^m	174
—	*Fa*	—	—	3^m	939
—	*Sol*	—	—	3^m	509
—	*La* ♭	—	—	3^m	313
—	*La* ♮	—	—	3^m	126
—	*Si* ♭	—	—	2^m	750
—	*Ut*	*aigu*	—	2^m	629

La note la plus grave qu'on puisse obtenir est donc l'*ut* du Cor en *si* ♭ *bas* (A), *si* ♭ pour l'oreille.

La note la plus haute, c'est le *sol* du Cor en *la* (B), *mi* pour l'oreille.

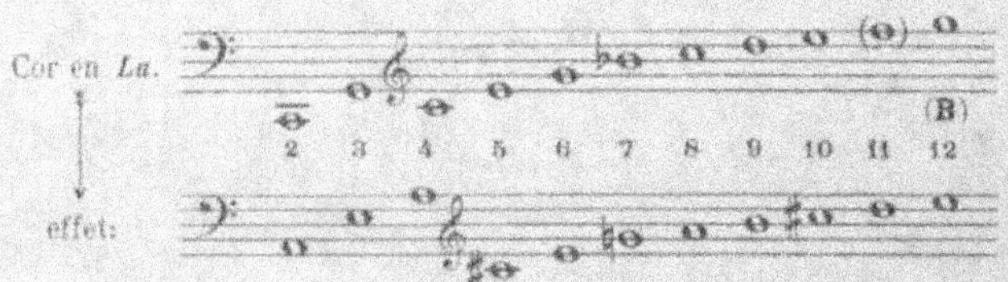

2.§—Pour remplir les lacunes de ces intervalles, les Cornistes avec la main dans le pavillon, obtiennent, en bouchant la moitié de la colonne d'air, les demi-tons au-dessous de chaque son naturel:

Remarque: Les sons 7,11,13,14 ne coïncident déjà plus avec notre gamme: pour s'en servir, l'exécutant les ramène à notre justesse en les traitant à la façon des sons bouchés.

Excellents tous les demi-tons ainsi obtenus au-dessous de chaque son ouvert. Inappréciables aussi, vu la diversité des colorations que leur doit la palette orchestrale : *sons en sourdines, sons cuivrés*, dont nous parlerons plus longuement dans le chapitre suivant, celui du Cor à Pistons.

Quant aux sons qu'on obtient en bouchant plus de la moitié de la colonne d'air, ils sont très sourds, peu justes, et à peu près impraticables:

Tel est l'instrument pour lequel ont écrit les Maîtres classiques; des lacunes, des fondrières, des inégalités partout; impossible, au-dessous du septième harmonique, de trouver deux degrés conjoints de même timbre. Il est vrai que des moyens les plus simples résultent souvent les plus puissants effets, et qu'avec des ressources aussi restreintes, Weber a su créer des chefs-d'œuvre. Trois notes.... cela suffit au Cor enchanté d'*Obéron*.

Les Cors à Pistons.

(VENTILHORN)

1.§—Ils existent dans plusieurs tons, *mi*, *mib*, *ré* etc... mais aujourd'hui, on ne se sert plus que d'un seul instrument : le **Cor en Fa.**

Les indications que l'on trouve à chaque page dans les Compositions modernes (Muta in D, in E, in F, in G) sont là, bien moins dans l'intérêt du virtuose que pour la commodité de l'auteur qui, à l'inconvénient de se lancer dans des surcharges de dièses et de bémols, préfère cent fois (supposant un subit changement de tonalité), se servir des sons naturels.

Il écrit le plus simplement possible; à son interprète de le comprendre.

Voici l'étendue, en sons réels, de l'Echelle chromatique du Cor à pistons :

Trente-huit notes, d'une justesse, d'une homogénéité parfaites. Echelle à peu près égale à celle du Basson qui, lui, descend un demi-ton plus bas (*sib*) mais en revanche perd singulièrement à la comparaison, en approchant de l'extrémité aiguë :

2.§—Remarquons ici une très sensible différence dans les moyens des deux instruments :

Tandis que le Bassoniste se livre à toutes les acrobaties, à tous les sauts périlleux du haut en bas de l'Echelle, et passe d'un registre à l'autre aussi facilement que le pianiste sur son clavier, le Cor ne jouit point de semblable liberté. Il doit opter pour l'aigu ou le grave, ne pouvant être bon à la fois et en haut et en bas. Les lèvres se façonnent d'après des dispositions naturelles et un entraînement spécial vers un registre déterminé. Le Premier Corniste est à son Second, ce qu'est le Trombone Ténor au Trombone Basse. Aux Premiers Cors (des deux ou trois pupitres de nos orchestres) les sons hauts; aux Seconds, les sons graves.

3.§—Et parce que nous avons deux sortes de Cornistes, les facteurs d'instruments construisent maintenant deux sortes de Cors, les uns *ascendants*, les autres *descendants*, une modification dans le jeu du 3ᵉ piston suffisant à faire plus facilement monter les uns et descendre les autres. (*)

(*) **Nota**: Le 3ᵉ piston fait monter d'un ton toute l'Echelle naturelle des Cors ascendants, et descendre d'un ton celle des seconds Cors.

Et voici, *en sons réels*, l'étendue de nos deux Cors chromatiques en *fa*:

Nota: Le *sol♯* marqué d'une croix + est le seul degré qui manque à l'échelle chromatique du Cor ascendant.

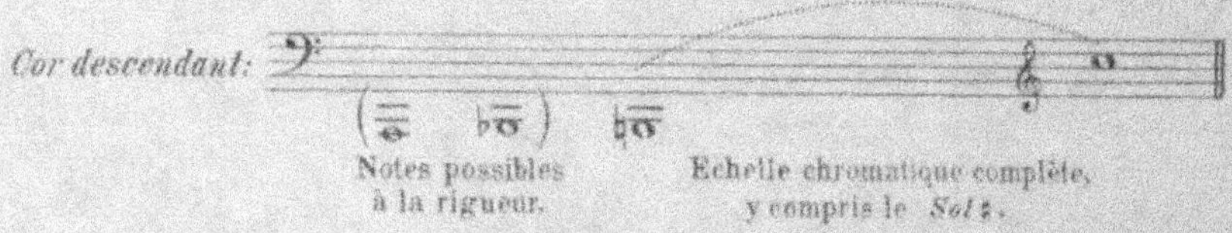

Manière d'écrire:

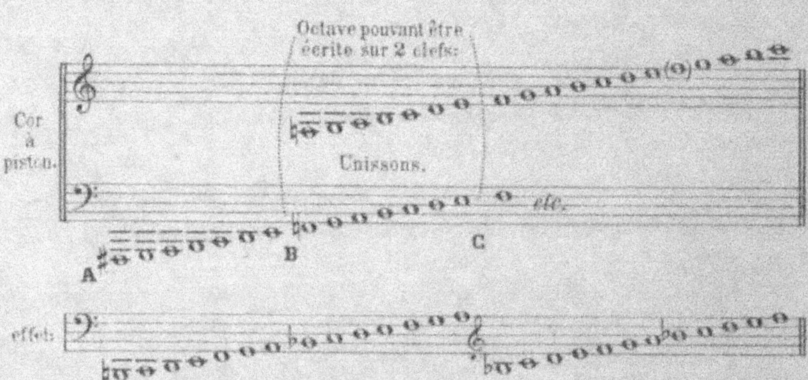

Ainsi que nous l'avons déjà constaté (page 63) la notation du Cor se trouve une octave trop bas quand on *écrit* en clef de *fa*. Supposons par exemple, deux Cors à l'unisson dans l'octave **B C**; si le premier joue en clef de *sol* et le second en clef de *fa*, l'unisson pour notre oreille sera noté en octave pour notre œil! O triomphe de l'Illogisme! Pourquoi ne pas faire de la clef de *fa* la suite naturelle de la clef de *sol* ?

Donc, dans cette étendue chromatique de quarante-trois notes, pas de notes défectueuses et, sauf le *sol♯* (*ré♯*+) manquant au Cor ascendant, pas de lacunes :

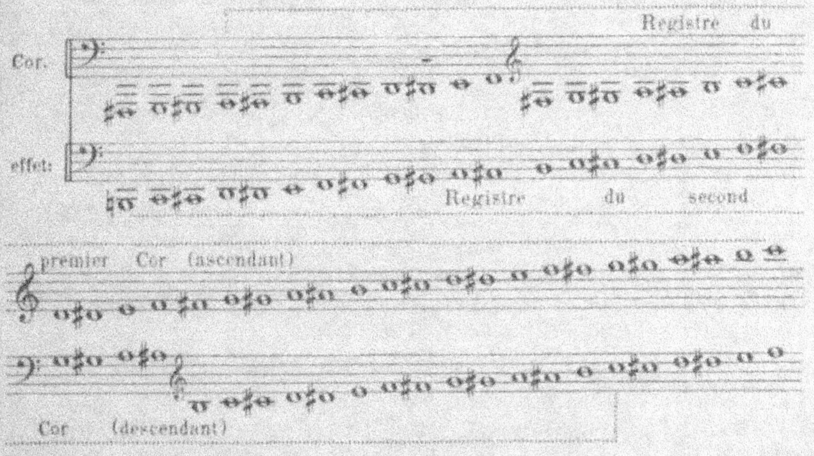

Trois Colorations.

5.§—Avec la riche et poétique sonorité des sons naturels du Cor, nous avons encore deux colorations très spéciales, très caractéristiques, celle des *Sons Bouchés* et celle des *Sons Cuivrés*.

Le *Son Bouché* est produit par une sourdine; le *Son Cuivré* par la main dans le pavillon. L'un est faible, l'autre fort.

Le *Son Bouché*, qu'on doit avoir soin de désigner par le mot: *Sordini* (gedämpft), correspond à l'expression du pianissimo le plus absolu; c'est l'écho du son ouvert. Rien de plus facile, de plus rapide que de glisser la sourdine dans le pavillon; l'exécutant ne s'interrompt pas même pour cela: il tient l'instrument de la main gauche et place son appareil a-vec la droite:

Délicieuse la sonorité à peine perceptible des Cors sous le dessin des Violons, sonorité de velours, vraie caresse pour l'oreille.

Quant aux Sons Cuivrés, résultat d'un effort, ils sont produits par la main oblitérant la moitié du tube: les lèvres donnent le demi-ton au-dessus, et le mouvement de la main fait redescendre d'autant le son émis. Si, par exemple, l'exécutant veut cuivrer le *ré*, il attaquera un *mi♭*, en même temps que son poing abaissera d'un demi-ton la colonne d'air.

Le Compositeur a plusieurs manières de les indiquer.

Par une simple croix placé au-dessus de la note à cuivrer:

Par le mot *cuivré* (*gestopft*[1] *f*):

Par la croix et le mot cuivré réunis:

Il arrive parfois que le mot *cuivré* se trouve accompagné de l'indi-

---

(1) *Gestopft* veut dire *Bouché*, mais accompagné d'un accent >, ou de *f*, ou de *sf*, il est pris dans le sens de *cuivré*.

cation *piano*. En ce cas l'attaque seule du son peut être cuivrée; immédiatement après cette attaque, le son devient très doux, comme celui de la sourdine.

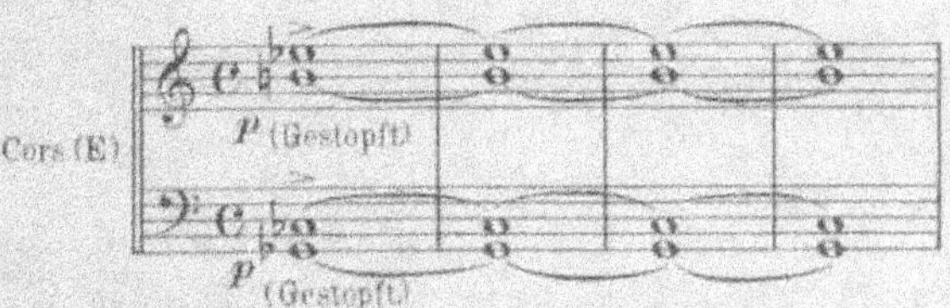

Le Cor, dans toute son étendue, peut être joué en sourdine. Quant aux sons bouchés produits par la main, ils ne sortent plus guère au-dessous du son 3 :

Dans son *Requiem*, Berlioz fait cuivrer par deux Cornistes à l'unisson le *fa* ♯ (un demi-ton plus bas) dont l'effet est encore suffisant, mais c'est l'extrême limite.

A l'époque où les Cors à pistons commençaient à être pratiqués, on les admettait au second pupitre, tandis qu'au premier, les Cors ordinaires continuaient à régner sur le groupe.

Si l'on donnait à ces derniers, accompagné de l'indication *forte* ou *sforzando* un son n'appartenant pas à l'Echelle naturelle, comme il ne pouvait y avoir d'erreur, le Compositeur n'avait pas de précautions à prendre; ces sons bouchés *forte* devaient fatalement produire un son cuivré.

Alors on négligeait tout commentaire, comme dans *Faust* :

Parfois, comme dans la *Damnation*, l'Auteur croyait bon de préciser sa volonté entre parenthèses, quoique cela ne fût pas nécessaire:

En résumé pour éviter tout malentendu, il faut dorénavant s'en tenir à ces deux formules:

> *Con Sordini* pour toutes les sonorités *pianissimo.*

> *Cuivré* (surmonté d'une croix +) pour les autres.

Il est quelquefois nécessaire, après ces effets spéciaux, d'indiquer le moment exact où le Cor doit revenir au son naturel. (Voyez *Rheingold*, page 181). Alors, cet instant précis, on l'indique par le mot *Ouvert* (offen).

Articulation.

6.§—Malgré la longueur du tube de l'instrument, les Cornistes articulent très rapidement, se servant exclusivement de l'Articulation simple dans le grave; mais vers l'aigu, a partir du son 3, ils peuvent employer l'Articulation double, voire même triple, ce qui leur permet de lutter d'agilité avec les Flûtes.

Ainsi le début du 2e Acte du *Tannhäuser* serait impossible, avec l'Articulation simple, étant donnée sa vitesse.

Voici le maximum à exiger dans le grave:

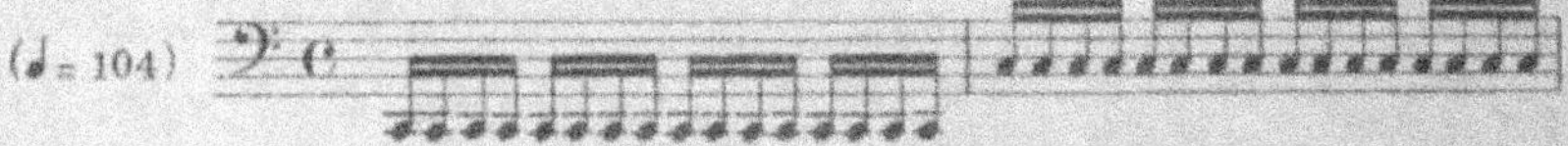

Dans le médium (Articulation simple):

Registre des Articulations, double et triple, où l'on peut obtenir des vitesses presque illimitées:

Remarque: L'effort de lèvres nécessité par les sons aigus devient un obstacle à la rapidité d'émission. Il est prudent de ne pas dépasser les 9e ou 10e harmoniques, en articulant ainsi.

Longueur de Respiration.

7.§—Voici le résultat d'expériences faites avec M. Pénable, Soliste des Concerts Colonne:

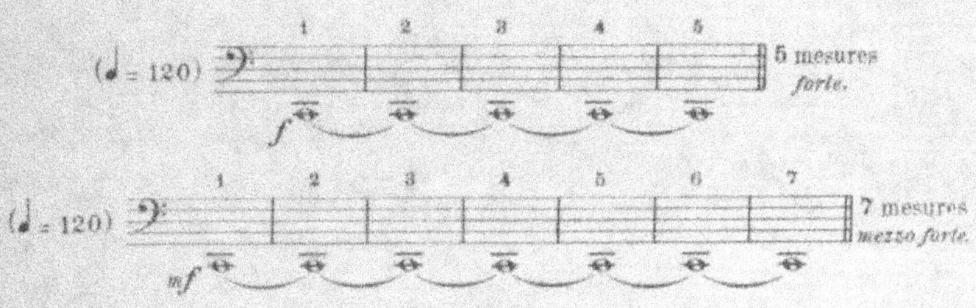

Dans le registre moyen: du 4e au 8e harmonique, en conservant le même mouvement métronomique ($\downarrow$ = 120), le poumon humain permet jusqu'à onze mesures *forte*, quatorze *mezzo*, et vingt-cinq *piano*.

Hâtons-nous de remarquer qu'il s'agit ici d'un maximum d'effort, dangereux à exploiter à l'orchestre.

Remarquons encore, comme nous venons de le faire (paragraphe 6), que la pression nécessaire aux sons aigus est une cause de dépense de souffle, et que pour ces longues tenues il ne faut guère dépasser les harmoniques 8, 9 etc...

Trilles.

8.§—On ne se sert jamais du piston pour les Trilles; dans ce tube trop mince relativement à sa longueur, l'air n'atteint pas assez rapidement le point d'arrivée pour produire l'effet voulu; le mouvement n'aboutit pas: l'intention s'use en route.

Les Cornistes ne se servent donc que des lèvres.

Les Trilles majeurs sortent bien (ils ne sont possibles que du son 5 aux sons 12, 13, 14, 15) :

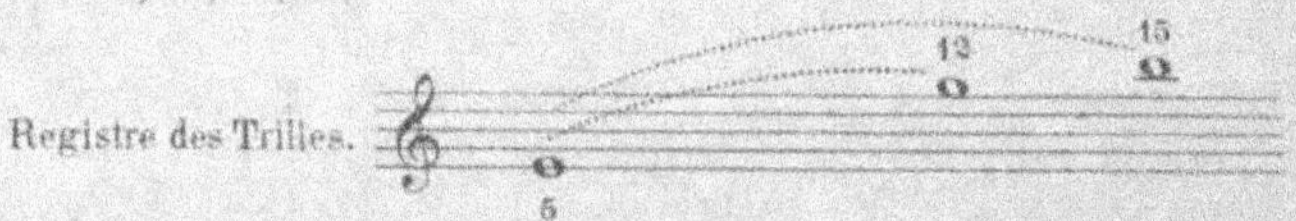

Et voici la meilleure partie de ce registre :   Quant
aux trilles compris entre les sons 12 et 15, mieux vaut ne pas s'en
servir à l'orchestre; ce sont des moyens de virtuoses, agréments ré-
servés aux Solistes, périlleux pour la plupart des exécutants.

Les Trilles mineurs sortent moins bien; ils ne sont possibles qu'avec
la main dans le pavillon; très médiocres, en réalité.

Tons Rallonges.

9.§—Le Cor à pistons change de tonalité aussi facilement que le Cor
ordinaire, quand le diapason du morceau l'exige.

Chaque ton est représenté par un anneau creux (le creux se nomme
la Perce) que l'on glisse tout contre l'embouchure. Plus l'anneau est
court, plus l'Echelle monte, et plus on sent le son se rapprocher des
lèvres : il semble qu'on en vient à le serrer entre les dents et qu'il ne peut
échapper. On en est sûr, comme du crayon qu'on tient tout près de la mine,
pour dessiner très fin.

Donc, s'il s'agit de jouer très haut, pour plus de sureté, on prend les
rallonges de *fa♯, sol, la, la♭, si♭* :

L'anneau correspondant au ton de *fa* s'enroule deux fois sur lui-même avec 0,20
de diamètre; au ton de *la♭* un seul tour et 0,19; au ton de *la♮*, 0,14.

Comment Schumann a-t-il écrit à ces hauteurs vertigineuses, entre
le son 8 et le son 20, le premier des quatre Cors de son très intéressant *Concerto* ?

Les virtuoses en ont une telle peur, qu'ils veulent bien le répéter à l'orchestre, mais l'oser en public, jamais, si grand le danger!

Le Cor de *Siegfried* qui monte au son 16, s'en va imperturbablement devant lui, sans hésitation ni crainte, parce qu'il procède par degrés réguliers, efforts progressifs, et qu'il se sent atteindre peu à peu le point terminus où il donnera son maximum d'effort:

Mais le *Concerto* de Schumann est autrement périlleux: pas une page qui ne contienne un casse-cou.

10.§—Je mentionnais (paragraphe 1) les indications que l'on trouve dans les partitions modernes (Muta in D, E, F, G etc.), qui sont là bien plus pour la commodité du Compositeur que dans l'intérêt de l'exécutant, lequel transpose ordinairement en *fa*.

Oui, il joue tout en *fa*, sauf dans les cas exceptionnels que nous venons de voir ci-dessus (paragraphe 9).

Si donc, dans le courant du morceau vous jugez nécessaire, pour éviter de trop nombreux bémols ou dièses, de changer vos tonalités des Cors, faites-le sans préoccupation ni souci quelconques du moyen d'opérer le changement.

Je suppose ce trait partant de *fa* pour se fixer en *mi*:

Voici deux façons de l'écrire aujourd'hui:

Le résultat est le même; il ne s'agit que d'étudier le point le plus favorable au raccordement des deux tons; simple question de coup d'œil. Les exécutants sont habitués à ce genre d'exercice et ne se laissent jamais surprendre. Vous n'avez qu'à vous fier à eux.

Le Cor à l'Orchestre.

11. §—Traité en quatuor, c'est un admirable instrument.

Quand, à l'ensemble des «Bois», vient s'ajouter le quatuor des Cors, l'intensité symphonique augmente de plus de moitié.

Traité en Solo, et promené discrètement à travers les «Cordes», rien ne se fond mieux; rien n'est plus harmonieux. C'est l'un des procédés favoris de Wagner.

Mélangé avec les Violoncelles et les Contrebasses, il leur prête une acuité singulière; on croirait à un Trombone doux:

Les quatre Cors réunis jouant *piano* ou *forte* s'entendent à travers tout l'orchestre:

Délicieux l'unisson du Cor et de la Clarinette;

Très précieux l'appui que vient prêter le Cor Solo au premier Trombone dans ce choral chanté par les Cuivres:

Très égale, très *une* cette sonorité des deux Clarinettes et des deux Cors, peu connue avant Mozart, si souvent employée depuis:

Très pimpante, très rebondissante, laissant derrière elle comme une buée matinale, l'articulation scandée de ces légers accords:

Et cet effet charmant des trois timbres, Cor et Flûtes, sur les tenues du quatuor et le rythme de la Harpe...

Comme dernier degré d'un *diminuendo*, comme dégradation finale d'un accord attaqué par tous les «Vents», rien ne vaut les Cors en sourdine:

1re Remarque: Quand on traite les Cors à quatre parties, la basse se trouve naturellement forcée de dépenser plus de souffle que les autres, et de respirer plus souvent, tout en donnant moins de son. Mieux vaut, si l'on a besoin de sons soutenus, s'adresser au Basson qui économise davantage et donne une base plus solide au groupe harmonique:

2e Remarque: Étant donné que nous avons d'ordinaire quatre Cors à l'orchestre, il ne faudra pas oublier que les chefs de pupitre sont *Cors Ascendants*; les seconds *Descendants*; que par conséquent le registre aigu sera toujours réservé aux 1er et 3e Cornistes, le grave aux 2e et 4e.

12.§.—Auteurs et Œuvres à étudier: Mozart (*Quintette*); Beethoven (*Sonate, Quintette, Sextuor, Septuor*); Schubert (*Otetto*); Schumann (*Concerto*); Brahms (*Trio*); Saint-Saëns (*Romance*); Dauprat, Gallay, Mohr (*Méthodes*); Friedr. Gumbert (*Solobuch für Horn*) etc...

Lire Hændel, Bach, Mozart, Beethoven (qui descend dans l'Adagio de la *IXe Symphonie* jusqu'au *si♭* grave), tout Weber, tout Wagner et tous les modernes.

La Trompette ancienne.

1.§—Nous avons vu (page 58, paragr. 2) que le diamètre étroit du tube ne permettait pas à la Trompette de donner le son fondamental, et que son Echelle ordinaire, dans la pratique, commençait au *mi*♮ grave (son réel):

Autrefois, comme aujourd'hui, ce *mi* grave a presque toujours fait l'extrême limite de l'instrument. Quant au *mi* ♭ au-dessous, que Schumann n'a pas craint de risquer dans *Manfred*, et qui ne nous laisse pas sans inquiétudes..... c'est ordinairement au premier Trombone qu'un chef d'orchestre prudent s'adresse pour le prier d'en prendre la responsabilité, à la place du Trompettiste saisi d'effroi:

2.§—L'ancienne Trompette a, comme le Cor, des Rallonges qui, augmentant plus ou moins la longueur du tube, transposent la Série Harmonique dans presque tous les tons:

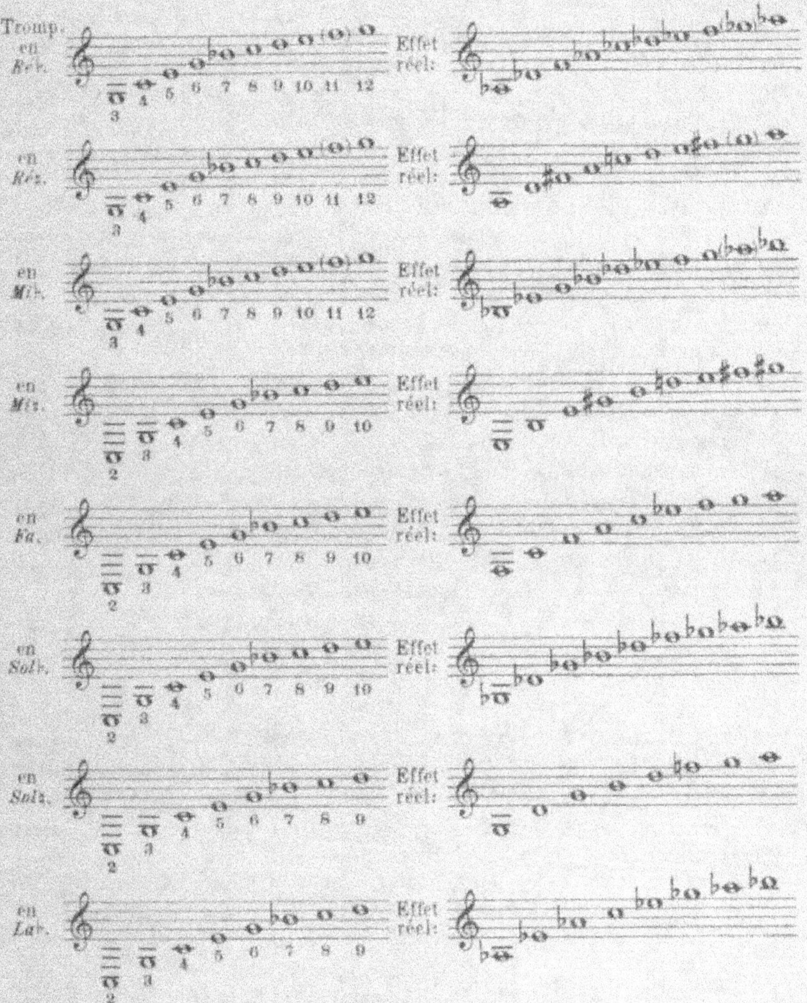

(*) **Nota**: Le son 11 est toujours placé entre parenthèses; nous avons vu qu'il ne coïncide pas exactement avec le quatrième degré de notre Gamme.

Cette nomenclature des tons de la Trompette devrait commencer par celui de *la*, mais ce dernier est très médiocre et par conséquent très peu pratiqué. Dans sa *VIIe Symphonie*, Beethoven écrit ses Trompettes en *ré*; dans la *Symphonie Romaine*, Mendelssohn les écrit en *ré* d'abord, puis en *mi* pour les deux derniers morceaux. Ni l'un ni l'autre ne les accordent en *la*.

La Trompette en *la* serait à l'unisson du Cor en *la*; la Trompette en *si♭* est à l'unisson du Cor en *si♭* aigu: en *si♮*, à l'unisson du

Cor en *si♮* aigu, etc...

3.§—Le Cor en *ut* aigu et la Trompette en *ut* sont donc deux instruments *non-transpositeurs*, donnant le même son réel.

Toutefois la qualité du son est bien différente. Nous avons remarqué déjà que la forme de l'embouchure exerçait une grande influence sur le timbre; que le rapport de profondeur d'embouchure entre la Trompette et le Cor était environ de *un* à *deux*, quelquefois même davantage; que cette petite cuvette qu'on nomme *le Bassin* et qui sert d'embouchure aux Trompettes n'a pas un centimètre de profondeur, alors que celle du Cor (de forme conique allongée) en a de 2 à 2 ½.

Le Bassin de forme conique est nécessaire aux instruments à sons doux et veloutés comme les Cors, dont le timbre se mélange si bien avec la sonorité des instruments de bois.

La forme curviligne qui produit la force et l'éclat, reste affectée aux Trompettes.

«Il est facile de comprendre l'influence que la forme du Bassin exerce sur la formation du timbre, si l'on veut bien se rendre compte que c'est dans le Bassin que les ondes sonores prennent naissance. Aussi ne pouvons-nous assez conseiller aux artistes de ne pas se servir d'autre embouchure que celle qu'une longue expérience a désignée aux facteurs, comme la seule convenable au timbre de l'instrument pour lequel elle a été construite.» (Mahillon, *Eléments d'Acoustique*.)

4.§—Est-il nécessaire de remarquer, comme nous l'avons fait pour les Cors, la difficulté qu'offrait jadis au Compositeur un instrument sans ressources aucunes en dehors des harmoniques, et ne permettant pas deux degrés conjoints avant le son 7?

Et encore si les Trompettes avaient eu à leur disposition des sons bouchés, s'ils avaient pu produire la gamme! Mais non; leurs sons bouchés étaient détestables; à peine en citerait-on deux ou trois exemples, essais malheureux.

La Trompette à Pistons.

5.§—De même que pour les Cors, l'invention des Pistons est venue combler toutes les lacunes, permettre de joindre chromatiquement tous les degrés, et d'accorder avec notre tonalité les harmoniques qui s'en écartaient. Du *mi* grave au *si♭* aigu, l'Echelle chromatique est complète; tous les intervalles de sonorité très égale et très juste, toutes les notes excellentes *dans la force*, presque toutes *dans le piano :*

6.§—Ainsi que le Cor, la Trompette change de tonalité quand il le faut. Longtemps on l'a pratiquée en *ré*, *mi♭*, *mi♮*, *fa*, ces deux derniers tons d'admirable sonorité, d'incomparable énergie ; mais depuis une dizaine d'années, non seulement les tonalités anciennes ont été abandonnées, mais d'un bond la Série Harmonique est montée à l'octave, et cela par la faute des Compositeurs qui s'étant mis à écrire de plus en plus haut, ont forcé les instrumentistes à chercher des moyens de plus en plus pratiques vers l'aigu.

Aujourd'hui donc la Trompette n'est plus un 8 pieds, mais bien un 4 pieds. Son tube au lieu d'être long de plus de deux mètres, n'a plus qu'un mètre et quelques centimètres. Elle va de pair avec le Cornet à Pistons dont elle a les mêmes dimensions :

7.§—La Trompette moderne se joue en *la*, *si♭*, *si♮*, *ut*, *ré♭* et *ré ♮*. *(Les exécutants se servent de plusieurs trompettes, le même instrument n'ayant jamais qu'un seul ton de rechange).*

Voici les dimensions de son tube :

En *La* longueur du tube. 1^m 41
Si ♭   —   1^m 33
Si ♮   —   1^m 24
Ut   —   1^m 16
Ré ♭   —   1^m 09
Ré ♮   —   1^m 03

Sa gamme chromatique part du *fa* ♯ pour monter jusqu'à l'*ut* aigu :

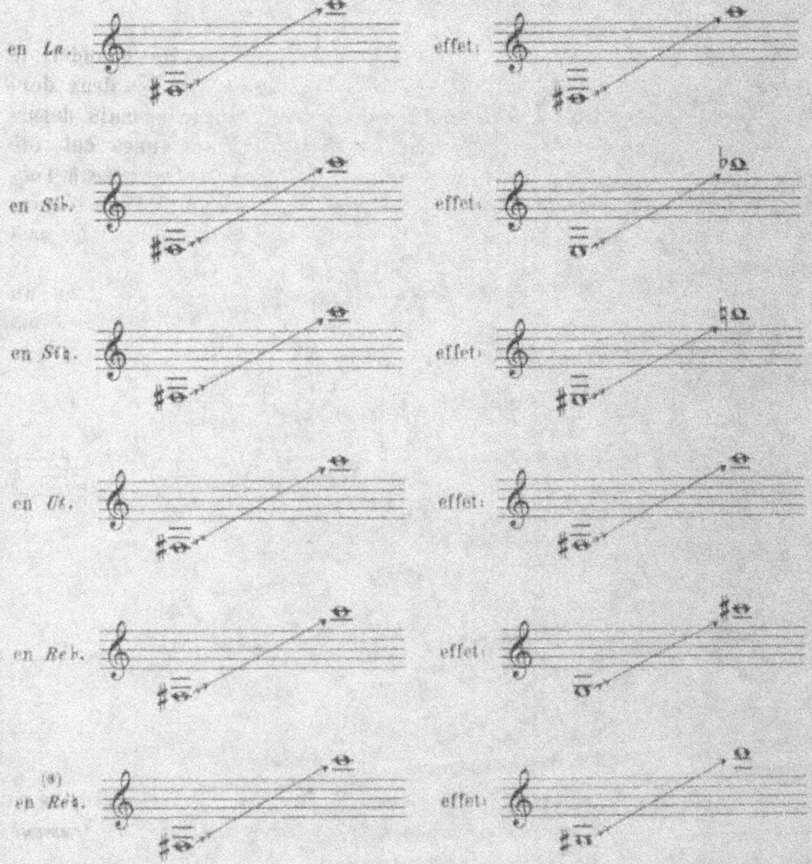

Remarque: La Trompette en *ré*[1] a été nécessitée par l'œuvre de Bach: on ne s'en sert pas autrement, car en général, les sons dépassant *si* b (note réelle) perdent leur timbre et évoquent plutôt la sensation d'une grosse Flûte que celle d'un instrument de cuivre. En outre, si les sons *sol* ♯ et *la* ne se peuvent attaquer dans la douceur, à plus forte raison, les deux derniers à l'aigu, *si* et *ut* :
Alors à quoi bon une tonalité si élevée? Le vrai registre de la Trompette est compris dans les deux octaves *sol-sol* et dans ce registre-là, rien n'est aussi beau, aussi nerveux, aussi puissant que l'ancienne Trompette en *fa* (*fa* ou *mi*, suivant les nécessités tonales). A côté de cette mâle et impérieuse sonorité, la Petite Trompette moderne ressemble presque à un Cornet à Pistons!

Wagner se garde bien d'abuser des sons hauts. C'est très exceptionnellement et pour produire un effet spécial qu'il va jusqu'à l'*ut* (réel) dans *Parsifal*. C'est très exceptionnellement encore, dans un maximum de force, qu'il écrit pour la Trompette en *fa* le *si* ♯ (réel).

Quoiqu'il en soit, les exécutants ont tous été entraînés aujourd'hui à adopter la Trompette en *ut*, facile à jouer dans le haut. Presque tous ont une Coulisse-Rallonge permettant à l'occasion de descendre d'un ton plus bas que le *fa* ♯ grave. S'agit-il pour la seconde Trompette de descendre encore, au *mi* b de *Manfred*, par exemple? Elle prend alors le ton de *si* b et sa Coulisse-Rallonge lui permet non seulement le *mi* b, mais même le *ré* (note réelle).

De sorte que les deux Trompettes d'un même pupitre, accordées, la première en *ut*, la seconde en *si* b, embrassent à elles deux cette énorme étendue:

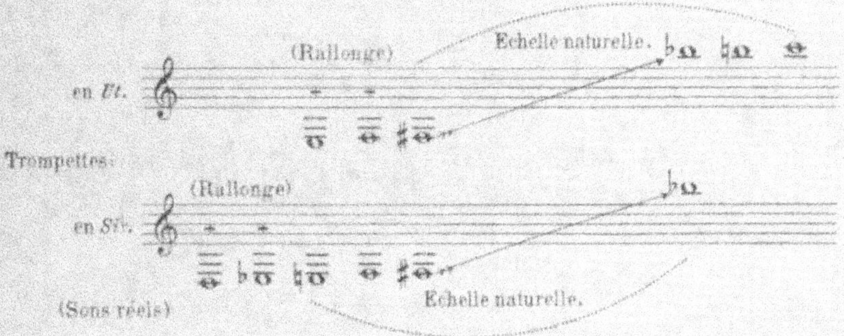

Remarque: La Coulisse-Rallonge ne se pratique pas au-dessous du ton de *si* b.

Articulations.

8.§—Comme la Flûte, la Trompette a trois sortes de coups de langue: *Articulations simple, double, triple*, ce qui lui permet une rapidité d'émission toute spéciale.

Voici à peu près le maximum des vitesses possibles à la Trompette dans le grave et dans le médium:

Et, je le répète ici, faut-il encore que le trait ne dure pas long-temps, étant donnée la fatigue d'émission et l'allourdissement, consé-quence de cette fatigue.

Durées de Respiration.

9. § — En jouant *piano*, on peut tenir, dans un mouvement modéré, de huit à neuf mesures un son grave:

Dans le même mouvement, de douze à quatorze, un son moyen:

Inutile de faire remarquer que ces durées diminuent de moitié, dans la force, alors qu'on dépense la moitié plus de souffle.

Trilles.

10.§—Nous avons vu que le Cor ne se servait pas des pistons pour le trille. Tout au contraire, la Trompette ne se sert *que des pistons.*

Voici ceux qu'on peut écrire: (La croix signifiant *mauvais*, la double croix *impossible*.)

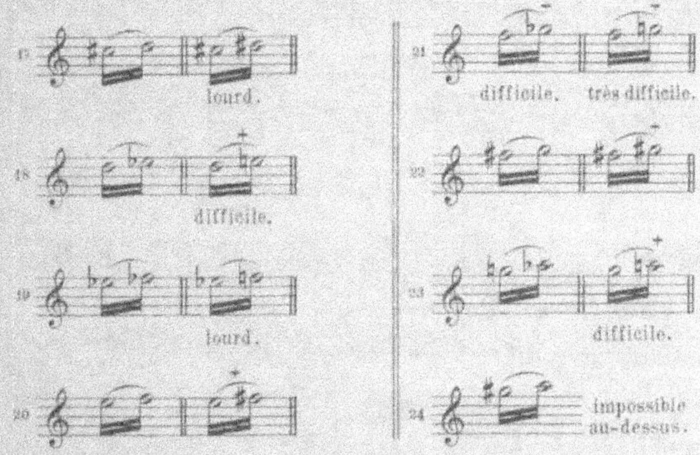

Trompette avec Sourdine.

11.§—Ni Beethoven, ni Weber n'ont employé ce moyen. Wagner l'a mis à la mode en s'en servant dans *Siegfried* et dans les *Maîtres-Chanteurs*. Depuis il est d'usage courant:

Et Wagner recommande à l'exécutant *de souffler très fort.* (*Meistersinger,* p. 460.)
(B. Schott's Söhne, Éditeurs-Propriétaires.)

Il n'est pas de Compositeur moderne qui ne l'emploie aujourd'hui: Richard Strauss, d'Indy, Bruneau, Debussy. Les exemples abondent: je ne citerai que celui-ci d'un effet délicieux:

Les articulations de la Trompette s'estompent dans la sonorité vaporeuse de l'orchestre; c'est à peine si une oreille exercée les distingue sous le trémolo des Violons et les sons argentins des Harpes......

La Trompette-Basse.

12.§—Magnifique sonorité, pleine, cuivrée, égale, de l'*ut* grave au *fa* du Soprano :

Son tube a une longueur de 2ᵐ 45.
Wagner l'écrit en *mi♭*, en *ré* et en *ut* :

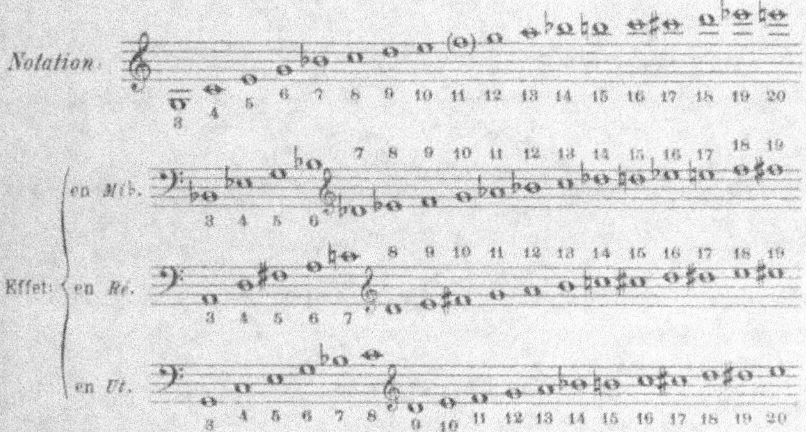

Mais quel que soit le ton réclamé par le Compositeur, on joue en transposant (quand il le faut), car les Trompettes-Basses n'existent pas plus en *mi♭* qu'en *ré*. On ne les construit qu'en *ut*.

Il faut éviter dans le grave de descendre jusqu'au son 3; et à l'aigu, de dépasser le *mi♮* (son 20), quoique le *fa* immédiatement au-dessus soit encore possible, et de suffisante sonorité.

12.§ — Auteurs et œuvres à consulter: Tout ce qui s'est publié depuis Bach et Hændel. Quant à ces deux Maîtres illustres, on doit les lire, à ce point de vue spécial, bien plus par curieux intérêt que par esprit d'imitation, la manière d'alors différant tout-à-fait de la nôtre.

Techniquement nous sommes mal renseignés sur cette Trompette préhistorique. Etait-ce un instrument analogue à notre petite Trompette en *ut*? Cela semblerait résulter du fait cité par Deldevez dans ses *Curiosités musicales*:

«On a fait, ces dernières années, à Heidelberg, une découverte importante qui résout la question: celle d'un tube droit de 4 pieds de long, en *si*♭, pouvant au moyen d'une coulisse monter au ton de *ré*. Dans une réunion à Berlin, Rosleck l'a fait entendre, toute l'assemblée admirant l'émission facile et agréable de sons sortant à l'octave aigüe de ceux produits par les Trompettes ordinaires».

Où est cette Trompette? Etait-ce bien l'instrument alors usuellement pratiqué? Pourquoi le hasard de cette découverte d'un type unique, alors que nous avons conservé de si nombreux échantillons de Trombones et de Trompettes de toute espèce, depuis Charles-Quint jusqu'à nos jours?

Etait-ce, au contraire, une simple question d'embouchure, comme le supposent M. Eichborn (*Die Trompete in alter und neuer Zeit*, Breitkopf & Härtel) et avec lui la plupart des spécialistes que j'ai pu consulter:

«L'erreur capitale des savants a été de croire que le son des Trompettes aiguës provenait de leur tube..... Non, c'est uniquement de l'adjonction des diverses embouchures dont la Perce très étroite forçait l'instrumentiste à serrer les lèvres, la Trompette *soprano* ayant une embouchure beaucoup plus petite que la Trompette ordinaire».

En effet, une embouchure très étroite et des lèvres entraînées pour une hauteur d'échelle voulue, permettent d'atteindre des sommets jugés généralement inaccessibles. Et, du reste, nous pouvons remarquer que le "Soprano" de Bach ne sort guère des limites de l'octave.....

Pour nous, la vraie Trompette commence avec Haydn et Mozart, la Trompette impérieuse et mâle, ni trop aiguë ni trop grave, celle de Beethoven, Weber, Wagner et Berlioz, deux octaves, de *sol* en *sol*:

C'est la Trompette antique, le plus vieil instrument du monde, immuable comme la consonnance Parfaite, la Quinte ou l'Octave. C'est pour elle qu'il faut écrire.

Le Cornet à Pistons.

1.§—Pendant près d'un demi-siècle, les orchestres Français, Belges, Italiens, ont vu peu à peu substituer à la Trompette, le Cornet à Pistons plus facile à jouer, demandant moins de talent, moins d'intelligence artistique. Les virtuoses-trompettistes se faisaient rares, tandis que les Cornettistes se rencontraient partout.

Bien que le timbre des deux instruments ne pût être comparé, l'un pâteux et commun, l'autre éclatant et fier, comme ils étaient de même étendue, donnant les mêmes notes, on ne s'en préoccupait guère; tant pis pour les oreilles délicates!

Or, depuis l'invention de la petite Trompette moderne, laquelle monte aussi aisément que le Cornet, se sert de la même Echelle harmonique, et n'offre guère plus de dangers d'émission, peu à peu les Cornets ont battu en retraite, laissant les Trompettes reprendre leur place légitime.

2.§—Les Cornets s'accordent en *si♭* et en *la*: la longueur de leur tube égale celle des petites Trompettes en *si♭* et en *la*, et leur échelle, partant du même *fa♯* grave, monte jusqu'au même *ut* aigu:

Cornet en *Si♭* longueur du tube: 1ᵐ 33

— *La* — 1ᵐ 41

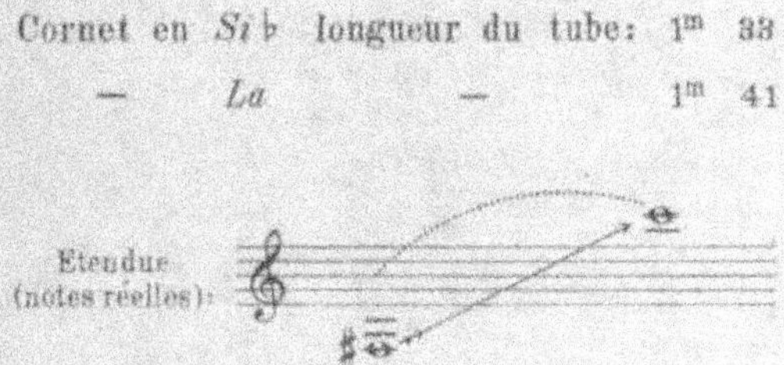

Est-il nécessaire de signaler encore ici le danger des sons extrêmes pour les cuivres, aussi bien dans le haut que dans le bas? Est-il nécessaire d'insister sur la médiocre qualité des cinq ou six premiers degrés graves, du *fa♯* à l'*ut* 2? Nécessaire de constater l'affaiblissement progressif du timbre, l'étranglement des sons à partir du *sol*, sixième harmonique?

Oui, les derniers sons à l'aigu sortent assez difficilement, sauf

le *si* b  d'une émission relativement plus facile.

Attaquer sans préparation ces degrés extrêmes, est chose dangereu-se; en procédant progressivement, en les faisant précéder de sons plus sûrs, on évite le danger. Rien de plus pratiqué, par exemple, que cette fin de point d'orgue:

Et le *si* b, ainsi amené, est excellent.

Les bonnes sonorités se trouvent donc dans le médium de l'instrument, de l'*ut* 2 au *sol* 6.

3.§.— Cornets et Trompettes à Pistons ont le même mécanisme, les mêmes moyens, les mêmes trilles possibles ou impossibles. Ainsi que la Trompette, le Cornet se sert des trois Articulations *simple, double, triple*. Mieux que la Trompette, grâce à son embouchure, il peut se livrer aux acrobaties les plus folles, roulades, notes répétées, gammes chromatiques etc... « Mais ses ressources techniques, dit Gevaert, sont principalement mises en lumière dans les genres secondaires de l'art (Musique d'Harmonie et de Fanfare),où on le traite en instrument de virtuose ».A lire l'intéressant *Caprice* d'Alex. Luigini.

N'oublions pas cependant les services rendus. Berlioz, Meyerbeer, Gounod, Bizet et leurs contemporains ont employé le Cornet à Pistons, tenant lieu de Trompettes à l'orchestre.

Jusqu'à ces dernières années, dans l'ouest de l'Europe, les Compositeurs écrivaient pour deux Trompettes et deux Cornets, et c'est très récemment qu'est revenu l'usage des quatre Trompettes.

(Costallat & Cⁱᵉ, Editeurs-Propriétaires.) (Berlioz, *L'Enfance du Christ.*)

Andante.
Orchestre.
Cornets (ab.
Tromp. mib.
Trombones.
Ophicléide.
à 2.
f
f
f
(Meyerbeer, Le Prophète.)
(Benoit Aîné, Editeur-Propriétaire.)

Allegretto.
Flûtes.
(Orchestre.)
Cornets sib.
Bassons.
Triangle.
p
3   3   3   8

p
p
p
(Choudens, Editeur-Propriétaire.) (Gounod, Faust.)

Et aujourd'hui que les Cornets à Pistons s'en vont peu à peu de l'orchestre, ce sont les Trompettes qui y rentrent et prennent leur place.

Le Trombone.

1. § — Bach, Gluck, Mozart et Beethoven (dans sa jeunesse) ont toujours écrit pour trois Trombones *Alto*, *Ténor* et *Basse*.

Aujourd'hui, le premier de ces trois instruments, quoique de timbre magnifique (il sonne comme une Trompette en *fa*) est quelque peu délaissé précisément parce qu'il est à peu près de même étendue que cette magnifique Trompette, car il monte au *fa*, au *sol*, voire même au *la*, et fait par conséquent double emploi avec elle.

Trompettes et Trombones se complètent naturellement; les unes constituant l'aigu, les autres le grave d'un même clavier. Si le Trombone-Alto avait sa raison d'être dans les orchestres d'autrefois ne comptant jamais plus de deux Trompettes, il l'a moins, maintenant que nous en avons trois ou quatre.

2. § — Je faisais allusion, dans le Chapitre précédent (p.90, par.12), aux théories émises à propos de la Trompette de Bach. L'impossibilité où elle se trouvait de produire d'autres sons que les Harmoniques naturels, l'empêchait de participer à la *polyphonie continue*. Ce n'était jamais elle qui faisait le Soprano du Quatuor des Cuivres, mais le Cornetto (Cornet à bouquin), ou bien une sorte de petit Trombone aigu, presque ignoré aujourd'hui. «*Un trait de mœurs propres à l'Allemagne, était de faire exécuter le dimanche et les jours de fête par une bande de cornellistes et de trombonistes, placée dans la tour de l'Eglise principale, le Choral du jour. Bach introduisit cet effet dans ses Cantates, le groupe des Cuivres jouant seul, ou bien doublant à l'unisson chacune des parties du Quatuor.*» (Cantate N° 25).

Donc, on groupait et Cornetto et Trombones, et l'Alto se trouvait ainsi faire partie obligée du robuste Quatuor.

La vieille formule *Alto*, *Ténor*, *Basse* restera traditionnelle jusqu'à l'époque de la Symphonie en *ut mineur*. Ensuite Beethoven adoptera l'écriture, sur une même ligne, des deux premiers Trombones n'excédant pas les limites du Ténor. Et Weber et ses successeurs en useront ainsi.

Et alors, quand prévaudra l'emploi des quatre Trompettes à l'orchestre, les Trombones se trouvant de plus en plus repoussés vers la basse, l'Alto tendra à disparaître.

Le Trombone-Ténor.

3.§— Etendue de 35 notes, du *mi* grave de 8 pieds au *ré* clef de *sol*:

Son mécanisme est simple : la coulisse qui s'allonge suivant sept mouvements déterminés, déplace chaque fois d'un demi-ton la Série Harmonique.

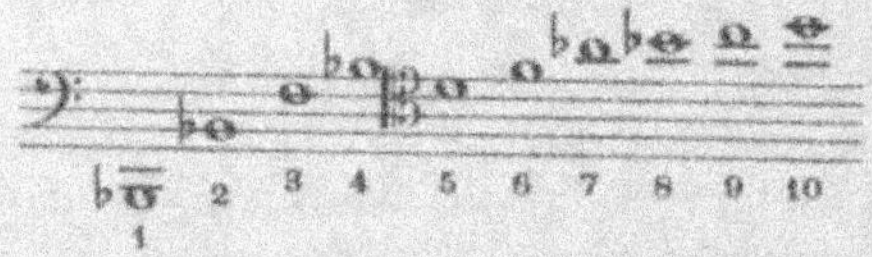

1re Position:
L'instrument est pour ainsi dire fermé, les tubes étant rentrés l'un dans l'autre. Le son 1 *(appelé Pédale)* est praticable.

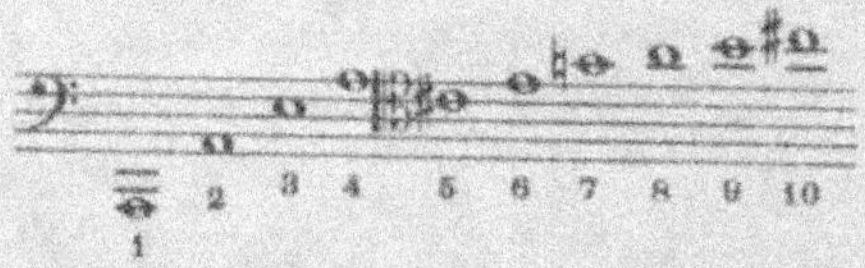

2e Position:
1er allongement de la Coulisse. Le son 1 est encore praticable.

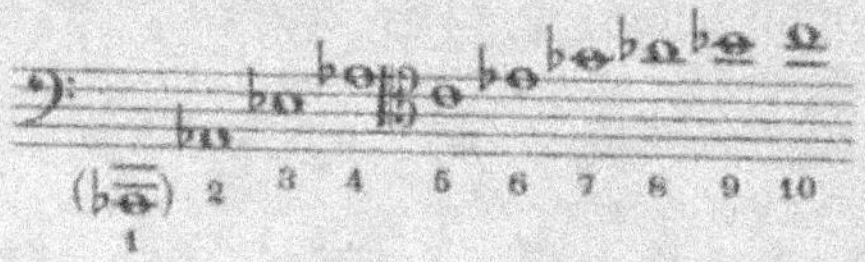

3e Position:
2e allongement de la Coulisse. Le son 1 devient peu praticable.

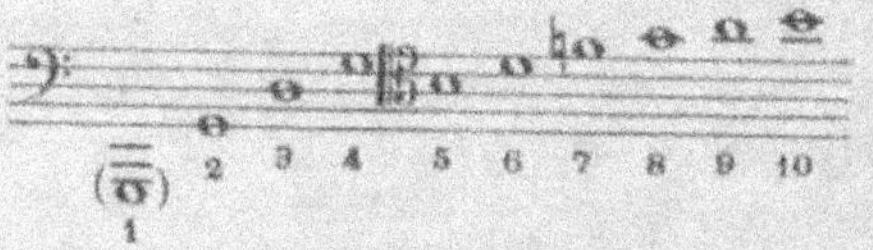

4e Position:
3e allongement de la Coulisse. Le son 1 encore moins praticable.

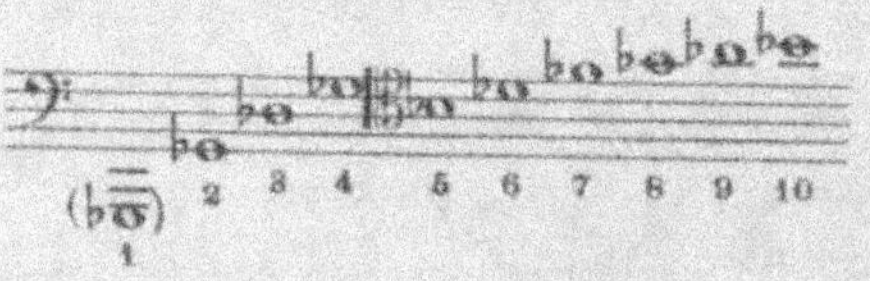

5e Position:
4e allongement de la Coulisse. Le son 1 impossible.

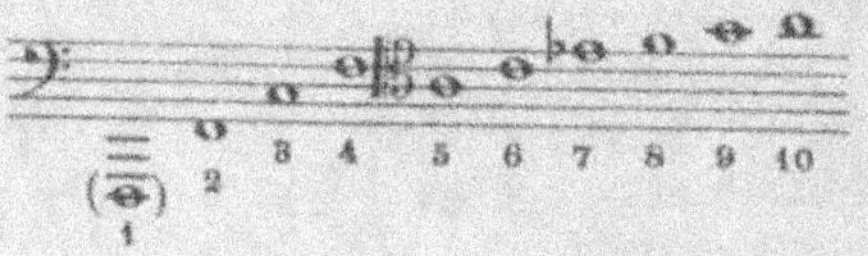

6e Position:
5e allongement de la Coulisse. Le son 1 impossible.

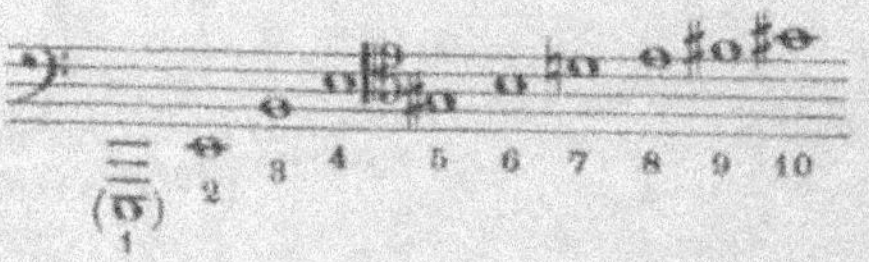

7e Position:
6e allongement de la Coulisse. Le son 1 impossible.

Et voici l'Echelle complète, avec indication au-dessus de chaque note de la Position qui produit cette note. Quelques degrés, on le voit, sont communs à deux, quelquefois même à trois Positions:

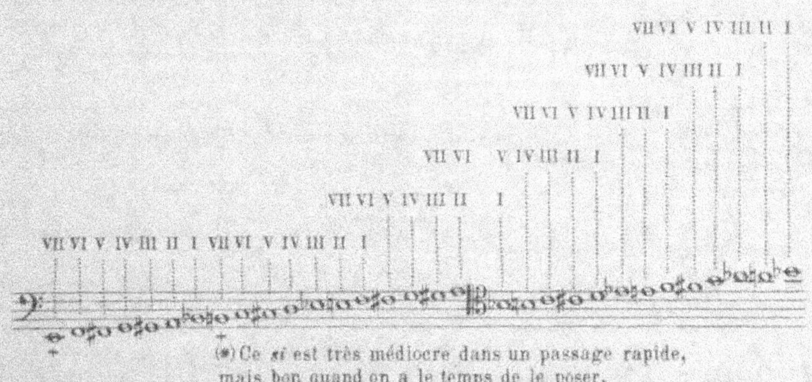

(*) Ce *si* est très médiocre dans un passage rapide, mais bon quand on a le temps de le poser.

La VIIe Position qui demande le maximum d'allongement de la Coulisse étant la plus difficile, quand on a le choix, on l'évite: les deux notes qui ne se peuvent produire qu'à cette Position, *mi +* et *si +* graves, sont les plus mauvaises de l'instrument.

4.§ — Nous avons vu (page 65, paragr. 2) que les Cors étaient forcés d'opter soit pour l'aigu, soit pour le grave, vu l'inaptitude des lèvres à pratiquer indifféremment les deux registres: il en est de même pour les Trombones qui, eux non plus, ne peuvent se trouver à l'aise sous des latitudes si différentes. Il est évident qu'après avoir produit les sons 8, 9, 10, l'exécutant sera fort gêné pour faire sortir en toute franchise les basses *sol fa mi*:

En réalité le registre de la belle sonorité reste compris entre le *sol* grave et le *si* ♭ 8:

Dans ce registre tous les degrés sont également bons sauf deux: assez délicats à attaquer; mais le Compositeur n'a point à tenir compte de cette légère imperfection que corrige le talent de l'interprète.

Quant aux sons graves, il ne faudrait point trop s'appuyer sur eux,
car ils manquent de solidité; l'artiste qui les produit se trouve très
vite à court de souffle :

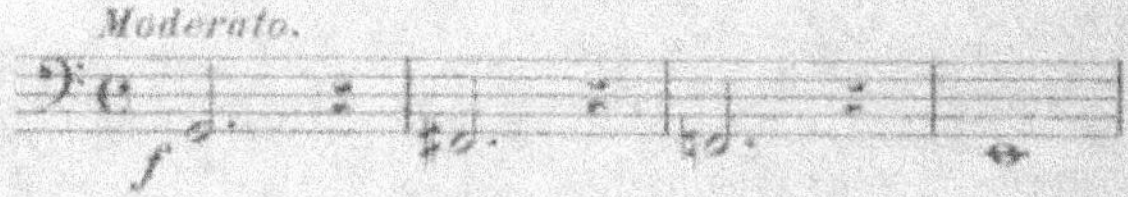

5.§.— Sons Pédales: On nomme ainsi les sons 1 de chaque Position.
Théoriquement on devrait les obtenir tous les sept, y compris le *Contre-
mi*; en réalité les deux premiers seuls peuvent être pratiqués *si♭*, *la*,
le *la♭* devenant chanceux et le *sol* très dangereux.

Toutefois, ni ce *si♭*, ni ce *la* ne peuvent être attaqués n'importe comment : « la meilleure manière, dit Berlioz, est de procéder par saut
de quinte ou d'octave » :

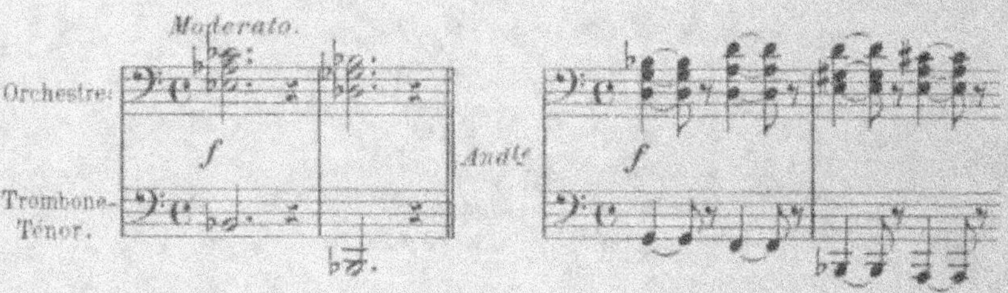

Très juste observation : ainsi émises, ces notes-pédales ne semblent
pas différer des autres, ni plus faibles, ni plus lentes :

Respiration.

6.§.— La dépense de souffle est si considérable pour le Trombone que
l'exécutant, dans le *forte*, se trouve à peu près forcé de respirer à
chaque note :

Wagner ne se donne pas ici la peine d'indiquer les respirations, parce qu'il sait que ses interprètes respireront partout: en revanche, il marque soigneusement les points où il veut des liées; et, comme il craint qu'on n'écourte les dernières de chaque groupe de ces liées, il coiffe chaque note d'un accent.

«Rendez-moi ma monnaie, disait Gounod, si je vous donne un franc à changer, il me faut vingt sous; si j'écris une *noire*, ne me jouez pas une *croche*».

Dans le thème du "Chœur des Pélerins", les liées de la mesure **B** indiquent non pas une ponctuation, mais un *sostenuto* de la phrase: "ne raccourcissez pas mes valeurs, dit Wagner, donnez-les-moi tout entières". Au contraire, les coulées des mesures **A** et **C** signifient qu'il faut respirer après le second temps, mais (tel est d'ailleurs le sens du chapeau placé sur la note), en empiétant le moins possible sur la durée de la seconde liée.

Ce système d'articulation et de respiration simultanées (procédé spécial au Trombone) fait pendant au *grand détaché* du Violon.

Pour obtenir la pleine sonorité de l'instrument, le Compositeur demande un coup d'archet par note: il ne marque ni coulées ni liaisons; mais, pour éviter toute erreur, il inscrit sur son texte le mot *sostenuto* qui veut dire: "pas d'intermittence dans l'enchaînement des sons, le *legato* le plus absolu".

Ainsi procède le Trombone: quand il peut faire économie de souffle (n'ayant pas à jouer trop fort), il peut lier aussi bien que n'importe quel instrument; de même le violoniste donnant un coup d'archet par note, de même le tromboniste une articulation par mouvement de Coulisse, et cela *Sostenuto assai*.

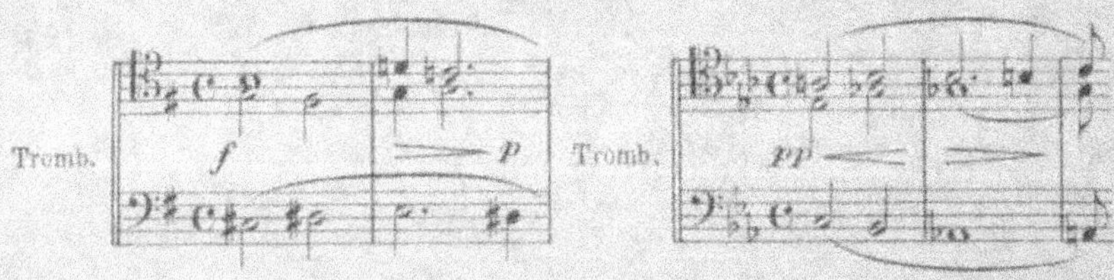

N'avons-nous pas toujours entendu hermétiquement lier cette tran-
sition placée par Schumann à la fin de son *Larghetto*:

(*Symphonie en Si♭.*)

Remarque: Schumann se sert encore de la clef d'Alto pour ses deux
premiers Trombones; il les écrit d'ailleurs comme si c'étaient des Trombones-
Altos, témoin l'exemple suivant tiré de sa *IIIᵉ Symphonie*:

Est-il nécessaire de faire remarquer l'extrême tension des lèvres
nécessitée par ce *mi* ♭ aigu + du Cor et du Trombone? C'est là, cer-

tainement, un exemple d'écriture dangereuse.

Eh bien! Nous avons dans nos orchestres des artistes assez habiles, aujourd'hui, pour nous donner harmonieusement ce *mi*♭ sur leur Trombone-Ténor, sans que nul en puisse soupçonner la difficulté: seuls, les gens de métier, conscients du péril, sentent un frisson leur courir le long de l'échine au début du morceau, et respirent plus à l'aise, le mauvais pas franchi.

Soyons sages, n'écrivons pas si haut.

7.§—Je n'ai parlé, dans le paragraphe précédent, que des liées entre notes provenant de Positions différentes: est-il nécessaire d'assurer ici que, à l'instar du Cor, de la Trompette, du Cornet etc..., le Trombone peut réunir dans une seule articulation les degrés d'une même série harmonique. Non, n'est-ce pas? Cela va de soi.

Longueur de Respiration.

8.§—Cet instrument que nous venons de voir à court de souffle dans la force, obligé de respirer à chaque note, est capable de durées invraisemblables dans la douceur:

Pendant huit grandes mesures les Trombones soutiennent le son tranquillement, sans fatigue aucune; et puis le son diminue comme une vapeur: on ne s'est aperçu de rien; il s'est effacé dans une lente et fluide dégradation.

Articulation.

9.§—Plus on descend, plus il est naturel que l'émission s'allourdisse. Comment, en effet, mettre facilement en vibration la fondamentale d'un tube de 2 mètres 75 (*si*b1 du Trombone-Ténor), de 3^m 43 (*fa* 1 du Trombone-Basse)?

Non-seulement les classiques se sont privés de ces notes graves, mais ils se sont gardés de tout ce qui ressemblait à de la virtuosité. Aujourd'hui, grâce à l'habileté des instrumentistes on se permet bien des choses. Alors que Beethoven et Weber n'écrivent jamais que par *Rondes*, *Blanches*, *Noires*, Berlioz et les contemporains ne craignent pas des mouvements plus vifs, des traits même rapides, qui sortent très bien, à condition d'appartenir au registre de la bonne sonorité, au médium de l'instrument:

Voici, dans *Götterdämmerung* des articulations qu'on n'eût point osées jadis:

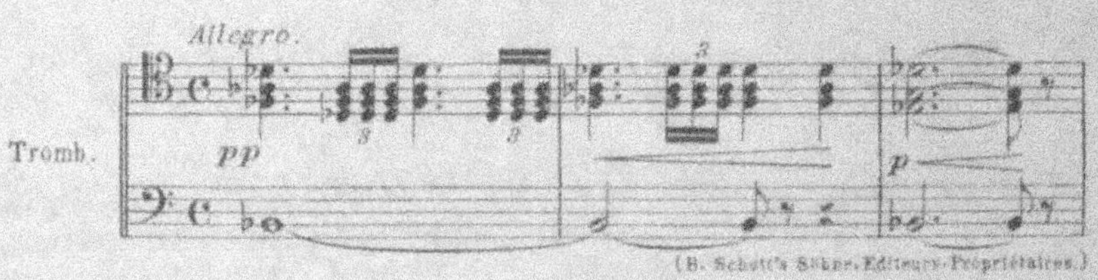

Et celle-ci, dans *Parsifal* :

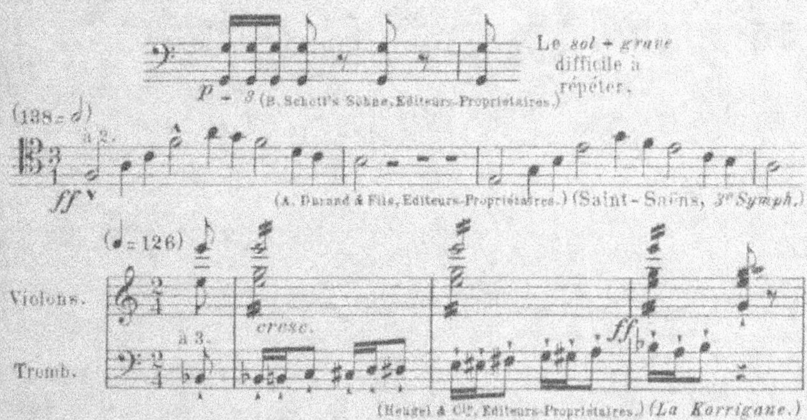

Et ce ne sont point ces traits qui peuvent effrayer les interprètes d'aujourd'hui, pour eux, simples jeux d'enfants.

Mais, mettez-les aux prises avec la Scène du Commandeur et demandez leur les longues sonorités de Mozart: alors vous les verrez devenir sérieux et se recueillir pour faire provision de forces, car il en faut !

Toute la Scène est à étudier note par note. Est-il rien de plus dramatique que la montée des Trombones en octaves sous le chromatisme de l'orchestre, rien de plus saisissant que le *crescendo*

de ces sons de Cuivre:

Remarque: Le mi♭ grave (**A**) est possible sur le Trombone-Basse, et c'est d'ailleurs pour cet instrument que Mozart a écrit.

Trilles.

10.§—Impossibles avec la Coulisse, les lèvres seules peuvent les faire
sortir; et les seuls praticables se trouvent sur les degrés de l'Echelle
distants *d'un ton* du voisin, c'est-à-dire sur les Harmoniques 7, 8, 9:

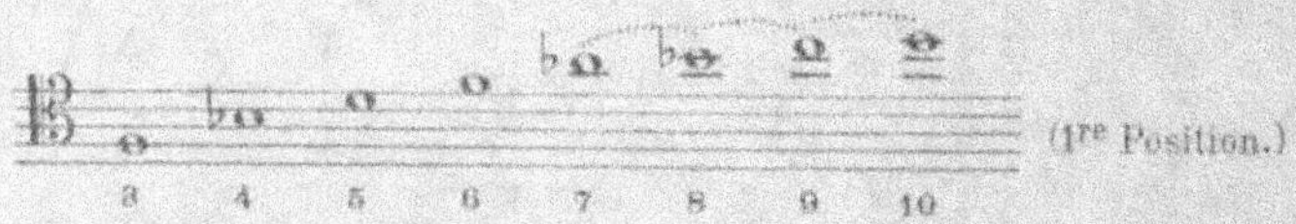

En réalité, voici les seuls trilles possibles, avec indication de chaque Position:

Dernièrement, passant à côté d'un Bal Public, j'entendis, s'échappant
des Trombones, des rugissements si étranges que j'entrai demander aux
exécutants, la danse finie, de vouloir bien me montrer leur musique.
Et voici ce qu'ils venaient de jouer:

Et pour finir:

Effet stupéfiant! C'était la Bête de l'Apocalypse, un pétard à la
queue, criant «au feu» dans un Porte-Voix.

Il est peu probable qu'on l'emploie jamais dans une Symphonie, pas

plus que le Trille, d'ailleurs; et si je le mentionne ici, c'est pour la
rareté de l'exemple.

Or, ce hurlement fantastique est produit tout à la fois par la coulisse et par les lèvres, comme le *glissando* du doigt sur une corde:
et il est très facile d'exécution, bon pour un ballet nègre.

11.§—Auteurs et œuvres a consulter: Je répéterai ici ce qui
a été dit pour la Trompette: « *Lisez toutes les partitions publiées depuis
Bach et Hœndel* ». La bibliothèque spéciale des Trombones est aussi
vide que celle des Trompettes, mais tous les Maîtres ont écrit pour
les deux instruments, en les traitant chacun à sa manière, et ce sont
ces différentes manières qu'il faut étudier.

Très haut sont écrits les Cuivres de Bach et de Hœndel; dans leur
vrai registre, ceux de Mozart, Beethoven et Weber; tantôt trop haut,
tantôt trop bas ceux de Schumann; ordinairement dans le riche médium de l'instrument ceux de Wagner et non sans une secrète prédi-
lection pour le grave (Trompettes-basses, Tuben, Trombones-basses,
Trombones-contrebasses); avec la tendance contraire, ceux de la jeune
école contemporaine, surtout en ce qui concerne les Trompettes, tendance de plus en plus fâcheuse, de plus en plus *anti-instrumentale*.

Lisons, comparons, profitons de l'expérience des Anciens.

Le Trombone-Basse.

12.§—C'est le Trombone-Ténor, une quarte au-dessous.

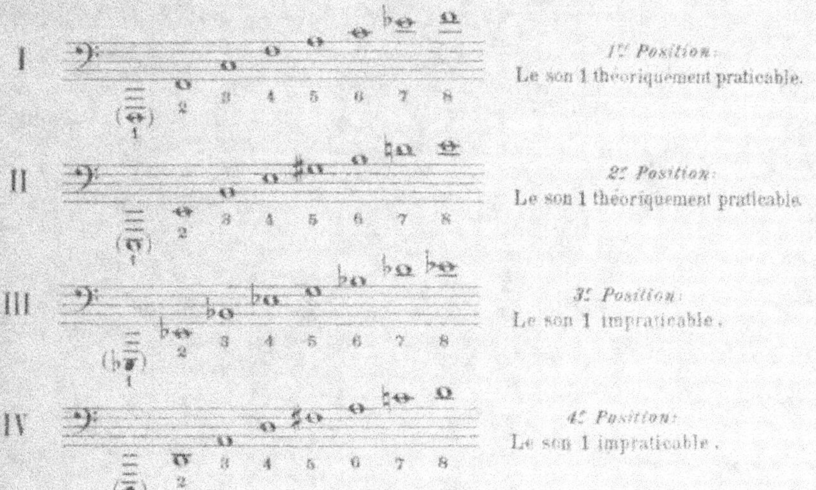

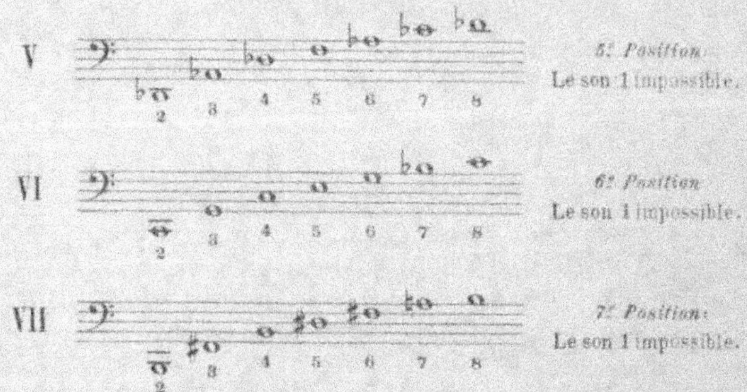

L'instrument est de superbe sonorité, mais dûr à jouer, exigeant de robustes poumons et des lèvres spéciales.

Voici son étendue :

Tout ce qui a été dit pour le Ténor s'applique à la Basse, en faisant toutefois deux réserves, l'une concernant la lenteur d'émission naturelle à un tube de $4^m\,42$, l'autre la difficulté des Pédales (sons 1).

Si le Trombone-Ténor ne peut guère pratiquer, comme Pédales, que le *Contre-si* ♭ et le *Contre-la* : (les notes suivantes ne pouvant plus sortir), à plus forte raison celles du Trombone-Basse demeurent-elles impraticables :

Et non-seulement les Maîtres ne les ont jamais employées, mais ils se gardent bien d'abuser des dernières notes de la vraie échelle, dépassant rarement le *mi* ♭

Prenons, par exemple, la partition de *Tristan*, savez-vous combien de fois Wagner se permet le *si♮* ?

Une seule + (page 76) et voyez s'il fatigue l'exécutant par la longueur de la tenue:

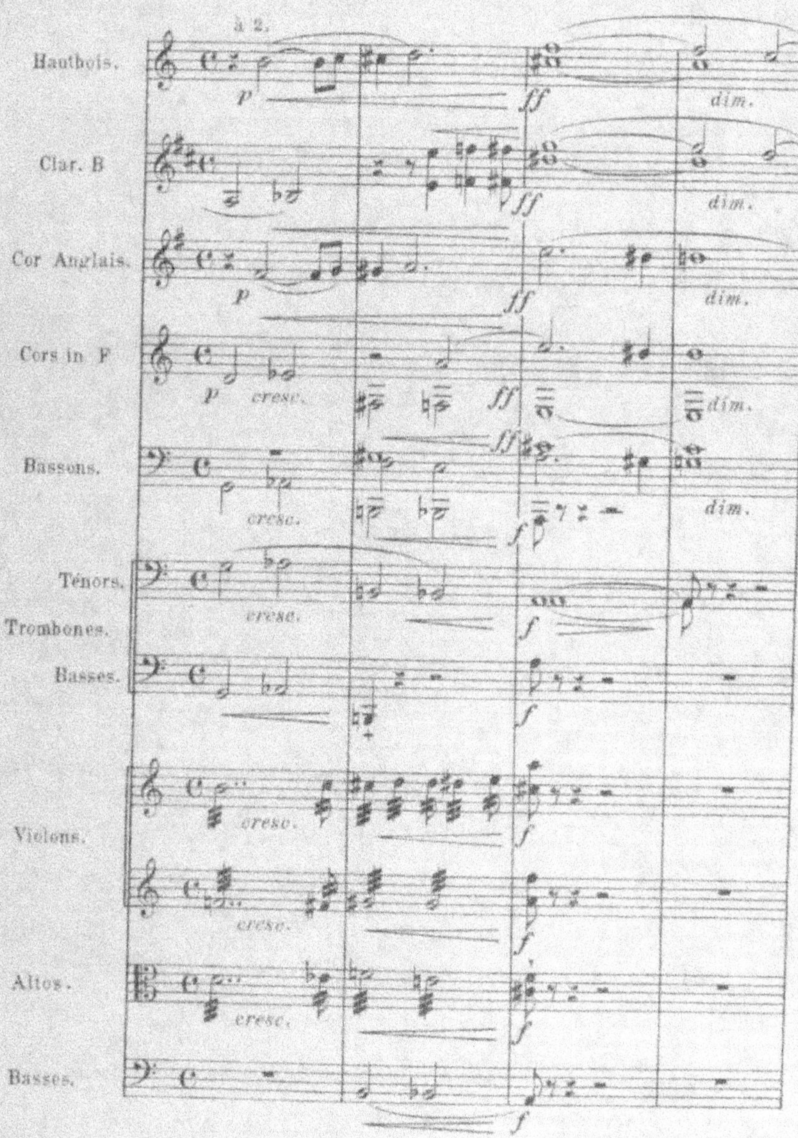

Il ne descend pas plus de huit ou neuf fois jusqu'au *mi* b (page 250,
entr'autres, pour cette exquise tenue – *pianissimo*):

Deux fois il se permet le *ré* :

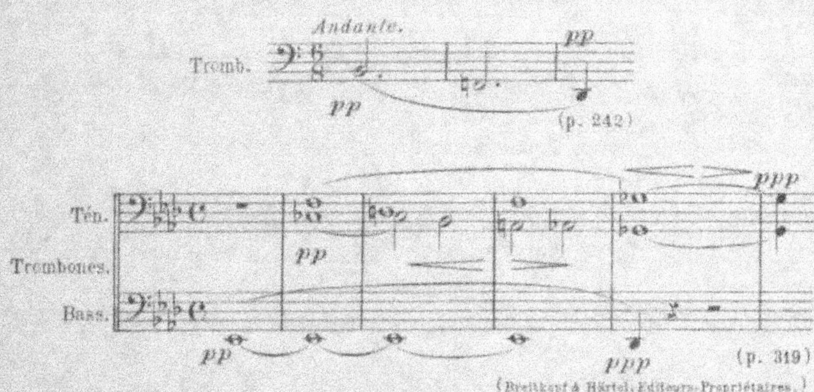

Ainsi dans toute cette partition, c'est à peine si l'on peut compter un *Contre-si*, deux *ré* et quelques *mi* ♭. Et s'il s'agit de sons tenus, Wagner ne les emploie jamais au-dessous de ce *mi* ♭ et toujours dans la douceur.

Un des rares exemples de tenue *forte* se trouve à la fin du 2ᵉ Acte de *Parsifal*; mais admirez la prudence du Musicien qui fait doubler le Trombone-Basse par le Tuba, et n'exige pas du Trombone plus de quatre mesures de durée, alors que le Tuba continue huit mesures encore sa tenue :

Le Trombone-Contrebasse.

13. §— C'est l'octave au-dessous du Trombone-Ténor; telle la Contrebasse par rapport au Violoncelle, ou plus exactement le Sarrusophone au Basson.

Sa première position donnera donc la Série Harmonique de *si* ♭ :

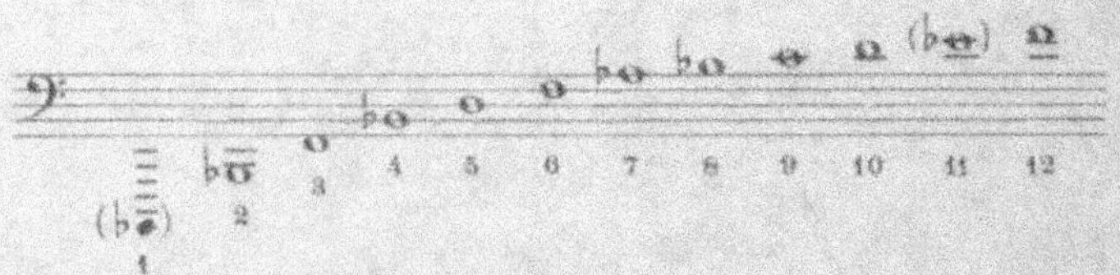

Wagner l'emploie dans la *Tétralogie*.

Inutile de faire remarquer que l'instrument est encore plus dur à jouer, qu'il exige de plus robustes poumons, une embouchure encore plus spéciale que le Trombone-Basse, et que toutes les remarques faites au sujet de ce dernier s'appliquent ici bien plus justement encore.

(B. Schott's Söhne, Éditeurs-Propriétaires.)   (*Rheingold.*)

Comme le fait très judicieusement remarquer Gevaert, il serait plus pratique d'écrire le Trombone-Contrebasse l'octave au-dessus, comme on fait pour la Contrebasse à cordes, la quantité de lignes supplémentaires devenant une gêne pour l'exécutant et le lecteur de la partition.

———

Nota: On recommence à construire, aujourd'hui, des Trombones-Soprano comme au temps de Bach; ces instruments ont les mêmes limites, la même échelle que les Cornets à Pistons. Inutile de faire remarquer qu'ils ne sauraient avoir leur agilité, le mécanisme de la Coulisse ne pouvant lutter avec celui du Piston.

———

Les Saxhorns.

1.§— C'est un groupe à part, de timbre absolument différent des autres instruments à vent, le tube étant conique au lieu d'être cylindrique comme celui des Trompettes, Cornets, Cors et Trombones.

Si l'on en recherche la provenance, on la trouvera dans la famille aujourd'hui très oubliée des Cors à *clefs* et des Ophicleïdes.

Le groupe se compose de sept membres:

Saxhorn *Soprano*..... (Petit Bugle en *Mi*♭)

  —   *Contralto*..... (Bugle en *Si*♭)

  —   *Alto*.......... (Alto en *Mi*♭)

  —   *Baryton*..... (Baryton en *Si*♭)

  —   *Basse* (*).... (Tuba en *Si*♭ ou en *Ut*)

  —   *Contrebasse*. (Bombardon en *Mi*♭ ou en *Fa*)

  —   *Contrebasse*. (Tuba-Contrebasse en *Si*♭)

(*) *C'est l'instrument que nous employons à l'orchestre comme basse des Trombones.* (Voir parag. 8, p. 117)

Sauf le Tuba, muni de quatre et même cinq pistons, tous les membres de cette famille sont analogues au Cornet, ayant le même nombre de pistons, fonctionnant d'après le même mécanisme, se servant du même doigté.

2.§—Inutile d'insister encore ici sur les différences de dimensions des tubes, sur la facilité d'émission d'un Bugle long de 1ᵐ 15, comparativement à la lourdeur progressive des derniers degrés de la Contrebasse en *si*♭ laquelle a près de six mètres.

Inutile de répéter qu'à de telles profondeurs l'articulation devient de plus en plus paresseuse, et qu'il ne faut pas chercher des effets de virtuosité.

3.§—Il serait à souhaiter que la famille des Saxhorns prit rang dans nos orchestres: d'une parfaite homogénéité, cette masse qui s'étend sur une Echelle de cinq octaves, servirait de fond moëlleux et ferme aux éclatantes fanfares des Trompettes et des Trombones. Elle est faite pour leur servir de repoussoir, bien plutôt que pour s'associer avec eux.

Et c'est là ce qu'a cherché Wagner en imaginant ses Tuben-Ténors et Tuben-Basses (les premiers en *mi*♭, les seconds en *si*♭), lesquels ne sont que des répétitions du type des Saxhorns Alto et Basse.

Voici l'étendue générale du groupe :

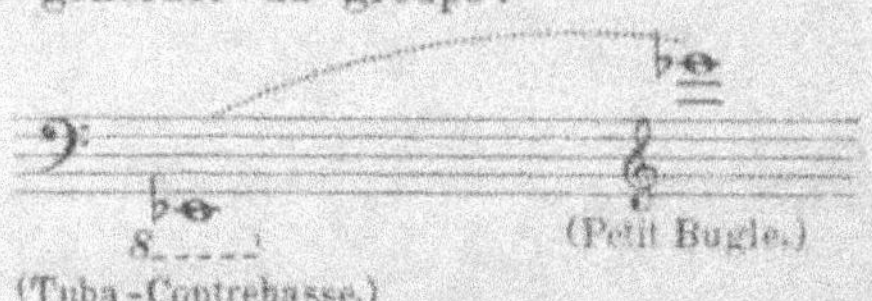

Les Saxhorns sont en cuivre; leur tuyau est fixe, c'est-à-dire que leur tonalité ne change point, ne connaissant ni Rallonges ni Corps de rechange.

Saxhorn Soprano.
(Petit Bugle *Mi*♭)

4.§—En allemand: *Flügelhorn piccolo in Es.*

Instrument d'extrême aigu, agile, criard, peu praticable à l'orchestre si ce n'est pour quelque effet spécial, n'ayant guère sa place que dans les Fanfares où il remplit le rôle de Sopranino; voici les divisions de son Echelle.

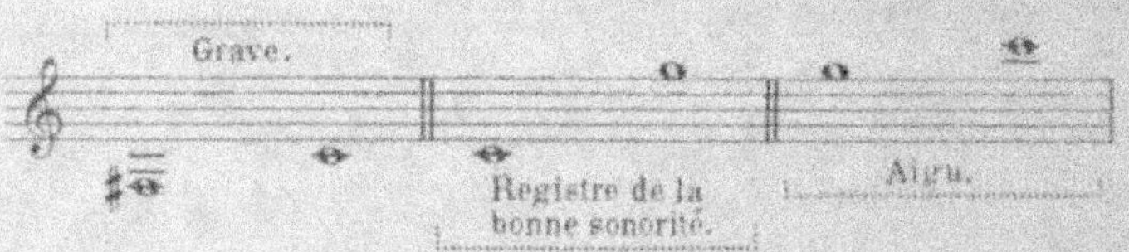

L'aigu, surtout les trois derniers degrés très difficiles, très dangereux. Même le *la* ne peut être attaqué sans préparation; il doit être amené par degrés conjoints, par une gamme, un dessin quelconque :

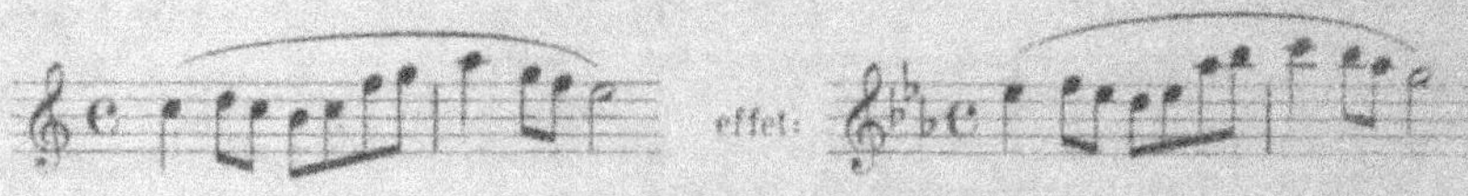

On le joue comme le Cornet à Pistons: même mécanisme, même facilité d'émission et d'articulations simple, double, triple... C'est un Cornet, mais un Cornet plus élevé d'une quarte.

Rien de plus justement significatif que le terme qui le désigne en langue Allemande: *Flügelhorn Piccolo*; c'est la Petite Flûte de la famille: ce n'est pas un chanteur, mais un virtuose.

Saxhorn Contralto.
(Bugle en *Si*♭)

5.§—En Allemand: *Flügelhorn in B*:

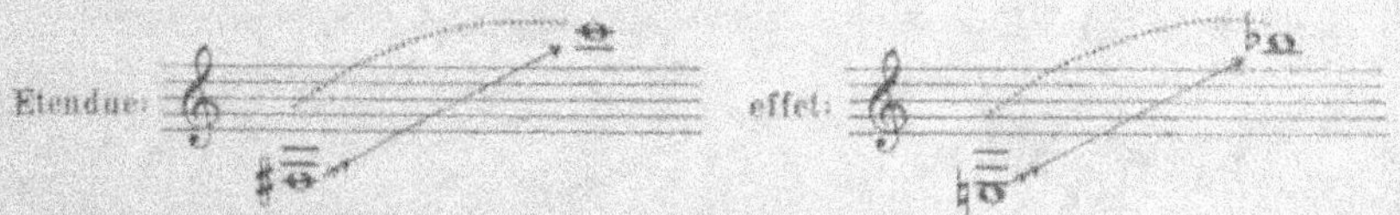

Instrument d'un timbre doux, moëlleux, poëtique, bien moins vulgaire que le Cornet dont il est l'homophone, il n'a guère été employé qu'une fois à l'orchestre, et encore y est-il remplacé d'ordinaire par le Cornet (*Robert le Diable*, dernier Acte); il est vrai que le Compositeur ne peut pas se plaindre car il est mort.

Comme son étendue et son mécanisme correspondent exactement à ceux du Cornet en *si*♭, il n'y a rien de particulier à signaler pour cet instrument, tout ce que peut l'un étant possible à l'autre.

Le *fa*♯ est dangereux, mais les deux octaves suivantes sont excellentes; quant à l'aigu, il n'est pas inférieur à celui du Cornet qui monte souvent jusqu'à l'*ut*.

Remarque: Sauf le *fa*♯, on peut, bien mieux que sur le Cornet, pratiquer les sons graves, plus solides, plus justes sur le Bugle.

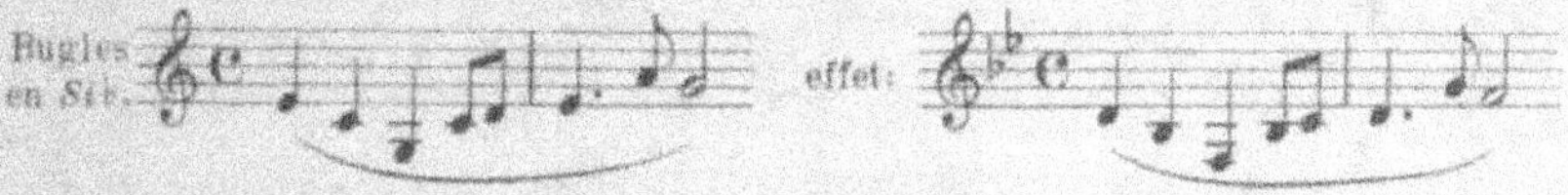

Quoique doué d'un excellent mécanisme, le Bugle est, avant tout, un instrument expressif, il faut le traiter comme un chanteur.

Saxhorn Alto.
(Alto en *Mi*♭)

6.§—En Allemand : *Altflügelhorn in Es* :

Instrument assez médiocre, qui ne se joue pas en Solo mais, qui fait ordinairement le fond de l'ensemble Polyphonique. Il sert de trait d'union entre le Saxhorn Contralto et le Saxhorn Baryton; toutefois il articule assez facilement et peut assez longtemps soutenir le son.

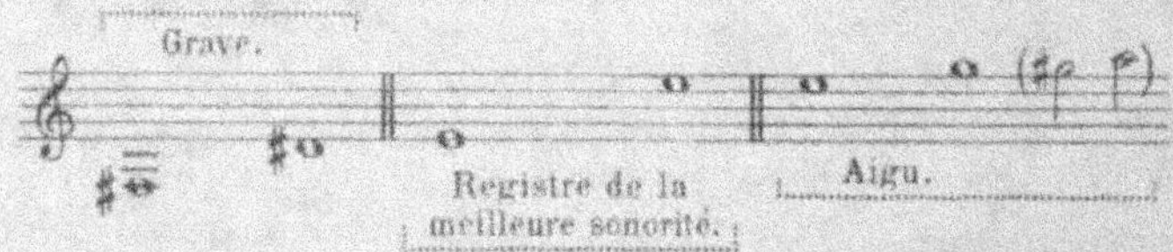

Il est imprudent de descendre au-dessous de l'*ut* grave à moins que d'autres instruments, à l'unisson ou à l'octave, ne viennent atténuer les défectuosités de son timbre.

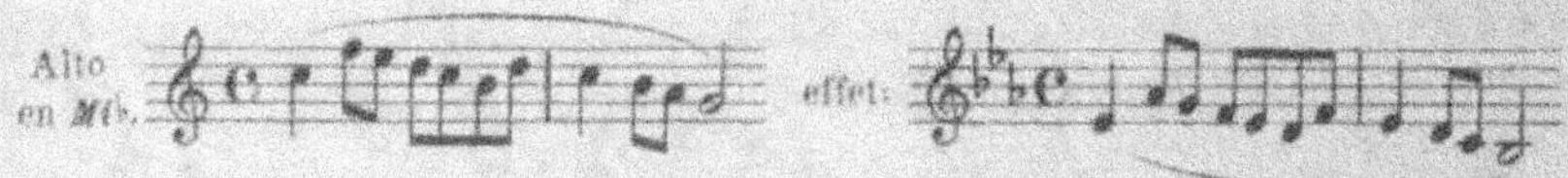

C'est un instrument de second plan, de capitonnage instrumental.

Saxhorn Baryton.
(Baryton *Si*♭)

7.§—En Allemand : *Tenorhorn in B* ou *Bass-Flügelhorn* :

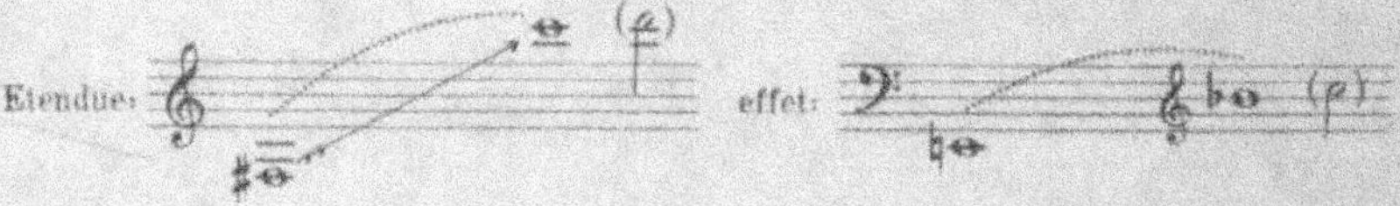

Beaucoup plus franc, beaucoup plus sympathique que l'Alto, il a le rare avantage de descendre assez aisément tout en donnant avec facilité les sons hauts. En réalité, c'est un 16 pieds par rapport au

Bugle; il s'écrit comme lui, et sonne l'octave au-dessous:

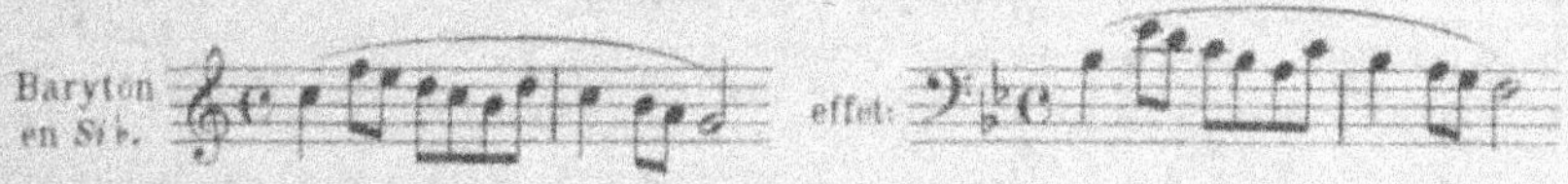

Voici son Echelle:

En faisant abstraction des sons aigus qui naturellement s'amincissent peu à peu, la sonorité générale, et le médium en particulier, ont un timbre doux et plein qui rappelle celui du Cor. Avec cela, une souplesse d'articulation très suffisante.

Ainsi que le Bugle, le Baryton est expressif; il est bien plus chanteur que virtuose.

Et de toute la famille, c'est l'instrument le plus parfait.

Saxhorn Basse.
(Tuba)

8.§—En Allemand: *Bass-Tuba.*

Le seul du groupe qui ait été jusqu'ici employé à l'orchestre, celui qui nous intéresse particulièrement.

Grâce à l'adjonction de pistons supplémentaires, il peut descendre aussi bas que le Saxhorn Contrebasse (Bombardon). Mais comme son tube est relativement étroit, les sons graves qui correspondent à ceux du Bombardon sont loin d'en avoir la franchise et l'ampleur:

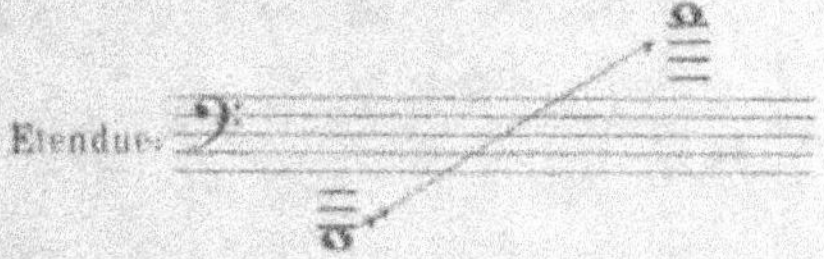

On en construit en *ut* et en *si*♭; et cette dernière tonalité nous donne encore deux degrés de plus dans le grave:

Mais quel que soit l'instrument, on écrit d'ordinaire pour un Tuba en *ut*, et l'exécutant transpose s'il y a lieu.

En étudiant les degrés de cette longue Echelle, nous constatons que le registre le plus intéressant pour nous est malheureusement le plus faible, je veux parler de l'extrême grave:

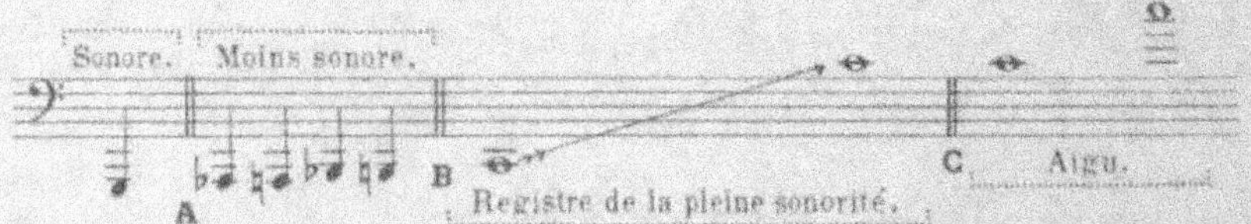

Certains artistes exceptionnels peuvent sur la Basse à cinq pistons, descendre jusqu'au *contre-ré* , mais il est imprudent, à l'orchestre, de dépasser le *contre-sol*, ce *contre-sol* même devant être employé avec ménagement ainsi que tous les degrés de la tierce **A B**, de moins bonne sonorité.

Par contre, les deux octaves **B C**, d'*ut* en *ut* ont un timbre et une intensité remarquables.

Le Tuba, qui a remplacé avantageusement l'Ophicléïde, remplace moins heureusement le Trombone-Basse dans les orchestres qui n'en ont pas, car les deux sonorités ne sont pas comparables, la mollesse du timbre des Saxhorns contrastant avec le son cuivré des Trombones, et ne pouvant que les faire regretter.

Mais sachons nous contenter de ce que nous avons, et n'oublions point que ni Beethoven ni Weber n'ont disposé de ces basses profondes. En tout cas, voici quelques exemples nous montrant l'usage qu'on en peut faire.

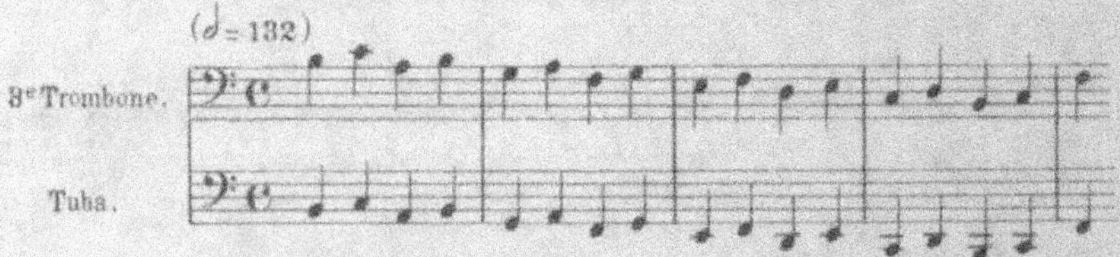

(M. P. Belaïeff, Éditeur-Propriétaire.)   (Glazounow, *VIe Symphonie*)

9.§—Malgré sa profondeur, le Tuba n'est pas incapable de quelque légèreté dans l'articulation.

Voici par exemple une gamme qui sort très bien:

Voici des sauts d'octave dont l'émission n'est pas moins nette:

10.§—De tout le groupe des Saxhorns, le Tuba est le seul type dont le mécanisme et le doigté soient spéciaux. Tandis que tous les autres membres de la famille procèdent comme le Cornet, au moyen de trois pistons, lui, le Tuba est obligé de s'y prendre autrement, car il en a cinq.

Telle est, jusqu'à ce qu'on ait trouvé mieux, la basse accoutumée du groupe des Cuivres; c'est jusqu'ici, la plus pratique, la plus répandue. Sans doute l'avenir nous donnera autre chose.

Saxhorn Contrebasse.
(Bombardon)

11.§—En Allemand: *Tuben in F, in Es*.
Il est accordé soit en *fa* soit en *mi* ♭.

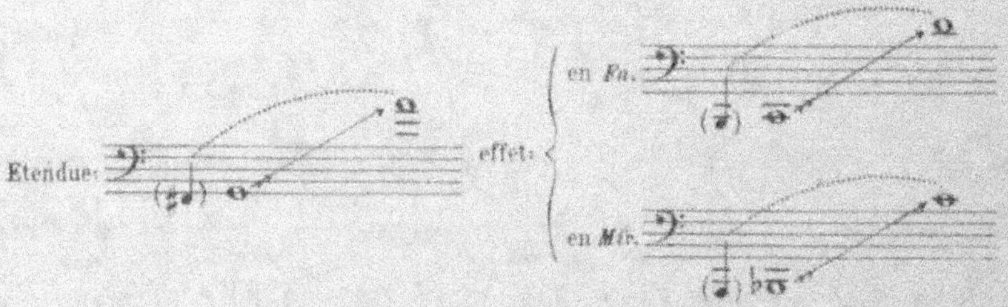

Instrument non pratiqué à l'orchestre, qu'on emploie dans les Musiques militaires comme trait d'union entre le Tuba et le Saxhorn Contrebasse en *si* ♭, et qui double presque toujours celui-ci.

Saxhorn Contrebasse.

12.§—En Allemand: *Contrabass-Tuba*.
C'est le Tuba-Contrebasse: il est accordé en *si* ♭.

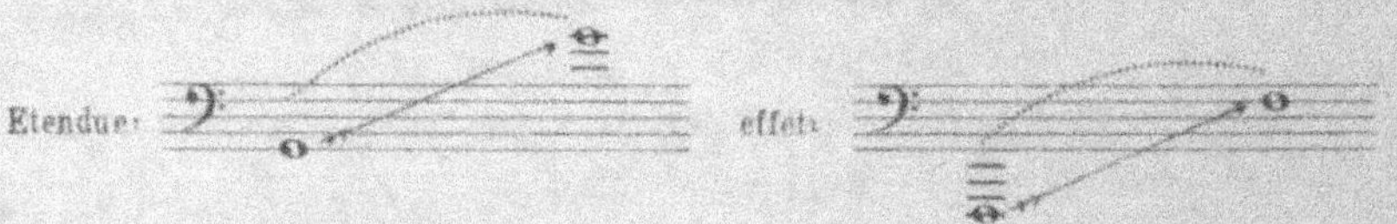

On l'écrit comme un 16 pieds, par exemple:

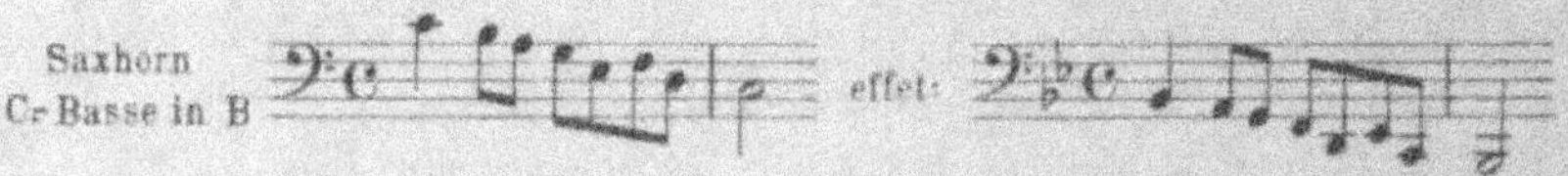

Ainsi qu'on le voit, de tout le groupe, c'est le type dont l'étendue est la plus restreinte; mais en revanche c'est l'un des plus sonores. Toutes les notes de l'Echelle sortent franchement jusqu'au *sol* grave: très suffisante l'articulation, malgré la gravité de l'instrument.

Wagner a fait construire pour le *Rheingold* un Saxhorn Contrebasse en *ut* descendant jusqu'au *mi* ♭. Ces degrés de l'extrême grave ne

sont pas aussi satisfaisants qu'on le voudrait dans la force (p. 186).
Dans la demi-teinte, leur effet est meilleur:

C'est encore dans la demi-teinte qu'il donne au Bombardon ce *contre-
fa* :

Voici, d'ailleurs, l'Echelle de ce Bombardon en *ut grave*, *Contra-bass-Tuba in C* :

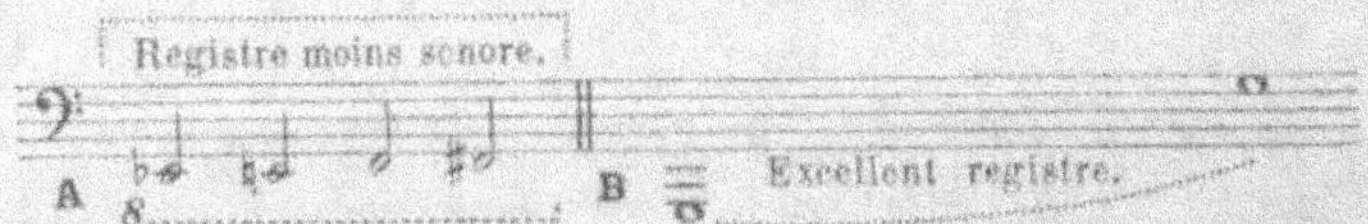

Remarque : Les instruments Français ne donnent pas les quatre sons de l'extrême grave (**A B**), qu'ils soient accordés en *ut* où en *si♭*.

Résumé.

13. §—Nous avons donc deux types de Basse profonde dans le groupe des Cuivres :

Le Trombone-Basse & le Tuba.

Le Trombone-Basse descend au *Contre-Si* :

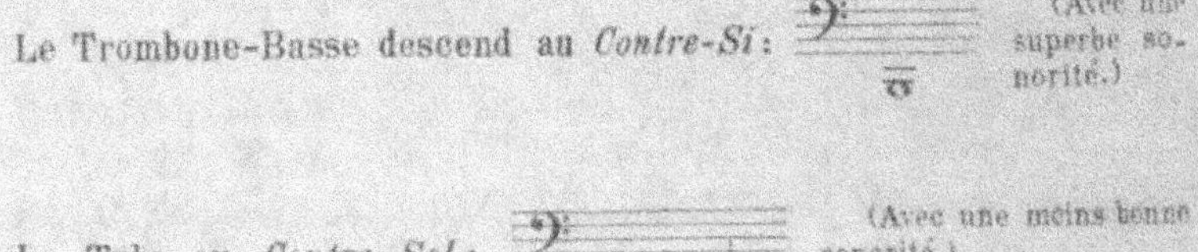

Le Tuba au *Contre-Sol* :

Ecrire pour ce dernier instrument un *Contre-fa* est imprudent, car cette note n'existe pas pratiquement sur le Tuba en *ut*, et un assez grand nombre d'exécutants ne jouent que ce Tuba en *ut*. (Le *Contre-fa* peut être produit par un Tuba en *si♭* donnant le *Contre-sol*).

Exceptionnellement, pour un effet spécial on peut réclamer à l'orchestre le Contrabass-Tuba de Wagner, lequel descend au *Contre-mi♭*. Mais il ne faut pas oublier alors les réserves que nous avons faites au sujet des quatre derniers degrés de l'Echelle en descendant aux extrèmes limites de la profondeur.

CHAPITRE III

Instruments à percussion.

Les Timbales.

(PAUKEN)

1.§—"L'instrument se compose d'un bassin arrondi recouvert d'une peau tendue. Le bassin doit être en bon airain, sans défaut ni bosselure, la peau est ordinairement une peau d'âne, quoique certains facteurs emploient des peaux de bouc, de chien, de mouton, de veau. Il faut s'attacher à ce que cette peau soit bien corroyée, bien homogène, sans fissure et de la même épaisseur. La peau se fixe au bassin au moyen de vis; le bassin est garni à la partie supérieure d'un cercle de fer qui se rétrécissant ou s'élargissant par le mouvement des vis, sert à tendre ou à détendre la membrane. Il n'y a pas de dimensions précises pour les Timbales, seulement il faut observer que dans les grandes Timbales, les notes graves sont meilleures." (Kastner)

Cette dernière assertion est évidente. Inutile de chercher à la démontrer.

2.§—Aujourd'hui, nos Timbales sont toutes en peau de veau; et c'est généralement le dos de la bête qui, bien corroyé, est choisi comme faisant le meilleur usage; or, il est impossible que toutes les parties de ce dos aient la même épaisseur: aussi l'ingénieuse expérience du Timbalier intervient-elle alors pour ménager les parties les plus minces, user les plus épaisses. C'est ainsi qu'on voit, avant la répétition, un exécutant consciencieux "travailler" son instrument, qu'il s'acharne à marteler en certains coins comme ferait un batteur d'or.

Il faut quelquefois quatre ou cinq ans de pratique pour qu'une Timbale soit à "point". C'est un fabricant qui la *construit*, mais c'est un artiste qui la *finit*; et, d'après ce que nous venons de voir, *finir* prend plus de temps que *construire*.

Hâtons-nous de dire qu'une Timbale bien faite dure longtemps: "En moyenne, et sauf malheurs imprévus, à peu près autant que le Timbalier", me répondait M. Henri Vizentini, Timbalier de l'orchestre Colonne.

Et les accidents sont rares.

3.§—On construit trois modèles de Timbales.

Les plus grandes produisent successivement les degrés compris dans la quinte *fa-ut* :

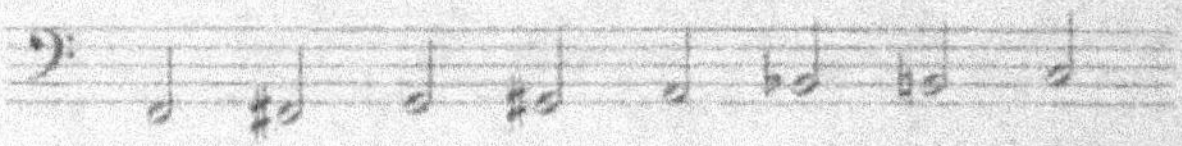

Les plus petites, ceux de la quinte *si♭-fa* :

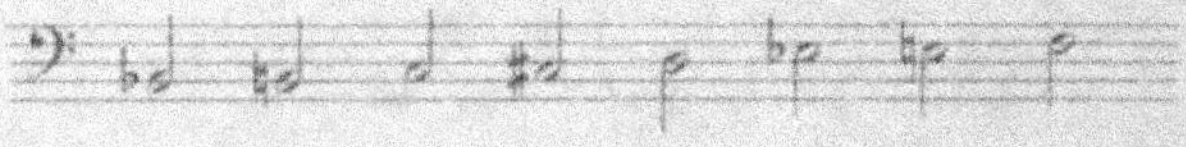

Et les moyennes gravitent soit dans la quinte *sol-ré*, soit dans la quinte *la-mi*, suivant les pays.

Mentionnons, pour mémoire, une petite Timbale aigüe accordée en *do sol*, qu'on rencontre dans les Musées, mais qu'on ne pratique pas, les sons aigus *fa ♯*, *sol*, étant trop maigres.

Le *fa ♮* lui-même est déjà insonore et si Beethoven s'en sert, ce n'est jamais qu'en l'opposant à celui de l'octave inférieure, en le faisant ainsi bénéficier de cette riche sonorité de la basse :

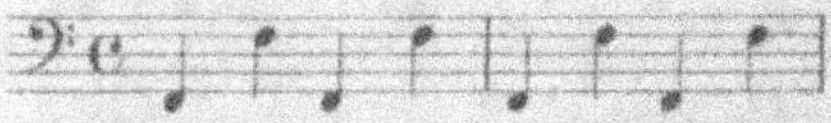
(VIIIe Symph.)

(IXe Symph.)

4.§—Il ne faut donc pas plus dépasser le *fa* aigu que le *fa* grave.

Le *mi*  que l'on trouve quelquefois nécessité par un effet spécial, et n'ayant d'ailleurs quelque valeur tonale que dans un *pianissimo*, ce *mi* grave évoque l'idée mélancolique d'une Grosse-Caisse crevée.

Je sais bien que Berlioz a écrit le *fa ♯* aigu et Wagner ce lamentable *mi*, mais c'est très exceptionnellement; or, s'il vous prend l'envie de solliciter Berlioz ou Wagner pour quelque emprunt, mieux vaut leur prendre autre chose.

Il existe, d'ailleurs, un moyen de produire un roulement plus grave que celui de la Timbale, c'est de s'adresser à la vraie Grosse-Caisse en se servant des baguettes du Timbalier.....

Mécanisme.

5.§—En France, nous sommes restés fidèles au vieux système : une membrane actionnée par un certain nombre de poignées à vis.

Le nombre de ces poignées est variable : de 9 à 11 pour une grande Timbale, de 7 à 9 pour une petite. Quant à la tension, elle doit être proportionnée en tous sens, d'après les inégalités de peau connues du Timbalier, faute de quoi on risque de voir cette peau éclater. Et d'ailleurs, qualité et justesse de son dépendent de l'égalité proportionnelle de la tension.

Combien faut-il de temps pour changer l'accord ? Cela dépend de la distance à parcourir, du nombre de tours de clef à donner. La peau est assez solide pour se prêter à des différences de traction produisant des écarts de quinte, mais il serait très maladroit au Compositeur d'exiger de tels sauts.

Il faut à l'exécutant un travail relativement assez long pour dépasser la tierce majeure, et si l'on consulte les Maîtres, on voit qu'ils évitent soigneusement, d'excéder cette limite.

Je prends au hasard cinq partitions :

de **Liszt,** *Festklänge* . . . . . . 4 Timbales ainsi accordées : {*Sol, La, Si♭,* {*Ut.*
                            Changeant en : {*Fa♯, La, Si♭,* {*Si♮.*
                  (Écart maximum d'un demi-ton.)

  —   *Hungaria* . . . . 3 Timbales ainsi accordées : *La, Si♭, Ré.*
                            Changeant en : {*Fa♯, Si♮, Ré♯.*
                            puis en : {*Si♭, Si♮, Ré♯.*
                          et enfin en : *La, Ut, Ré♯.*
                  (Écart maximum de tierce majeure.)

  —   *Mazeppa* . . . . 2 Timbales ainsi accordées : *La, Ré.*
                            Changeant en : *La, Ut♯.*
                            puis en : *La,* {*Si♮.*
                          et enfin en : *La,* {*Ré.*
                  (Écart maximum de tierce mineure.

de **Berlioz.** *Marche Nocturne* . . . 2 Timbales ainsi accordées : *Sol,* {*Do*
      (L'Enfance du Christ.)   Changeant en : *Sol,* {*Si♭.*
                    (Écart de seconde.)

  —   *Fantaisie sur la Tempête.* 2 Timbales ainsi accordées : *La♭, Ut.*
         (Lelio.)   Changeant en : *La♭, Ré.*
                            puis en : *La♭, Mi.*
                         et enfin en : *Do, Fa.*
                (Écart maximum de quarte mais progressivement
                    amené par sauts de secondes.)

Il faut compter environ *une* mesure à quatre temps, mouvement modéré, pour changer d'*un* ton l'accord de la Timbale. Il faut naturellement plus de temps pour une tierce, pour une quarte, pour une quinte... si toutefois on risque pareil écart.

Les Timbaliers arrivent par habitude, lorsqu'il ne s'agit que de faibles distances, à s'accorder sans que l'oreille intervienne; ils savent s'ils doivent faire faire demi-tour, trois quarts de tour, ou tour entier à leurs poignées tournantes. Ce n'est qu'ainsi, d'ailleurs, qu'ils peuvent procéder dans les *forte*, au milieu du fracas de l'orchestre.

Mais si les distances à parcourir sont plus grandes, ils ne se fient plus à leur seule expérience manuelle; on les surprend s'assurer avec discrétion de l'exactitude du mouvement, effleurer la membrane avec leur baguette, cherchant à s'écouter.

6.§—En Allemagne, en Russie, en Italie, on a renoncé à ce système et l'on ne pratique plus que les Timbales à accord mécanique.

On en construit de deux sortes: Timbales à *pivot* se tendant ou se détendant suivant qu'elles tournent à droite ou à gauche; Timbales à *levier*, celles-ci les plus répandues (un levier actionne une série de crans correspondant à la série des demi-tons).

Le grand avantage de l'accord mécanique est dans son instantanéité. Vous pouvez sur une même Timbale, dans un mouvement modéré, exécuter des dessins comme ceux-ci:

(Mouvements secs du levier coïncidant avec le coup de baguette,
afin d'éviter les traînées de son d'une note à l'autre.)

On peut obtenir de curieux effets de *glissando* en maniant avec lenteur le levier, un peu comme ferait le doigt sur une corde:

L'Opéra de Paris avait adopté ces Timbales, mais il vient d'y renoncer en arguant de leur défaut de justesse; «Sous l'influence de la température, suivant l'hygrométrie de l'atmosphère, les membranes se resserrent ou s'amollissent», disent les praticiens. Et ils se plaignent de n'avoir pas une action assez directe sur l'accord.

La cause n'est donc point encore entendue.

7.§ — Quant aux Compositeurs, ils n'ont pas à prendre parti dans le différend, mais à écrire comme ils pensent, sans autre souci que de *conserver à l'instrument son vrai caractère.*

Que demandons-nous à la Timbale ?

Une vibration, un son s'évaporant comme celui d'une corde de Harpe, disparaissant peu à peu dans l'espace. Arrêter, couper ce son, c'est mettre l'instrument en contradiction avec lui-même. Lui faire monter ou descendre des gammes hâtives, est-ce donc son rôle ?

Avec trois Timbales, toutes les combinaisons sont possibles. Chacune pouvant s'accorder facilement suivant quatre demi-tons successifs (ce qui n'excède pas un écart de tierce mineure), nous obtenons ainsi tous les degrés de la gamme chromatique.

Il arrive souvent qu'à première vue, l'exécutant se trouve embarrassé, le Compositeur n'ayant pas pris soin d'indiquer par avance les changements de tonalité : ce sera donc à lui d'étudier et de combiner ses mutations pour la répétition suivante. Le Compositeur me semble alors être un peu en faute.

Il arrive parfois, au courant du morceau, que le même exécutant se voit dans l'impossibilité d'opérer le changement nécessaire :

Voici, par exemple, son accord :

Et voici quatre mesures entraînant la nécessité, pour la Timbale, de conclure sur un *si* ♭ :

S'il est naïf, il contera sa peine au Chef d'orchestre qui lui répondra, comme je l'ai entendu : «Faites-vous aider par vos voisins!» S'il ne l'est pas, il s'adressera spontanément au camarade d'à côté, en le priant, pendant que lui-même est aux prises avec l'*ut*, de donner les deux demi-tours de clef nécessaires (½ à deux clefs seulement) pour exhausser d'un demi-ton la Timbale de *la.*

Aujourd'hui, on peut tout écrire, les difficultés techniques diminuant sans cesse, mais on ne doit *rien* écrire qui ne soit sympathique à la nature même de l'instrument.

Les Baguettes.

8.§—Il en est de deux sortes:

En peau, pour l'ordinaire, qu'on joue *forte* ou *piano*.

En éponge, pour des effets de particulière douceur.

Jadis, on se servait quelquefois de Baguettes de bois, mais très dur en est le son résultant, très dur et peu timbré, c'est presque comme celui d'un tambour.

Le Timbalier évite de *blouser* sur le bord de la membrane, ce qui produirait un timbre nasal et sec, sans vibration. Il évite non moins soigneusement le centre de la dite membrane, et préfère jouer entre les deux.

Manière d'écrire.

9.§—Si l'on désire une durée de son déterminée, il faut écrire aussi précisément qu'on ferait pour un instrument quelconque.

Ainsi Beethoven, craignant la vibration persistante du *mi* pendant l'attaque du *si* (début de l'Ouverture de *Fidelio*), sépare-t-il les deux notes par un silence :

alors que pour le reste de l'Orchestre, le *mi* est pointé:

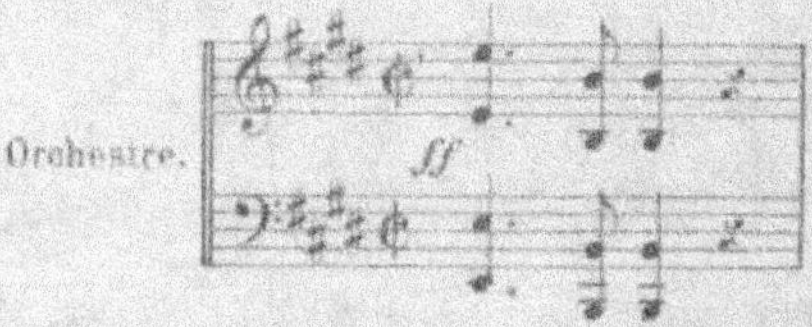

Au cours de l'ouvrage, on le voit souvent rythmer le temps fort de la mesure avec des *noires*, alors que sans intention spéciale, il aurait aussi bien pu noter des *blanches*: simple question d'habitude:

Dans des cas semblables Mozart écrit volontiers :

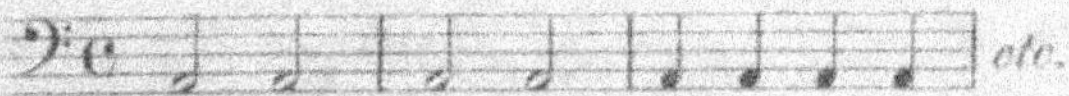

10.§—Quand il s'agit de *trémolo*, les Maîtres emploient deux notations, ad libitum.

Les uns indiquent un trille :

Les autres, le trémolo des Cordes :

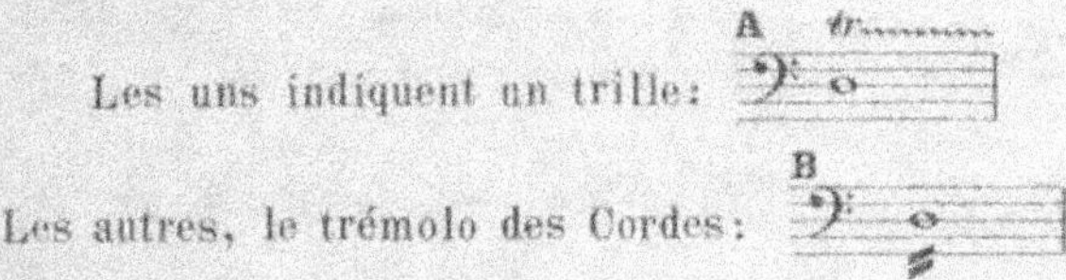

Et le même Maître emploie quelquefois, tour à tour, les deux manières, suivant les cas.

Remarque: Je n'ai pas besoin de faire observer dans le système **B**, que, selon le mouvement, ou devra spécifier des valeurs de notes assez rapides pour qu'il y ait *tremolo*.

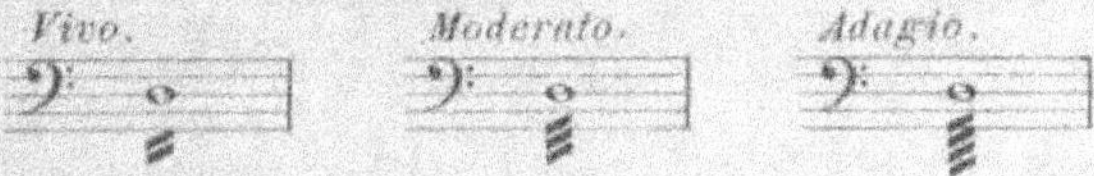

Le système **A** paraît préférable à cause de son uniformité même.

11.§—Quand un *tremolo* dure deux ou plusieurs mesures, il faut lier les mesures entr'elles, sinon le Timbalier peut croire à une intention du Compositeur de marquer les premiers temps :

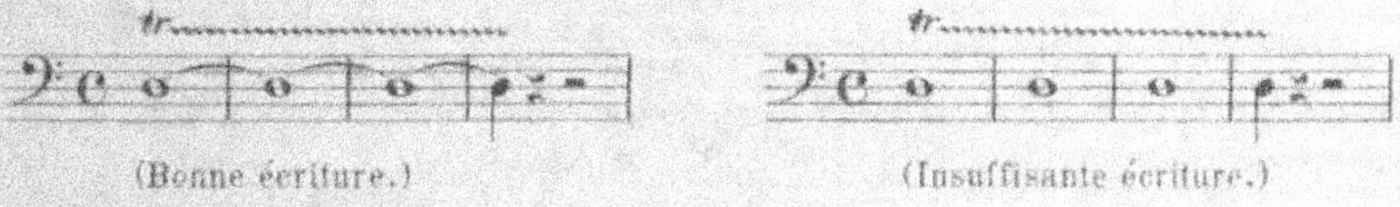

Et c'est alors que la notation **A** paraît plus logique, car n'est-il pas ridicule de lier d'un côté ce qui est articulé de l'autre ?

De même pour la fin d'un *trémolo*, faut-il faire savoir si l'on veut que la dernière note soit articulée, ou qu'elle soit simplement l'évaporation non remarquée du dit trémolo :

12.§—Inutile de rappeler ici l'effet de son filé dans le *tremolo* :

Inutile de conseiller des indications de volonté particulières si l'on veut cet effet plus violent :

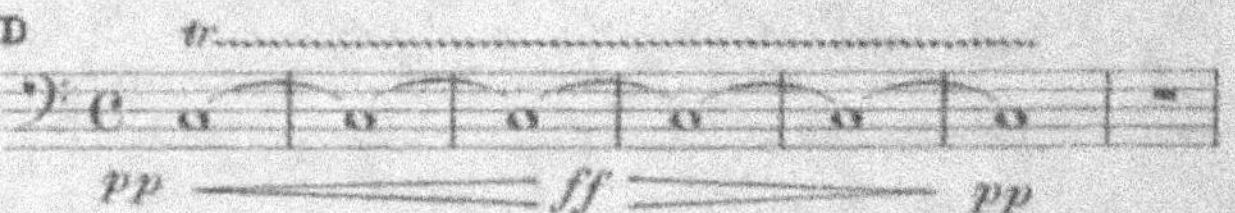

Inutile de faire remarquer qu'il est très loisible de terminer un trémolo, comme dans l'exemple **D**, sans aboutir à un temps fort.

Mais je ne crois pas superflu de constater ici, qu'un *roulement crescendo*, vu l'agilité des Baguettes, aboutit avec le même élan, la même vigueur à son *terminus - fortissimo*, soit qu'on reste sur la même Timbale, soit qu'on en change. Je m'explique :

Le *Crescendo ré* ————— *mi* atteindra son point culminant avec la même continuité d'élan, que le *Crescendo ré* ————— *ré*, le saut d'une Timbale à l'autre étant assez rapide pour que l'oreille la plus fine ne puisse s'en douter :

Voici un curieux *crescendo* aboutissant à contre-temps +, avant l'heure, d'une énergie très dramatique :

A signaler encore la possibilité de faire continuer par les Contre-basses un roulement de Timbales, les deux sonorités se succédant sans heurt, s'équilibrant pour le mieux :

Voici un rythme caractéristique des *Erynnies* :

Voici d'autres formules très usitées :

Valeur Musicale.

13.§—Il ne faut pas se fier à la sonorité de la Timbale sous le rapport harmonique. Elle ne saurait compter.

Que demander à un instrument qui n'offre jamais que deux ou trois notes à notre choix ? Peut-on s'efforcer de le *bien écrire* au point de vue des "quatre-parties" ?

Contentons-nous de ses meilleures coïncidences avec la Polyphonie, et utilisons-les dans la pâte sonore en songeant avant tout aux moyens pratiques d'exécution.

Seule, la Timbale ne servira de vraie basse que si, d'après ce qui précède, il ne peut se produire de doute tonal; tel l'exemple ci-dessous, dans lequel cette vraie basse nous reste fixée dans l'oreille depuis une mesure :

Effet très pur, très franc de tonalité. Mais à l'accord parfait de *mi* ♭, substituez (dans la première mesure) celui de *si* ♭, par exemple, tout changera aussitôt, toute sécurité disparaissant.

14.§—La Timbale a si peu de valeur harmonique, qu'on peut parfois la traiter en son *neutre* et lui donner des notes ne coïncidant pas avec l'orchestre, comme on fait pour un Triangle, un Tambour, des Cymbales. Ainsi ont parfois écrit Verdi et Massenet, désireux d'éviter, pour une mesure ou deux (quitte à revenir aussitôt après), une trop rapide mutation au Timbalier.

Mais cette licence n'est excusable que dans un *forte*, alors que le son de la Timbale noyé dans l'ensemble ne reste plus qu'à l'état d'expression rythmique. Jamais on n'en voit d'exemple dans un *piano*; ce serait alors inadmissible.

15.§—Rien n'empêche de blouser simultanément deux Timbales:

Un roulement de deux notes simultanées exige naturellement deux Timbaliers.

16.§—Est-il nécessaire de répéter encore ici que les notes les plus graves sont toujours les plus lourdes et ont une longueur de vibration proportionnelle à leur profondeur ?

Dans un rythme léger, il serait peu adroit d'écrire des *fa*, *fa♯*, *sol*, dont le son bourdonne un peu:

Les notes du médium sonnent au contraire délicieusement, comme un pizzicato de Violoncelle. (Le *ré*, exquis).

Remarquons, pour finir, que l'*ut* donné par la Timbale grave, n'est pas inférieur de sonorité à celui de la Timbale aigüe:

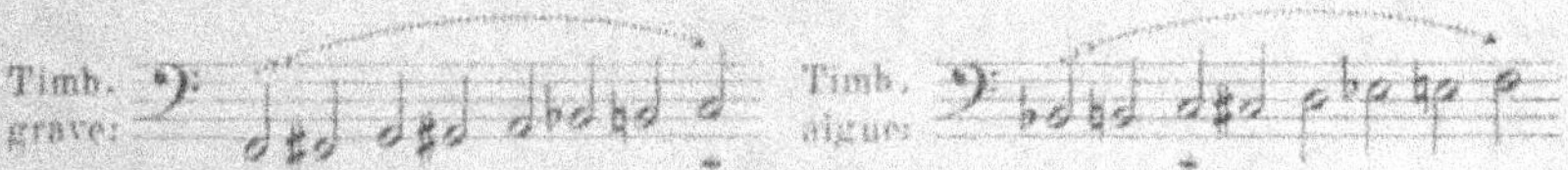

Le Tambour.
(TROMMEL)

1.§—Nous avons vu que la membrane des Timbales était en veau; pour celle des Tambours on emploie la peau de mouton.

En bois sont les baguettes. (La caisse en cuivre).

Le son du Tambour ne pouvant se classer sur l'Echelle musicale, il serait plus juste de le définir par le mot *bruit*. Que le morceau soit en *si♭*, en *la♮*, en *fa♯*, n'importe; il s'accommode de toutes les tonalités, n'en ayant aucune lui-même, et ne sert qu'à des effets de rythme ou de roulement.

Remarque: Les deux ou trois exemples qu'on pourrait citer d'*Accord* du Tambour ne sont point assez probants pour empêcher de généraliser.

Variétés de Percussion.

2.§— On use rarement du *coup simple* produit par le battement d'une seule baguette.

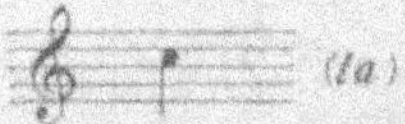

Mais on se sert du *coup double*, produit par le choc presque simultané des deux baguettes sur la membrane, sonnant ainsi pour l'oreille: et s'écrivant ainsi :

Et du *coup de charge*, différant du précédent par l'accent fort, lequel se place sur la première des deux notes :

Roulements.

3.§— On les appelle: *ra*.

Il en est de 3, 4, 5, 6, 7, 8, 10 coups etc...

Il y a aussi le *roulement continu*, dont l'effet est le même que celui du *trémolo* des Timbales, et qu'on note comme un trille ou comme un *trémolo* des Cordes :

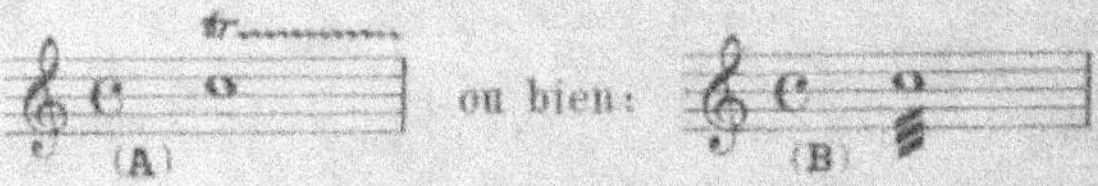

en ayant soin, comme nous l'avons déjà fait remarquer au sujet des Timbales (page 129 paragr. 10), d'indiquer dans ce *trémolo* des valeurs de notes assez rapides pour produire un roulement continu:

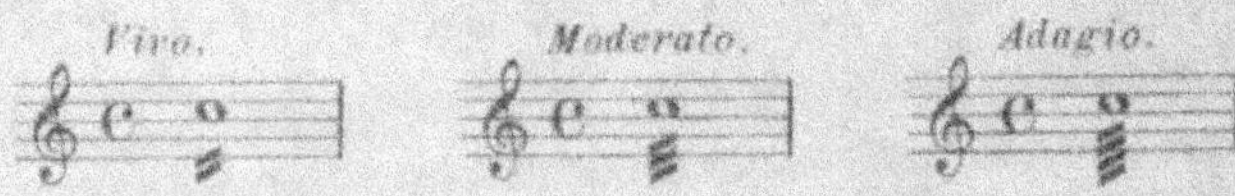

Combinaisons Rythmiques.

4.§—Voici quelques Batteries de Tambours usitées dans l'armée Française; elles synthétisent à peu près tous les moyens de l'instrument :

Notation.

5.§—On écrit ordinairement le Tambour en clef de sol, ce timbre si clair évoquant l'idée de l'aigu. Mais dans la plupart des éditions contemporaines, on se sert, pour économiser l'espace, d'une seule et unique ligne dépourvue de clefs. Ainsi fait-on pour les Triangle, Cymbales, Grosse Caisse, Castagnettes, tous instruments sans tonalité précise.

Emploi du Tambour.

6.§—Je ne crois pas qu'on s'en soit jamais servi dans la Symphonie. En revanche il est d'usage fréquent au Théâtre. « Meyerbeer, dit Gevaert, a su tirer une sonorité particulière et terrible de l'association du Tambour et des Timbales pour le fameux roulement en *cre-*

scendo de la Bénédiction des Poignards. »

Et ce sont là, d'ailleurs, les propres termes dont s'était servi Berlioz, pénétré d'admiration pour ce *truc* de Meyerbeer, alors tout nouveau. Depuis on l'a si fréquemment exploité, qu'il me semble superflu d'en mentionner des exemples; nous les avons tous présents à l'esprit.

Au hasard, je prends ce thème de la *Marche de Turenne*, dont Bizet a tiré le parti que vous savez dans *L'Arlésienne* :

Et cet effet si fin et à la fois si mordant des *Scènes Pittoresques*:

Tambours Voilés.

7.§—On les entend dans les cérémonies funèbres, dans les enterrements militaires.

Placez sur la membrane un morceau d'étoffe, la percussion des baguettes sur l'étoffe produira un son lugubre fort impressionnant, les vibrations de la membrane demeurant étouffées, comprimées, pour ainsi dire "repoussées au-dedans".

Rien de sinistre comme ce son filé, long roulement *crescendo* et *decrescendo* :

Quelquefois on lit cette indication: *Tambour sans timbre* ; l'effet se produit, soit en détendant la membrane, soit en la voilant d'après le procédé ci-dessus. C'est à l'exécutant de s'ingénier et choisir le moyen qui lui semble le meilleur.

La Caisse Roulante.
(WIRBELTROMMEL, ROLLTROMMEL, RÜHRTROMMEL.)

8.§—Caisse de bois, plus longue que celle du Tambour ordinaire: sonorité plus sourde, évoquant la comparaison d'avec une petite Grosse-Caisse.

Même emploi, même mécanisme que le Tambour: Gluck s'en est servi dans *Iphigénie en Tauride*, (Chœur des Scythes), Wagner dans la *Walkyrie* et dans *Parsifal*.

Le Tambour de Basque.
(SCHELLENTROMMEL.)

1.§—Trois modes d'emploi.

D'abord en frappant la membrane avec le dos de la main:

Ensuite en secouant l'instrument de façon à agiter les grelots ou pièces métalliques encastrées dans son cadre; c'est alors un *frémissement* plutôt qu'un roulement.

(Choudens, Éditeur-Propriétaire.) (*Carmen*, p. 183.)

Comme pour la Timbale, comme pour le Tambour, ce *frémissement* se note soit avec un trille soit avec le *trémolo* des instruments à cordes:

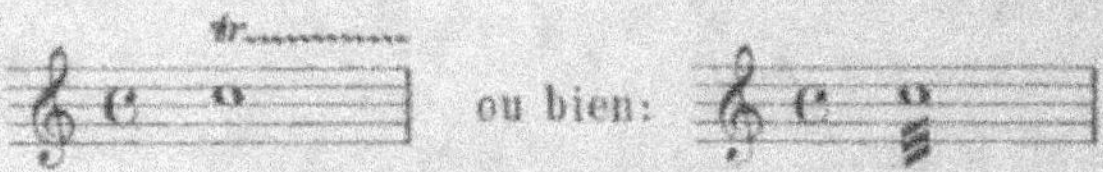

Remarquons encore, ainsi que nous l'avons fait pour la Timbale et le Tambour, que si nous nous servons de cette dernière notation, il faut spécifier des valeurs de notes assez rapides pour qu'il n'y ait pas discontinuité de son (page 134, paragr. 3).

Enfin, en frôlant la membrane avec le pouce, on obtient un roulement momentané où domine le bruit des grelots. Ce procédé exige une certaine habileté.

2.§—De même que pour le Tambour, le Triangle etc… la *clef* n'est ici d'aucune importance; la plupart du temps, on se contente pour la notation d'une simple ligne, comme l'indique l'exemple ci-dessus.

Le Tambourin.

(KLEINTROMMEL.)

1.§—Tambour très allongé, sans timbre, en usage en Provence. Le Tambourinaire joue d'une sorte de Galoubet qu'il tient de la main droite, pendant que la gauche frappe les temps avec une baguette :

Le Triangle.
(TRIANGEL.)

1.§—S'écrit aussi ou sur une simple ligne, ou sur la portée ordinaire (*clef de sol*), ad libitum.

Se prête à toutes les combinaisons rythmiques, coup simple, coup double, triple etc...

Le *tremolo* se note comme celui de la Timbale ou celui du Tambour :

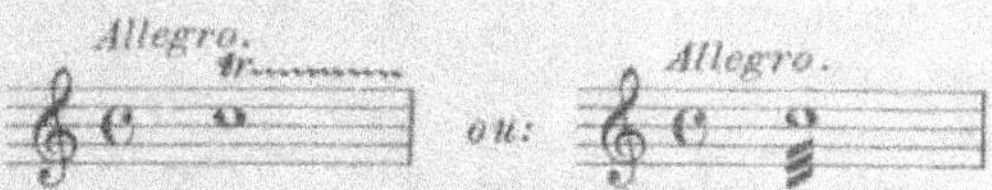

2.§—Le coup simple est jugé souvent un peu trop simple.... On lui préfère alors un groupe de deux, trois, quatre, cinq notes, la dernière seule ayant une valeur réelle dans la mesure :

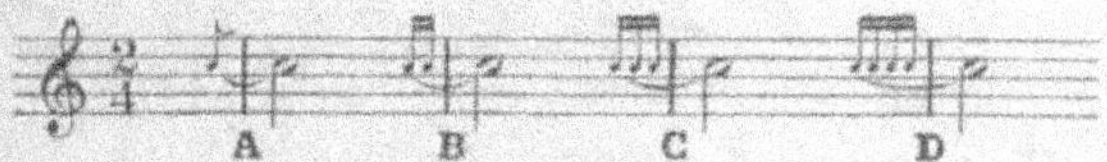

A — La *petite* note précédant la *vraie* donne à celle-ci plus de vivacité.

B — Excellent ce groupe de trois notes, la première et la troisième attaquées dans le même sens, de droite à gauche.

C — Moins naturel ce groupe de quatre, la première et la dernière provenant de mouvements contraires.

D — Excellent encore ce groupe de cinq notes, ainsi que tous les groupes impairs (même raison que pour le groupe **B**).

3.§—Si l'on veut obtenir un *pianissimo*, c'est le sommet du Triangle qu'il faut effleurer, là où la baguette n'a guère qu'un ou deux centimètres de jeu: comme l'exécutant doit savoir son métier, il est inutile d'inscrire cette recommandation sur sa partie.

Remarque: Je crois bon d'attirer l'attention sur le timbre de l'instrument; on en entend çà et là rendant double son; ils sont *faux*, le coup de baguette ne doit jamais produire qu'une seule et unique résultante.

4.§—De très grand effet, de nécessité absolue à l'orchestre, la percussion du Triangle, chargé parfois de marquer, à lui seul, le rythme du morceau. On l'entend au travers de n'importe quelle intensité de polyphonie, même dans le pianissimo:

Voici un effet très délicat de *tremolo* du Triangle sur une tenue des Cordes pianissimo:

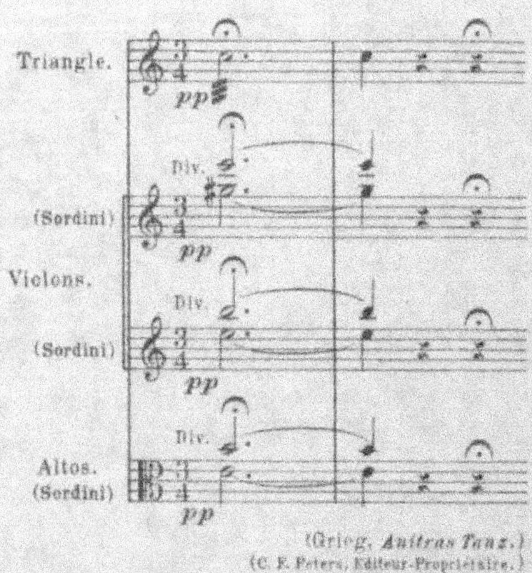

(Grieg, *Auitras Tanz.*)
(C. F. Peters, Éditeur-Propriétaire.)

A étudier la Bacchanale du *Tannhäuser*, l'Introduction et le Défilé des Corporations des *Maîtres Chanteurs* (page 453 et suivantes), la *Tétralogie* etc ...

Là, les trilles, les battements du Triangle planent au-dessus de toutes les violences de l'Orchestre.

Il suffit, au sommet d'un *Crescendo* de faire intervenir le Triangle, pour que le maximum de force que l'on croyait atteint, se trouve encore augmenté d'un ou deux crans.

Nous chauffions à cent degrés: nous voilà tout-à-coup à cent-dix.

Les Castagnettes.
(KASTAGNETTEN.)

1.§—On en fabrique en bois et en fer, et elles s'emploient par paires, l'une tenue dans la main droite, l'autre dans la gauche. Comme le Triangle ou le Tambour, elles se prêtent à toutes les combinaisons rythmiques qu'il peut vous plaire d'imaginer.

Voyez-les, par exemple, marquer le temps comme ferait un Triangle (effet charmant et peu pratiqué) :

(A. Durand & Fils, Éditeurs-Propriétaires.) (Saint-Saëns, *La Lyre et la Harpe.*)

D'ordinaire, cet instrument caractéristique de la musique populaire Espagnole, est voué à certaines formules usitées *tras los montes*, formules assez peu variées, comme on le voit :

2.§ — On l'écrit le plus souvent sans clef, sur une seule ligne.

A consulter: la 2e Scène du 3e Acte de *Samson et Dalila*; à remarquer, à travers ce rythme persistant des Castagnettes (en bois et en fer):

l'emploi si habile des instruments à percussion alternant, se substituant les uns aux autres, puis se rapprochant, s'unissant pour atteindre le maximum de force.

Les Cymbales.

(PIATTI, BECKEN.)

1.§— Se jouent ensemble ou séparément :

Violemment heurtées l'une contre l'autre, ou bien l'une des deux légèrement frappée par un tampon.

On peut étouffer le son, ou le laisser vibrer.

Dans le premier cas, on écrit ainsi :

Dans le second :

Quand même la liaison n'aboutit qu'à un silence, elle compte comme liaison, les vibrations doivent rester libres.

Pour plus de précaution, vous pouvez écrire ainsi les deux exemples ci-dessus :

2.§—Il y a deux façons de produire un roulement-trémolo des Cymbales:

1°— Dans la grande force on les agite l'une contre l'autre, les poignets de l'instrumentiste servant d'axe au mouvement de droite à gauche: ces heurts, aussi rapides que possible, des deux disques de cuivre produisent un cliquetis métallique inégal et cahoté, mais très violent, très sonore.

2°.—Dans la douceur, ou pour un *Crescendo*, on suspend l'une des deux Cymbales par sa courroie et on la blouse comme une Timbale; le son produit par la baguette est d'une continuité, d'une égalité absolues; si l'on va du *piano* au *forte*, la progression croît avec une régularité parfaite, — et réciproquement.—

Exemple du premier cas: le *tutti* qui annonce la péroraison de l'Ouverture du *Tannhäuser*: huit mesures *fortissimo* des Cymbales:

Exemple du second cas:

A consulter encore: *Les Perses*, (Xavier Leroux) offrant de curieux effets de roulements dans la force, trémolo, crescendo etc... Lire l'*Apprenti Sorcier* (P. Dukas).

3.§—Quand on emploie simultanément Cymbales et Grosse Caisse, il faut user de quelque discrétion avec cette dernière, pour laisser les Cymbales au premier plan, car c'est d'elles surtout que vient l'éclat.

Remarque. Si par hasard, le Compositeur cherchait l'effet contraire, il devrait l'indiquer. Dans le *Sanctus* de son *Requiem*, Berlioz écrit sur deux lignes séparées Cymbales et Grosse Caisse, et il est de tradition, vu le caractère du morceau, de laisser percevoir un peu plus la Grosse Caisse que les Cymbales. «Ces coups de Grosse Caisse et Cymbales, (dit Berlioz en note), doivent être aussi faibles que possible, les Cymbales frappées doucement l'une contre l'autre, à la manière ordinaire, en laissant vibrer l'instrument...»

Voir dans l'Ouverture, Entr'actes et Musique de Scène de *Phèdre*, le curieux parti que tire Massenet de la Grosse Caisse dans le premier morceau, puis des Cymbales dans la Scène du *Sacrifice*, puis enfin des deux instruments réunis, dans le dernier.

Dans l'*Ouverture*, dans l'*Imploration à Neptune*, la Grosse Caisse est toujours seule.

4.§—Nous avons tous constaté maintes fois l'effet charmant d'une Cymbale frappée légèrement par une baguette d'éponge, de façon à égaler, à dépasser même le *pianissimo* du Triangle. Rien de chatoyant comme un rythme ainsi scandé; il semble qu'on voie s'élever sur l'orchestre comme une poussière d'or:

Les deux coups de Cymbale que je note dans l'exemple ci-dessus ne se trouvent pas dans la Suite extraite de *Namouna* (page 74); c'est Vaucorbeil qui les avait très ingénieusement ajoutés au cours des répétitions, à l'Opéra, de l'œuvre posthume de Lalo. Si caractéristique, d'un pittoresque si inattendu, ce frémissement de cuivre au retour du thème, que malgré de longues années, il me reste dans le souvenir.

Autre exemple d'un heureux emploi de la Cymbale mélangée avec le quatuor :

Les Cymbales Antiques.

5. §— Elles sont fabriquées d'après des modèles trouvés à Pompéï et conservés au Musée de Naples à côté d'instruments de tout genre, Flûtes, Orgues, Syrinx, Cithares, etc... pratiqués au temps des Césars.

Plus petites que nos Cymbales, d'un diamètre variant entre 15 et 20 centimètres, elles ont un timbre plus argentin et rendent un son plus aigu.

Vous les trouverez employées dans *Roméo* et les *Troyens* de Berlioz, et depuis Berlioz, Gounod et Saint-Saëns et beaucoup d'autres les ont utilisées.

On les écrit comme les Cymbales ordinaires, en évitant toutefois les roulements et trémolos difficiles à produire sur une surface d'aussi petit diamètre. Mais ils ne sont point impossibles et peut-être leur demandera-t-on quelque effet spécial, un jour.

Au théâtre, on voit assez fréquemment des danseuses ou des figurantes, rythmant leurs pas, des Cymbales Antiques en main.

La Grosse Caisse.
(GROSSE TROMMEL)

Elle, non plus que les Tambour, Triangle, Castagnettes, Cymbales, ne doit donner de son déterminé. (On a quelquefois cherché à l'accorder, mais l'effet n'en vaut pas la peine).

Ce qu'on lui demande, c'est la rondeur, la lourdeur du son.

«Elle doit être de grande dimension; les tringles ou les cordes servant à tendre la peau, doivent agir également sur toute la circonférence.» (Parès, *Traité d'Instrumentation et d'Orchestration à l'usage des Musiques Militaires*).

On la joue avec une Mailloche terminée soit par un tampon de feutre ou de liège (mailloche simple), soit par un tampon à chaque extrémité (mailloche double).

En tenant par le milieu le manche de la mailloche, et en l'agitant sur la peau, on réussit à produire un roulement qui ressemble au "bruit du Tonnerre".

La Grosse Caisse imite aussi le canon. (Berlioz, *Marche Hongroise*).

Nous avons vu, (page 124, paragr. 4), que l'on pouvait, pour obtenir un *tremolo* plus grave que celui des Timbales, s'adresser à la Grosse Caisse actionnée par des baguettes de Timbalier. Excellent en est l'effet, et cependant d'une pratique assez rare. En voici un exemple:

N'avons-nous point tressailli sous l'impression du choc *pianissimo* des Grosse Caisse et Cymbales réunies pour scander mystérieusement une phrase?

C'est d'une grandeur, d'une noblesse singulières.

Les quelques mesures suivantes nous donnent l'exemple d'une très habile disposition de la Batterie, en vue d'obtenir un maximum de sonorité:

Allegro.
Flûtes.
Piccolo.
Hautbois.
Clarinettes A
Bassons.
Cors.
in E
in H (bas)
Trompettes E
Pistons A
Trombones.
Tuba.
Timbales.
Cymbales.
Grosse Caisse.
Triangle.
Tambour.
Triangle.
Violons.
Altos.
Violoncelles.
C.-Basses.

à 2.
à 2.
à 2.
(Lenepveu, Marche Prétorienne.)

Le Tam - Tam.

Terrible dans la force; mystérieux et plein de menace dans la douceur. Se méfier de sa longue et persistante vibration.

Quoique de son non déterminé et pouvant coïncider avec n'importe quelle polyphonie dans n'importe quelle tonalité, il fait tellement partie de *l'accord* sur lequel il éclate, que tout changement d'harmonie, toute modulation deviennent dangereux, tant que persiste la traînée de ses ondes sonores :

Paraissant très juste dans la mesure **A**, le Tam-Tam sonnera faux avec l'harmonie **B C**; et il faudra s'empresser d'étouffer ses vibrations, lesquelles, pendant la seconde mesure, paraîtraient continuer l'accord précédent; tel un Piano sans étouffoirs.

Différentes Altitudes des Instruments à percussion fixe et à vibrations persistantes.

Supposons qu'il nous soit imposé de peindre la dégringolade des Titans précipités du Ciel, et que nous ayons à reproduire des chocs successifs, rapides comme la chûte d'un corps.

Si trois de ces chocs, à trois hauteurs différentes, nous paraissaient suffire à l'indication du cataclysme, voici, je crois, comment il nous faudrait étager les Percussions :

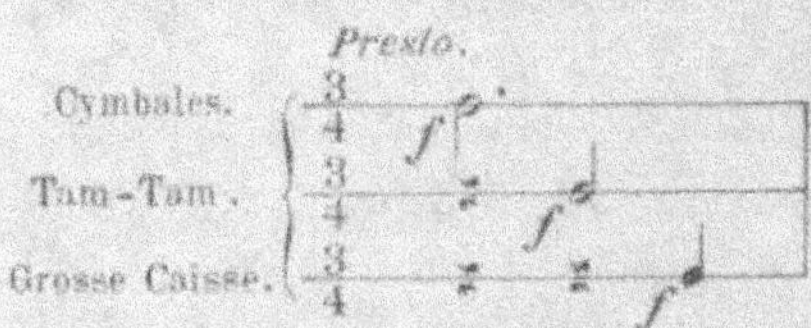

Et nous aurions ainsi l'impression très nette de trois doubles-octaves :

Donc, pour la plus grande altitude, nous avons: *les Cymbales.*
au milieu de l'échelle: .   —   *le Tam-Tam.*
tout au bas: . . . .   —   *la Grosse-Caisse.*

Percussions exceptionnelles.

    1. Les Timbres.
    2. Le Celesta.
    3. Le Glockenspiel.
    4. Le Xylophone.
    5. Les Cloches.

Les Timbres.

1.§—Lames d'acier produisant des sons par la percussion d'un petit marteau : les vibrations de ces lames sont en raison directe de leur épaisseur et en raison inverse du carré de leur longueur.

Par exemple: si l'on voulait produire une gamme chromatique au moyen de lames d'acier de même longueur, « il suffirait d'augmenter l'épaisseur des lames dans un rapport semblable à celui qui constitue la différence d'un demi-ton à un autre.» (Mahillon).

L'étendue du clavier des Timbres est de deux octaves et un ton :

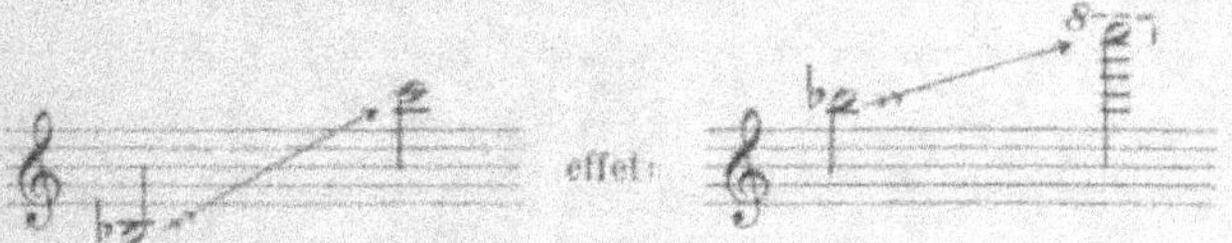

(Le son réel sortant deux octaves au-dessus de la note écrite.)

Le petit clavier du Jeu de Timbres est semblable à celui d'un Piano, et l'on peut écrire pour lui comme pour le Piano, mais à condition de laisser aux vibrations le temps de se propager librement.

Wagner, dans le Final de la *Walkyrie*, Meyerbeer, dans *L'Africaine*, Delibes, dans *Lakmé*, Massenet, dans *La Vierge* etc... se sont servis des Timbres.

Les meilleures notes de l'instrument sont naturellement dans le médium, les dernières notes graves sonnant plus à la quinte qu'à la fondamentale et le son 1 semblant de plus en plus atteint d'aphonie au fur et à mesure de la descente.

Le Célesta.

2.§—Instrument à clavier, comme le Jeu de Timbres, actionnant non pas des lames, mais une série de diapasons. Si le son est beaucoup moins fort que celui des lames d'acier, en revanche, il le surpasse par sa pureté idéale, par sa poésie sereine. Le nom de *Célesta* que lui a donné Mustel, l'inventeur, est donc justifié pleinement.

Etendue de quatre octaves :

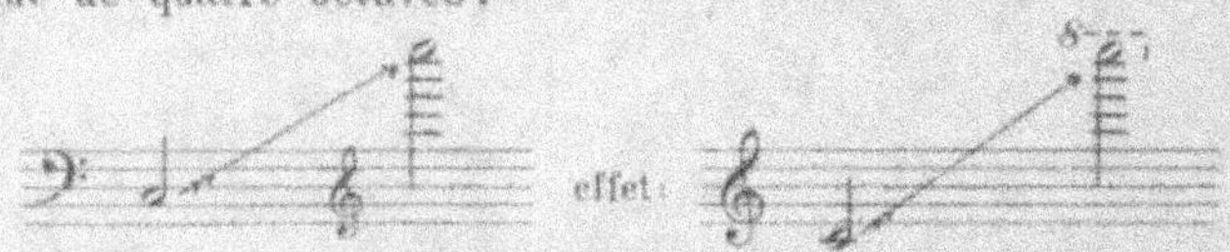

On l'écrit comme on ferait pour un Piano, ou plutôt pour des jeux de 4 ou 2 pieds d'Orgue, dont il donne un peu l'illusion. Les vibrations paraissent se prolonger comme celles d'un instrument à vent, et en même temps la cristalline percussion de l'attaque laisse planer un délicieux mystère sur l'essence même du son.

J'ai cité (page 88) un exemple tiré de *Louise*, où intervient le Célesta. Je l'avais déjà employé dans la *Korrigane*, à l'Opéra. On l'emploiera encore.

Le Glockenspiel.

3.§—Traduction littérale : Jeu de Clochettes.

Variété du jeu de Timbres employée par Mozart dans la *Flûte enchantée*. Ecriture une octave au-dessous du son réel :

Le premier, je crois, Hændel s'en est servi dans l'Oratorio de *Saül*.

Aujourd'hui que le système des lames d'acier a prévalu, quand nous indiquons par hasard le *Glockenspiel* sur une partition, c'est toujours un Jeu de Timbres qui se trouve à l'orchestre pour traduire notre pensée.

Le Xylophone.
(HOLZHARMONICA.)

4.§—Instrument composé de lames ou cylindres de bois gradués à la façon des tuyaux d'orgue, que l'on percute à l'aide de deux petits maillets, aussi de bois.

Etendue de trois octaves :

Saint-Saëns l'a mis en relief dans sa *Danse Macabre*, et à ce sujet Gevaert remarque que l'éminent compositeur écrit les sons du Xylophone une octave au-dessous de leur véritable diapason :

Les Cloches.

5.§—Classées parmi les instruments dont la construction repose sur la vibration des plaques.

On fabrique des Cloches dans tous les tons. Le métal qui les compose est un alliage de cuivre et d'étain : quant à leurs proportions : leur hauteur doit être à leur plus grand diamètre comme 12 est à 15.

Pour donner une idée de la difficulté pratique de leur emploi à l'orchestre, il suffira d'indiquer le poids d'une Cloche donnant l'*ut*  : 22,900 kilos; et de rappeler que le Bourdon de Notre-Dame de Paris pèse 18,000 k. et celui du Kremlin 196,464 k.

On peut donc les ranger avec les Orgues d'Eglise, parmi les instruments de musique d'un maniement peu facile.

Quand on les indique sur une partition, il faut avoir soin de mentionner si l'on veut des sons graves ou des sons aigus.

Gevaert fait remarquer que dans les théâtres l'intonation effective est rarement plus grave que le *sol*   . «Autre fait, dit-il: On a toujours considéré comme une rareté, les deux grosses Cloches employées à l'Opéra de Paris pour le tocsin de la Saint-Barthélemy, au 4ᵉ Acte des *Huguenots*; or, elles ne donnent que l'octave aiguë des sons écrits par l'Auteur «:

Donc, les grosses Cloches étant peu pratiques, on a cherché le moyen de les remplacer par des «Timbres ou calottes hémisphériques coulées en bronze, leurs parois relativement minces permettant d'atteindre les sons graves avec des poids beaucoup moindres.»

Et ce sont ces Timbres qu'on entend, ainsi disposés à la fin du 1ᵉʳ Acte de *Parsifal*:

Cloches.
(sur le Théâtre)

etc.

Réalisent-ils l'idéal rêvé ? On n'oserait l'affirmer; certainement on trouvera mieux.

J'ai d'ailleurs entendu, à Moscou, un effet de Cloche bien autrement réussi, d'une sonorité bien plus profonde et plus vraie. Le procédé consistait tout simplement en une corde grave de Piano tendue dans une gaine de sapin (procédé pratiqué depuis longtemps déjà pour certaines sonneries d'horloges).

On écrit généralement les Cloches en clef de *fa*.

CHAPITRE IV

Les Saxophones.

1.§—Cette famille d'instruments plus pratiqués dans les Musiques Militaires que dans nos Orchestres, est due à l'invention de Sax.

Le son est produit par une anche battante en roseau, appliquée à un bec semblable à celui de la Clarinette; colonne d'air conique, tube de métal.

De tous les instruments à vent, les Saxophones sont peut-être les plus expressifs; à l'égal du Hautbois, ils enflent et diminuent le son, sans rien perdre de leur timbre qui reste toujours vibrant et sympathique (non sans analogie avec celui du Violoncelle, du Cor Anglais et de la Clarinette).

Le mécanisme est celui du Hautbois; même doigté.

Voici les quatre types dont se compose officiellement la famille :

Saxophone Soprano (*Si* ♭)

Saxophone Alto ... (*Mi* ♭)

Saxophone Ténor . (*Si* ♭)

Saxophone Baryton (*Mi* ♭)

Ils ont tous à peu près la même étendue que le Hautbois, y compris le *si* ♭ grave; mais comme limite à l'aigu, le Soprano et le Baryton s'arrêtent au *mi* ♭, tandis que l'Alto et le Ténor vont au *fa*.

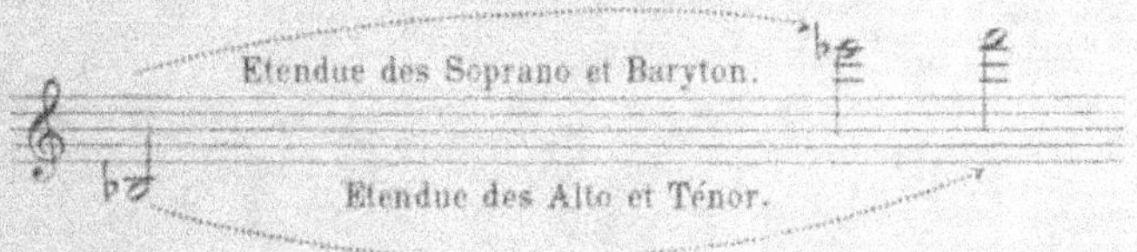

2.§—Les Saxophones Soprano et Ténor descendent assez mal, pour qu'il vaille mieux, par prudence, leur épargner l'extrême grave; l'Alto et le Baryton, tout-au-contraire, y sont excellents.

Quant au Saxophone-Basse, il n'est pas pratiqué, vu la lourdeur de son poids (son tube produit un son de 32 pieds): on le remplace habituellement par le Sarrusophone qui, lui, atteint avec la plus élégante désinvolture les profondeurs-terminus de l'orchestre.

En procédant par analogies de Timbres, similitudes d'étiage, voici ce que nous donnerait la comparaison :

Saxophone Soprano (tuyau de 8 pieds) = Hautbois, Clarinette.
Saxophone Alto. . . .   —   12   —   = Cor Anglais,
Saxophone Ténor. . .   —   16   —   = Violoncelle.
Saxophone Baryton . . .   —   24   —   = Clarinette-Basse.

On écrit les Saxophones en clef de *sol*, quelle que soit leur altitude.
Observation générale : Eviter d'attaquer *pianissimo* les degrés de la sixte grave : sur n'importe quel type.

Saxophone Soprano *si♭*.

3. §—

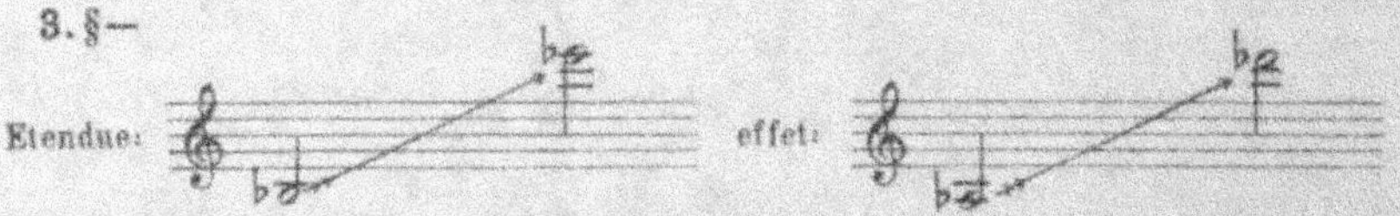

Son rôle, dans les Musiques d'Harmonie, consiste à renforcer les Clarinettes, à les remplacer au besoin. D'un timbre assez criard, il ne sert guère ordinairement qu'à des tenues, des remplissages *piano*.
On ne l'emploie pas à l'Orchestre.

Saxophone Alto *mi♭*.

4. §—

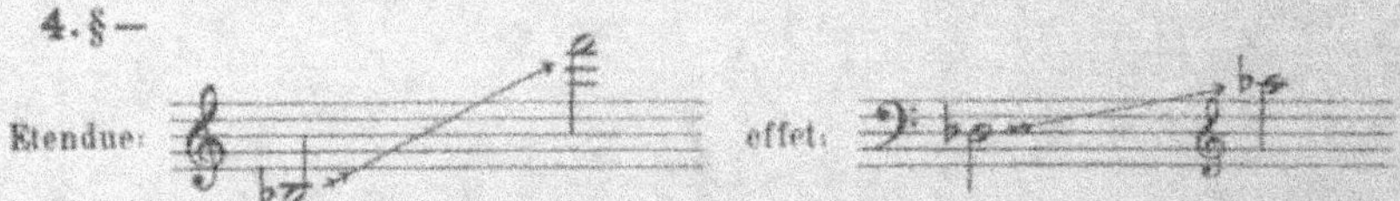

C'est le meilleur de la famille, l'instrument que nous entendons dans *Hamlet*, *L'Arlésienne*, *Hérodiade*, *Werther* etc…
De Son égal ; montant facilement, en même temps que possédant de belles notes basses ; de volume assez gros pour lutter avec un unisson de quatre ou cinq Clarinettes.

Remarque : En disant qu'il monte facilement, cela ne signifie point que les derniers degrés à l'aigu soient aussi pratiques que ceux du médium. Non, les cinq ou six dernières notes ne peuvent être écrites que pour des Virtuoses. Elles s'amincissent naturellement, peu à peu.

C'est au Saxophone-Alto, que dans les Musiques d'Harmonie, on confie les traits et dessins rapides, trilles, gammes, arpèges etc..(Parès)

Éviter toutefois les Batteries suivantes :

Saxophone Ténor *si* ♭.

5.§—Une octave au-dessous du Soprano, à peu près à l'unisson de la Clarinette-Basse.

Sonorité aussi grasse, aussi égale, aussi satisfaisante sous tous les rapports que celle de l'Alto; comme lui, très agile, très apte aux traits de virtuosité, chromatisme etc...

On évite de lui écrire les quatre ou cinq derniers degrés à l'aigu.

Saxophone Baryton *mi* ♭.

6.§—

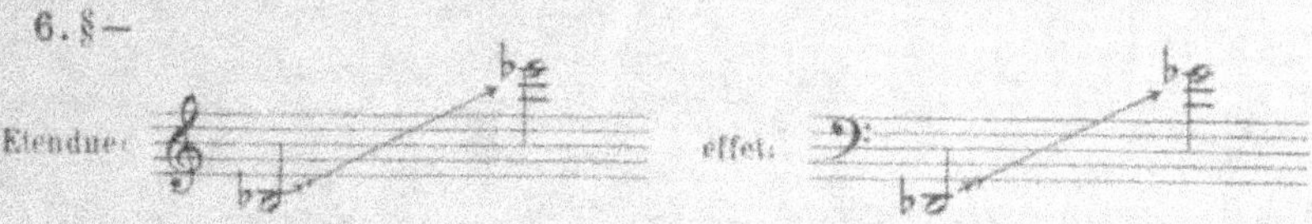

Instrument lourd à porter; remplissant dans les Musiques d'Harmonie le rôle de la Clarinette Basse à l'Orchestre.

De mécanisme moins simple que les Saxophones de registre plus élevé.

7.§—Telle est la famille officielle des Saxophones.

Il y en a une autre, mais on la néglige, et je ne la cite que pour mémoire : ce sont les

> Saxophone Sopranino en *Fa*.
> Saxophone Soprano . en *Ut*.
> Saxophone Contralto en *Fa*.
> Saxophone Ténor . . en *Ut*.
> Saxophone Baryton. en *Fa*.

Quant au Saxophone-Basse en *ut*, on ne s'en sert pas plus que du Saxophone-Basse en *si♭*, que nous venons de voir (paragr. 2) remplacé par le Sarrusophone, étant donnée sa lourdeur.

8.§—Tous les trilles, toutes les batteries possibles aux Hautbois le sont ici : car ce sont, je le répète, instruments de même mécanisme. «Toutes les formes de traits accessibles aux Hautbois, aux Clarinettes et aux Bassons, le sont aux Saxophones, mais les passages liés leur conviennent principalement.» (Gevaert)

Leur quatuor donne l'illusion des sons d'Orgue.

Toutefois, il faut se préoccuper des moyens de respiration, et ne pas dépasser les forces de l'instrumentiste, si l'on écrit des tenues, des liées un peu longues.

Le maximum de durée d'un son moyen ne va pas au-delà de quatre mesures dans un mouvement modéré, à quatre temps.

En mettant en présence Clarinettes et Saxophones, on les voit tous soutenir le son environ soixante secondes, aussi bien les uns que les autres.

9.§—Quelle est la destinée de la famille des Saxophones dans l'Orchestre ? L'admettra-t-on un jour tout entière, ou se contentera-t-on d'en inviter un membre, par hasard, ainsi qu'on a fait jusqu'à présent ?— L'avenir le dira.

S'il m'est permis d'exprimer une opinion, j'avouerai que le son de l'instrument me semble un peu gros, disproportionné avec celui de ses voisins, en exceptant toutefois l'exemple de Bizet, cité plus haut, tout-à-fait sympathique.

Mais, puisque ici l'instrument paraît si bien s'harmoniser avec ce qui l'entoure, s'il choque ailleurs, c'est donc qu'il est alors en situation moins favorable, et ce n'est pas lui qu'on doit critiquer.

Le grand art consiste à se servir de tous les moyens, en usant de chacun au moment opportun.

La Harpe.

1.§—Etendue diatonique de 47 notes de l'*ut* ♭ (16 pieds) au *sol* ♭ suraigu:

Cette gamme diatonique devient chromatique par le moyen de sept pédales dont l'effet se produit en même temps dans *toutes les octaves*.

Or, voici cet effet:

Chaque pédale munie de deux crans, accrochée à l'un ou à l'autre, hausse la corde soit d'un demi-ton, soit de deux demi-tons. Exemple:

2.§—Quand les pédales ne fonctionnent pas, la gamme naturellement produite est celle indiquée ci-dessus, en *ut* ♭.

Pour jouer en *ut* ♮, on descend d'un cran les sept pédales; en *ut* ♯, on les descend de deux crans.

Echelle naturelle	haussée d'un demi-ton:	haussée de deux demi-tons:
Ut ♭	*Ut* ♮	*Ut* ♯
Ré ♭	*Ré* ♮	*Ré* ♯
Mi ♭	*Mi* ♮	*Mi* ♯
Fa ♭	*Fa* ♮	*Fa* ♯
Sol ♭	*Sol* ♮	*Sol* ♯
La ♭	*La* ♮	*La* ♯
Si ♭	*Si* ♮	*Si* ♯

Il semble tout d'abord qu'il y ait un gros inconvénient dans cet effet des pédales actionnant à la fois toutes les octaves d'une même note, ce qui empêcherait par exemple d'écrire des passages de ce genre:

Eh bien, ce passage signalé par Berlioz comme inexécutable, vu la rencontre du *fa* ♮ et du *fa* ♯ (il l'était jadis pour les Harpes à *simple mouvement*) est très facile aujourd'hui sur les Harpes à double mouvement, le *fa* ♮ se jouant sur la corde du *mi* et devenant *mi* ♯.

Ce système du *double mouvement* est donc très ingénieux. Il est dû à Sébastien Erard, voilà déjà cent ans qu'il s'approprie, ainsi que le fait remarquer Gevaert, aux conditions multiples de la musique moderne en nous donnant, et le chromatisme, et ces glissés diatoniques ou autres, spéciaux à l'instrument, qui viennent envelopper l'orchestre comme d'une poétique vapeur.

3.§—

Les trois premiers sons graves un peu creux. A partir du premier *fa* jusqu'au *si* aigu, sonorité grasse et pleine aussi bien dans le *forte* que dans le *piano*; l'octave suraigue *si-si* moins sonore, mais toutefois excellente encore dans le *pianissimo*; seules, les dernières notes sèches et grêles, les cordes devenant de plus en plus courtes.

4.§—Les onze premières notes graves sont produites par des cordes filées; depuis le *sol* (A) ce sont des cordes en boyau. (Nous verrons que l'on ne peut produire de sons harmoniques que sur ces dernières).

5.§— Ainsi qu'il a été dit (paragr. 2), chaque corde de la Harpe pouvant monter d'un ou deux demi-tons, il en résulte pour une octave,

un nombre de notes disponibles presque du double supérieur aux douze
degrés chromatiques de cette octave : vingt et une notes ! Comment
se fait-il que nous n'en ayons pas vingt-quatre, ce qui nous donnerait deux cordes par degré ? C'est que trois sons : *ré♮ sol♮* et *la♮*
se trouvent dépourvus d'enharmoniques, de synonymes, d'homophones :

Voici le tableau :

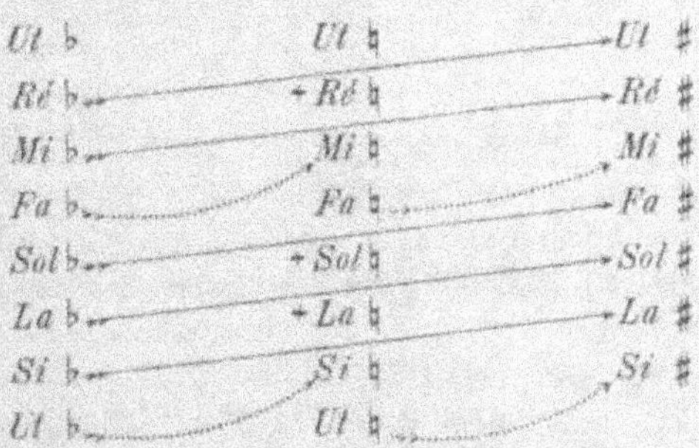

6.§—Quelles singulières combinaisons ne pouvons-nous pas obtenir,
en accordant fantaisistement nos pédales ! Quelles façons inattendues
de monter la gamme !

Par Exemple :

Vous pouvez vous amuser à en trouver bien d'autres ; vous pouvez encore transformer votre gamme en une succession de tierces mineures,
voire même majeures :

(Gevaert, *Traité d'Instrumentation*, p. 86)

Toutes les combinaisons ci-dessus (paragr. 6) mettent en vibration la série complète des cordes comprises dans l'octave. Quand vous groupez ces sept cordes de façon à n'avoir qu'un accord de quatre sons, chacun des trois sons de l'accord est produit par deux cordes homophones, le quatrième par une seule. Et une fois vos pédales accrochées, vous n'avez plus qu'à laisser glisser vos doigts, doucement ou violemment, pour traduire l'effet harmonique préparé.

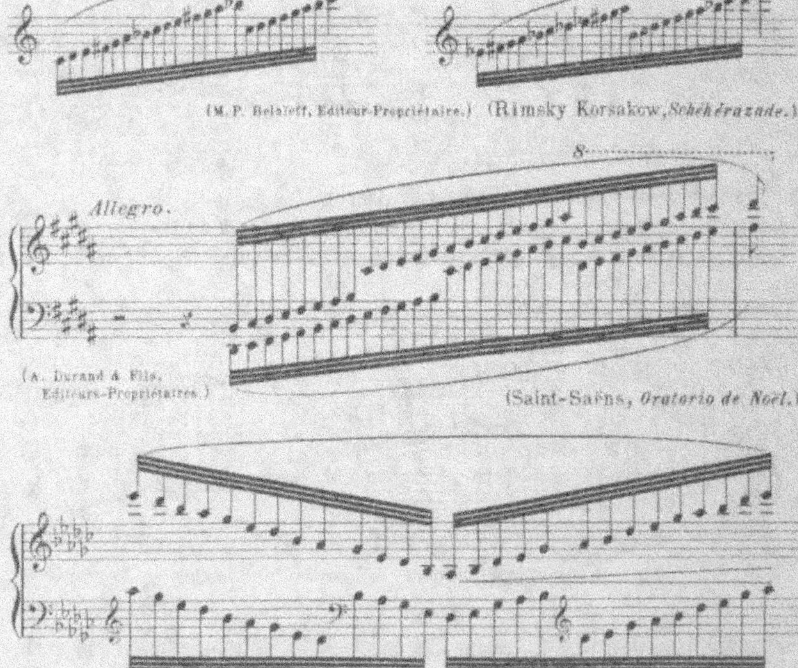

(M. P. Belaïeff, Éditeur-Propriétaire.) (Rimsky Korsakow, *Schéhérazade.*)

(A. Durand & Fils, Éditeurs-Propriétaires.)

(Saint-Saëns, *Oratorio de Noël.*)

(E. Fromont, Éditeur Propriétaire.) (Debussy, *Pelléas et Mélisande.*)

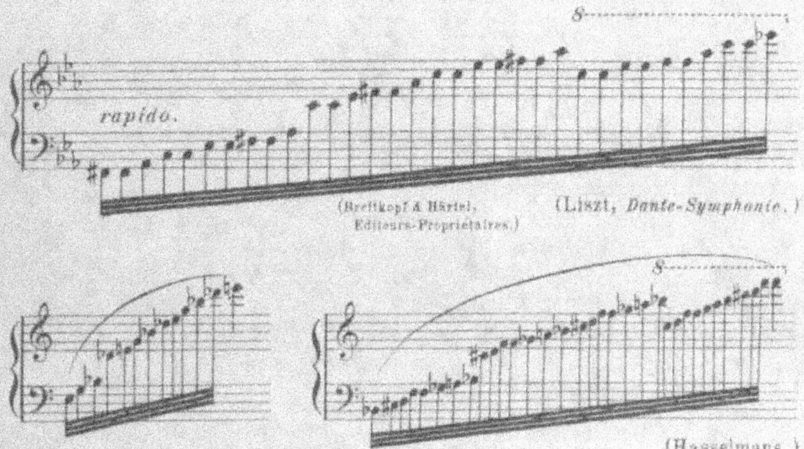

Quelquefois, pour un trait particulièrement délicat, un auteur avisé prend la précaution d'indiquer lui-même l'accord de sa Harpe. Une fois cet accord établi, il devient inutile d'inscrire devant chaque note altérée l'accident nécessaire.

7.§—La possibilité de disposer de deux cordes pour une même note permet de répéter cette note dans les mouvements les plus rapides, chaque corde étant pincée alternativement sans que l'oreille puisse se douter de l'ingénieux subterfuge :

Il serait impossible d'exécuter les traits précédents (paragr. 6 et 7) si, grâce à l'invention de Sébastien Erard, nous n'avions la liberté de nous accorder instantanément au gré de notre fantaisie, suivant toutes les combinaisons harmoniques imaginables, et en disposant presque toujours de deux cordes pour chaque note.

Sons Harmoniques.

8.§— Les harpistes n'emploient jamais que le son 2, celui qui divise la corde par moitié, et produit l'octave supérieure de la note attaquée.

Nous avons vu (paragr. 4) que, seules, les cordes en boyau nous donnent de bonnes sonorités harmoniques. Quand Verdi écrit cet arpège descendant, le *mi* + grave n'est là que pour la symétrie de la ligne :

On ne l'entend pas.

9.§—L'étendue du registre des harmoniques va du *sol* bas (8 pieds)
au *sol* aigu : (on peut monter plus haut, mais aux dépens de la sonorité.)

En réalité, il vaut mieux ne pas monter si haut, les sons deve-
rant de plus en plus grêles et la belle sonorité restant comprise
dans les deux octaves *sol* 1 – *sol* 3.

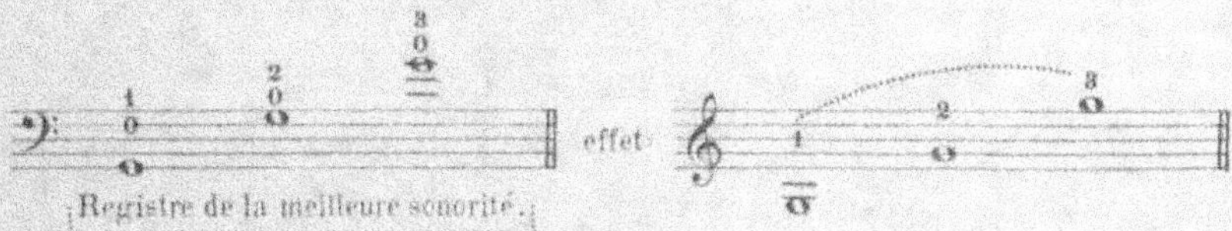

10.§—Les Harpes à double mouvement permettent à la main gauche
deux, *trois*, quelquefois même *quatre* harmoniques simultanés, à condition que les intervalles se trouvent rapprochés et n'exigent aucune
extension. Quant à la main droite elle ne peut jamais en faire *qu'un à
la fois*.

Naturellement les sons harmoniques ne sauraient être utilisés dans
la force; ils sont mystérieux et poétiques comme des gouttes de
rosée sous les diaphanes rayons de la lune. Ils s'égrenent si doucement, qu'il est absolument inutile de les marquer d'une nuance.
Leur effet tient du rêve et ne peut se produire que dans le calme infini, dans le complet silence des choses.

On écrit toujours les harmoniques, aujourd'hui, une octave au-dessous du son voulu, en plaçant un *zéro* sur la note écrite :

Du temps de Berlioz, on écrivait parfois le son à sa vraie hauteur, en se contentant de l'accompagner du mot: harmonique. *De là, de fréquentes erreurs; par exemple :*

L'Auteur veut-il faire entendre harmoniquement ces deux mesures à l'octave écrite (en sons réels), ou bien l'octave au-dessus? Il y a doute. On a donc bien fait de renoncer à cette façon d'écrire.

Sons étouffés.

11.§—Avec les Harmoniques, la Harpe a encore une autre couleur à sa disposition; celle des sons *étouffés* : la sonorité de la corde est aussitôt arrêtée que produite, et donne l'illusion d'une sorte de *pizzicato* de courte résonnance, très analogue à celui des Altos ou des Violons.

(Brandus & Cie, Editeurs-Propriétaires.) (Ch. M. W. *Choral et Variations.*)

Tout ce trait qui se fait d'un seul doigt, *staccato*, participe de la sonorité du Quatuor, en absolu contraste avec l'arpège gras et plein sur lequel conclue la phrase.

Les sons étouffés de la Harpe en rappellent d'autres; et la ressemblance devient plus frappante encore lorsque l'exécutant pince ses cordes à leur extrémité basse, tout près de la table, ainsi que ferait un violoniste jouant contre le chevalet, *sul Ponticello*. C'est alors, à s'y méprendre, le son cuivré de la Guitare.

Manière d'écrire.

12.§—Il faut considérer la Harpe, comme une sorte de magnifique Piano qui n'aurait pas d'étouffoirs, c'est-à-dire laisser aux ondes sonores le temps de se propager et de disparaître, écrire assez largement pour éviter toute confusion, toute incohérence harmonique, en un mot traiter l'instrument comme on ferait d'un Orgue sous les ogives d'une cathédrale déserte, (autant que possible en consonnances et diatoniquement).

Quant à sa technique spéciale, observer tout d'abord que les intervalles étant plus rapprochés que ceux du Piano, c'est la dixième qui se trouve correspondre à l'écart naturel de la main, de préférence à l'octave (ce qui n'empêche pas, d'ailleurs, de pratiquer l'octave et les intervalles de tout genre); qu'ensuite non-seulement il est mauvais de laisser trop de distance entre les deux mains, mais qu'il convient, avant tout, d'équilibrer au plus juste les intervalles entre eux.

Exemple d'écriture très sonore; mouvement lent:

Que si le mouvement s'accélère, il faut simplifier, éclaircir les basses *et ne plus confier que des octaves à la main gauche*, sans quoi tout devient lourd, pâteux, insaisissable, à peu près comme le bourdonnement d'accords à l'extrême grave du Piano.

Remarquez qu'immédiatement après l'attaque du temps fort, Meyerbeer se garde bien de donner autre chose, à sa basse, que des octaves
ou des notes simples, car il lui faut de la clarté et du rythme.
Peu de compositeurs ont, aussi bien que lui, traité l'instrument. C'est
à peine si, dans son œuvre, on trouve une ou deux inadvertances
comme celle-ci, par exemple:

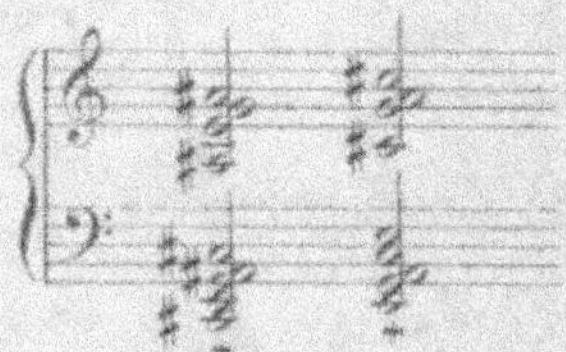

où il oublie qu'il est bien inutile d'écrire des accords de cinq
notes, les harpistes n'en pouvant faire que quatre, puisqu'ils ne se
servent jamais du 5e doigt.....

Ou comme ce dessin que j'ai entendu souvent critiquer pour sa
pâleur et sa confusion:

«Il est trop grave, disent les virtuoses, et de plus il a le gros défaut de ne pas reposer sur la vraie basse: un simple arpège donnerait une sonorité bien supérieure.»

Certes oui, des moyens les plus simples résultent toujours les plus puissants effets, mais on ne peut pas cependant, de gaîté de cœur, renoncer à chercher autre chose que ce qui sert à tout le monde et s'en tenir éternellement au même arpège.

Trilles.

13.§—Le trille battu par une seule main est presque aussi mauvais que celui que voudrait exécuter *pizzicato* sur sa chanterelle un violoniste en gaîté.

A deux mains, et dans la nuance *piano*, il est au-contraire très bon:

Il vaut mieux rester dans cette nuance *piano* et ne pas forcer le son si on veut lui conserver sa légèreté.

14.§—Toutes les gammes, tous les arpèges majeurs et mineurs sortent avec la même facilité: grâce aux pédales, quel que soit le ton, on joue toujours avec le même doigté, comme si l'on avait sous les mains un clavier de touches blanches.

Il faut toutefois, à moins qu'on ne soit exposé à un trop grand nombre de doubles bémols, choisir de préférence aux tons de *si*, *fa* ♯, *ut* ♯, ceux de *ut* ♭, *sol* ♭, *ré* ♭.

Éviter les répétitions d'accord dans une même main:

Éviter les grandes distances entre les mains:

(Sonorité pauvre et étriquée.)

Tenir les mains ni trop près ni trop loin l'une de l'autre, et faire
en sorte que la corde, que vient de pincer une main, ne soit pas immédiatement ressaisie par l'autre. Laissons se propager les ondes sonores; laissons les vibrations d'une corde s'atténuer librement.

Quoi de plus beau que ces basses de Harpe scandant chaque mesure
et emplissant l'orchestre de leur longue et profonde sonorité :

Admirable, ce grave de l'instrument; admirables même, ainsi en
octaves, les premiers degrés de l'échelle que nous avions tout d'abord,
(considérés isolément) déclarés un peu creux (paragr. 1) :

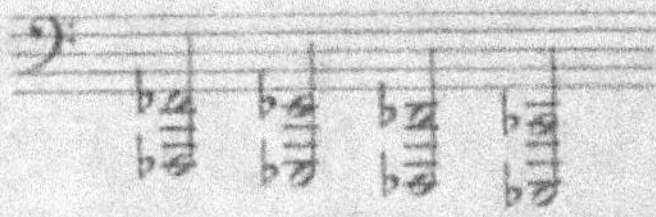

15. § — Voici quelques traits familiers aux harpistes, sonores parce que
faciles :

_ scen _ do.
ff
(Heugel & Cie, Editeurs-Propriétaires.) (Th. Dubois, *Fantaisie Harpe et Orchestre.*)

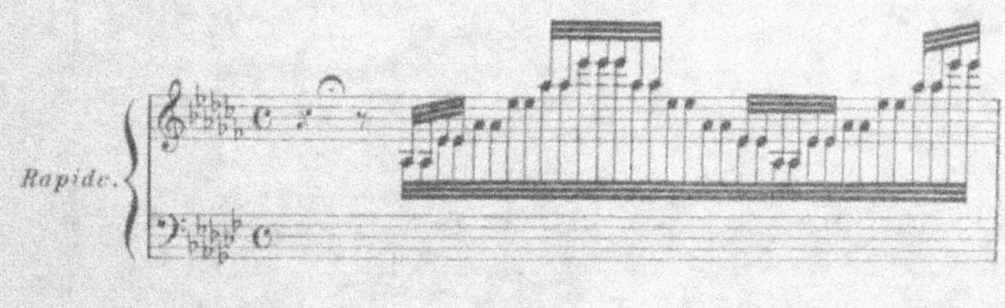

Rapide.

(Hasselmans, *Ballade.*)
(A. Leduc, Éditeur-Propriétaire.)

Allegro.

(A. Durand & Fils, Editeurs-Propriétaires.) (id. *Gitana.*)

(Hasselmans, *Conte de Noël.*)
(J. Geo. Morley, Éditeur-Propriétaire)

(J. Geo. Morley, Éditeur-Propriétaire.) (id. *Prélude.*)

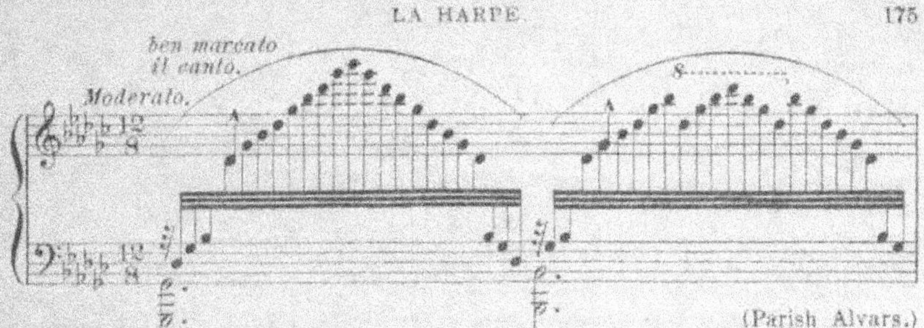

Auteurs et Œuvres à étudier : Mozart, Boieldieu, Reinecke, Parish Alvars, Oberthur, John Thomas, Zabel, H. Renié *(Concertos)*; Th. Dubois *(Fantaisie, Harpe et Orchestre)*; Pierné *(Concertstück)*, Hasselmans, Widor, Posse, Zamara, Schuecker, *(Morceaux de Concert, Fantaisies)*; R. Martenot *(Méthode)*; C. Chevillard, *(Le Chêne et le Roseau)*.

Lire les partitions de Liszt (admirablement écrites pour la Harpe) (*Dante*, *Orphée*, *Le Tasse*, *Ce qu'on entend sur la montagne*, *les Préludes*, *Méphisto-Valse* dans laquelle est pour la première fois employé le *glissando*); celles de Wagner, Berlioz, Meyerbeer, Saint-Saëns, Massenet, Richard Strauss, et toute l'Ecole Russe moderne.

16.§– Je n'ai parlé dans ce chapitre que de la Harpe à double mouvement, laissant de côté une autre espèce de Harpe dite *chromatique*, pour laquelle on a supprimé les pédales, mais en revanche augmenté le nombre des cordes.

L'impossibilité où elle est d'exécuter la plupart des traits les plus caractéristiques de l'instrument et les difficultés du doigté dans certains tons, l'ont empêchée jusqu'ici, malgré toutes les tentatives, d'obtenir droit de cité à l'orchestre.[1]

Inutile d'ajouter qu'en multipliant les cordes sur une table d'harmonie, on diminue la sonorité en proportion.

---

[1] Il y a quelques années, sollicité par un journal qui offrait comme prix de concours une Harpe chromatique, j'ai écrit sur cet instrument quelques lignes aimables suivies des *restrictions obligées, lesquelles* se sont trouvé, à mon insu, rester égarées chez l'imprimeur. De là, cette apparente contradiction entre le paragraphe ci-dessus et l'article de jadis.

L' Orgue.

Il est assez piquant de professer, dans l'appendice d'un Traité, des doctrines en contradiction absolue avec les idées exprimées dans ce Traité. Cela ne va pas sans quelque étonnement pour le lecteur.

Mais, comme dit Beethoven: « *es muss sein...* » Je m'y trouve forcé dans ce chapitre.

I

Par qui Berlioz a-t-il été renseigné, quel est l'organiste auquel il a eu la malchance de demander avis, je n'ai pu le savoir, quoique bien souvent j'aie cherché à réveiller les souvenirs d'Aristide Cavaillé-Coll, lui reprochant même son indifférence alors qu'étant en relations fréquentes avec le Maître, il eût pu, mieux que personne, le documenter.

S'il est vrai que les jeux d'orgue sont de trois sortes : *Fonds* = (*Grundstimmen*), *Mutations* = (*Mixturen*), *Anches* = (*Zungenstimmen*), il est non moins vrai que ce sont, avant tout, les *Fonds* et les *Mutations* qui constituent l'ancien, le vrai Orgue, celui qui date de Guy d'Arezzo, que Bach a consacré, et dont nous devons transmettre les traditions à nos successeurs.

Et ce sont ces *Mutations* qu'on n'a pas su faire comprendre à Berlioz.

«Les facteurs d'Orgue et les Organistes, écrit-il, s'accordent à trouver excellent l'effet produit par cette résonnance multiple qui fait entendre simultanément plusieurs tonalités différentes : =Ce serait insupportable, disent-ils, si on distinguait les deux sons supérieurs, mais *on ne les entend pas*, le son le plus grave les absorbe.= Il reste alors à faire comprendre, comment ce qu'on *n'entend pas* peut produire un bon effet sur l'oreille.»

Cavaillé-Coll n'avait pas encore, à cette époque, construit l'Enregistreur Harmonique, qui démontre le rôle et l'importance des sons résultants dans la composition du son fondamental. Cet Enregistreur de trente-deux tuyaux fait entendre, successivement ou à la fois, les trente-deux premiers harmoniques d'un *la* grave de 8 pieds =Notre oreille ne percevant plus la valeur des sons au delà de ce nombre 32.=

Si, commençant par l'aigu, vous mettez en vibration peu à peu tous les tuyaux de l'instrument, ce *la* synthétique grandira en proportion jusqu'à ce qu'il devienne trente-deux fois plus puissant que celui donné par le tuyau grave lui-même.

Si vous actionnez les trente-deux tuyaux à la fois, vous entendez un unique son fondamental d'une vigueur à nulle autre pareille, d'une justesse absolue.

Il n'y a ici ni résonnance multiple, ni divergence de tonalité, pas le moindre doute pour l'oreille, la moindre incertitude. Au contraire: une sonorité cristalline si claire, si timbrée, si puissante que les Maîtres du XVIII° siècle en ont fait leur *Organo Pleno*, l'expression la plus riche de la Polyphonie.

Ce n'est là d'ailleurs qu'une simple réalisation de ce qui se passe dans la Nature pour un son quelconque, l'expérience du phénomène dont il faut demander le pourquoi au mécanicien de Voltaire:

> *L'Univers m'embarrasse et je ne puis songer*
> *Que cette horloge existe et n'ait point d'horloger*

Il est aussi impossible à un son de ne pas faire naître autour de lui, d'autres sons que notre oreille *n'entend pas* et qui cependant *produisent un bon effet*, qu'à un caillou tombant dans une mare de ne pas créer des ondes qui s'en vont à l'infini, distancées suivant un ordre mathématique et se rapprochant jusqu'à se confondre à nos yeux.

Ces sons secondaires qui naissent du son fondamental, ces ondes circulaires autour du point où a disparu le caillou, ces "harmoniques" que l'orchestre n'est point encore arrivé à réaliser, l'Orgue les enregistre, les fait entendre soit isolément soit groupés, et gradue à volonté tel ou tel d'entre eux; suivant que tel ou tel devient plus ou moins intense, l'instrument change de timbre.

Dans son dernier *Concerto* de piano, Saint-Saëns a fait une ingénieuse application de cette théorie, en s'inspirant du *Cornet* de l'Orgue. Le timbre du piano paraît aussitôt modifié, plus près du Xylophone que de l'Erard.

C'est l'ensemble des jeux de *Fonds* de 8 pieds, correspondant au quatuor de l'orchestre, qui fait l'ordinaire de la musique d'Orgue: de lui nous vient le sentiment de la douceur tranquille et du repos infini. Les mouvements rapides, les effets de puissance, c'est aux jeux de *Mutation* qu'il faut les demander. L'*Organo Pleno* de Bach, je le répète, se compose de ces deux groupes *à l'exclusion de tout jeu d'Anches aux claviers des mains*. Si Bach et ses contemporains négligent les indications de mouvement et de registration en tête de leurs compositions, c'est parce que, n'usant que de deux sortes de mouvements toujours les mêmes, *Andante* et *Allegro* (quand par hasard ils veulent un *Adagio*, ils l'indiquent), parce que personne ne pouvant se tromper sur l'allure du morceau, personne non plus ne doit se tromper sur l'orchestration convenable, les jeux de *Fonds* toujours affectés aux pièces de caractère grave, les jeux de *Mutation* aux mouvements rapides.

Si Berlioz a parlé de «tohu-bohu, de désordres, d'enchevêtrements de sonorités, de hideuses pasquinades excellentes pour peindre une orgie de sauvages ou une danse de démons», c'est que le malheureux organiste qui l'a documenté à contre-sens, a dû lui servir du Bach à grand renfort de Bombardes et de Trompettes, effet comparable à celui d'un quatuor à cordes dont on doublerait les parties avec des Trompettes et des Trombones.

Ce malheureux inconnu semble avoir totalement ignoré l'existence de l'œuvre la plus intense, la plus profonde en même temps que la plus spéciale à l'instrument qu'ait produite le génie de Bach : les trois livres des *Chorals*. A son illustre visiteur il n'a laissé entrevoir que le côté mécanique des choses... Bach lui apparaît comme une sorte d'agent-voyer, un fabricant d'études de vélocité à tant de notes par seconde. Assurément l'illustre visiteur ne pouvait découvrir ce que son cicerone ne savait pas lui montrer.

Curieux rapprochement : s'il est dans l'histoire de l'art, deux techniques plus opposées l'une à l'autre, ce sont bien celles de Bach et de Berlioz. Eh bien! Ces deux cerveaux antipodiques, ces deux habitants de planètes lointaines, ces deux voyageurs se tournant le dos, ont les mêmes tendances, sont entraînés vers les mêmes horizons, courent après le même idéal. Ce sont deux paysagistes, attirés tous deux par le côté pittoresque des choses : ce qui les émeut, eux musiciens, c'est avant tout une impression picturale, un tableau.

Quand il se trouve une lacune dans la série des *Petits Chorals* pour chaque dimanche, c'est que le texte d'un de ces Chorals n'offrait rien de tel à l'imagination du compositeur. Quand l'auteur de l'Air célèbre, composé pour le plein air à l'occasion d'une fête printanière, veut replacer cet air dans une de ses *Cantates* d'Eglise, comme il lui faut un fond de verdure, comme sa musique chante le mois de Mai, c'est instinctivement la Pentecôte qu'il choisit.

Inutile, n'est-ce pas, de signaler la même tournure d'esprit chez Berlioz : toute son œuvre en témoigne.

*
* *

II

Au temps de Bach, les jeux d'*Anches* étaient rares dans l'Orgue. Un ou deux seulement aux claviers des mains, uniquement destinés *au thème Solo du Choral*. Règle générale, on ne les faisait pas intervenir dans la polyphonie. A Arnstadt, premier Orgue dont Bach fut titulaire, sur 24 registres, une seule Trompette. A Weimar, même composition. A l'église de l'Université de Leipsig, trois claviers manuels, 38 registres, et un pauvre Chalumeau ! A St Thomas de Leipzig, 31 registres, un Cromorne et une Trompette. En revanche on groupait toujours plusieurs jeux d'Anches au clavier de pédale, habituellement un Trombone de 16, une Trompette de 8 et souvent un Clairon de 4, excellente basse pour la masse de *Fonds* et de *Mutations* des claviers manuels.

Depuis un siècle, les facteurs d'Orgue en France, en Angleterre, en Amérique, ont peu à peu réduit le nombre des *Mutations* dans leurs instruments et augmenté en proportion celui des *Anches*. Quantité d'Orgues de trente ou quarante registres ne comptent qu'un ou deux jeux de *Mutation* contre sept, huit, dix jeux d'*Anches* ; d'où, changement dans le caractère de l'instrument. La sonorité d'ensemble devient lourde, ne permettant plus guère de suivre le dessin des parties et d'en percevoir les contours, comme ceux d'une dentelle sur un fond noir. Les couches d'air ébranlées semblent épaisses et visqueuses ; tout s'emmêle et se confond, et nous voici, cette fois, dans le tohubohu, le désordre, le sauvage et démoniaque enchevêtrement dont parle Berlioz.

Hâtons-nous de le dire : cet Orgue moderne correspond à un idéal nouveau, et s'explique par la nécessité de proportionner les masses sonores à la grandeur de nos cathédrales ou de nos salles de concert.

Jadis la musique s'exécutait dans des vaisseaux relativement exigus ; les instruments avaient peu de son, et les ensembles comptaient peu d'artistes. Le chœur de Palestrina n'était que de trente-deux voix ; celui de Bach, de seize seulement. Alors même que, par extraordinaire, on construisait un Orgue de cent registres, personne ne songeait à dépasser jamais la force simultanée d'une trentaine de ces registres, puisqu'il demeurait impossible, vu la lourdeur de la mécanique, d'accoupler plus de deux claviers à la fois. Cent jeux, c'était cent variétés de timbres, mais en aucune façon l'ensemble d'une telle quantité de timbres.

Aussi notre *Organo Pleno* a-t-il dû se résigner à un genre plus décoratif que polyphonique : il s'est extériorisé. Aujourd'hui l'aller et retour de ces énormes paquets sonores sous les grandes voûtes de nos cathédrales, tous claviers accouplés, obligent à quelque précaution : le Compositeur n'a plus la même liberté d'écriture : son style ne peut plus être aussi serré ; il faut couper, ponctuer, mesurer, doser tout cela. Ces masses d'*Anches* de 16, 8 et 4 pieds, impossible de les traiter à quatre parties dans le médium où elles étouffent. Il faut monter, chercher plus haut l'air respirable pour échapper à l'asphyxie, à l'absorption formidable des basses.

Inutile de se le dissimuler: l'idéal de ce Plein-Jeu moderne se rapproche un peu trop de celui des Fanfares et Musiques d'harmonie, oublieux des traditions du passé, abandonnant le pays ensoleillé du Contrepoint pour se cantonner dans le cercle étroit des accords plaqués et des harmonies selon la formule.

Heureusement la réaction s'est produite; des œuvres intentionnelles sont venues récemment protester contre cette décadence artistique; et les facteurs d'Orgues Français reviennent aujourd'hui à ces *Mutations* que les Allemands ont eu le bon-sens de ne jamais dédaigner. D'ailleurs, le génie d'Aristide Cavaillé-Coll n'avait-il point su résister aux conseils irréfléchis, aux critiques sans autorité, à l'entraînement du moment ? N'avait-il pas, dans les Grandes Orgues de St Sulpice, Notre-Dame, St Ouen de Rouen, à ces grandes masses de jeux d'*Anches*, opposé de non moins grandes masses de *Mutations* ? C'est l'un des rayons les plus purs de sa gloire; c'est par là qu'il nous a permis de pénétrer, de contempler dans tout son éclat, sous son vrai jour, la colossale production du Maître d'Eisenach, d'entendre Bach comme Bach demandait à être entendu. Ses instruments aux admirables sonorités, aux incomparables mécanismes, ont attiré et passionné nombre de compositeurs qui ont trouvé en eux un véritable orchestre, souple, varié, puissant, aussi respectueux des traditions anciennes que bien disposé pour un idéal nouveau.

III

La solidité de la mécanique si simple des Orgues du XVIIIe siècle, a jusqu'ici défié la concurrence et triomphé de toutes les tentatives modernes, pneumatiques ou électriques. Rien de supérieur à son principe. Mais si ce principe a été toujours respecté religieusement par les grands constructeurs, cela ne veut pas dire que son application n'ait bénéficié de singuliers perfectionnements, ces derniers cinquante ans.

L'ingéniosité d'un horloger Anglais, Barker, permet maintenant d'accoupler n'importe quel nombre de claviers sous le doigt de l'exécutant sans qu'il y ait changement du poids de la touche. Cette touche reste aussi légère que celle d'un piano d'Erard; le son instantané; la volonté du virtuose n'éprouve ni surprise ni résistance; sa main se sent en contact direct avec la matière sonore qu'elle pétrit à plaisir et qui devient sa "chose".

Pourrait-on en dire autant des systèmes pneumatiques ou électriques? Non certes.

Entre l'organiste et le son, c'est comme un isolateur; on s'attaque à un clavier de bois, à une mécanique inconsciente qui semble transmettre à une autre mécanique plus lointaine et non moins inconsciente, des mouvements d'une approximative précision. On n'est jamais sûr du moment précis où l'enfoncement de la touche fera vibrer le tuyau. Le virtuose n'est plus en communication avec une âme : il s'adresse à un automate.

Ajoutons à ces graves défauts la dépense considérable du vent qui doit circuler dans ces tubes avant d'atteindre le tuyau, l'épuisement qui se manifeste souvent dans le Plein-Jeu, les retards des jeux d'Anches.

Je constatais dernièrement la lenteur d'émission d'un simple Hautbois qui ne permettait pas de lier, dans un mouvement modéré, une gamme ascendante en croches! Il fallait attendre avant de quitter chaque touche que la touche immédiatement au-dessus voulût bien répondre à l'appel du doigt.

Dernièrement encore, je restais bouche bée devant la mirifique invention d'un facteur Suisse qui avait imaginé d'actionner pneumatiquement sa Boîte Expressive. Naturellement il ne fallait demander à son truc ni souplesse ni obéissance; impossible de conduire à bien un progressif et lent crescendo, de fixer le son à un degré quelconque d'après une volonté. La barbare mécanique ne savait que s'ouvrir ou se fermer par un brusque déclanchement, tel, sous l'orage, un volet mal arrêté. Et encore n'était-ce point là le pire de l'affaire : la dite mécanique retardait, l'automate était paresseux. Quand on avait besoin de lui, il arrivait deux mesures trop tard. Le vent soufflait quand l'orage avait fui.

L'épithète de *Barbare* paraît insuffisante en pareille aventure; des inventeurs de ce genre devraient passer en jugement, et finir en prison.

Avec le système pneumatique, essayez des attaques rapides d'accords, des trilles, des notes répétées, et votre opinion sera faite.

Peut-être l'électricité vaut-elle un peu mieux. Peut-être les articulations, les notes répétées, les trilles sortent-ils plus facilement...... Je ne le soutiendrais pas, en tout cas : l'électricité étant de caractère primesautier et versatile, de commerce peu sûr, avec elle nous devons nous attendre à tout.

Mais ce que je puis affirmer, c'est que *rien ne vaut une bonne mécanique*.

*

Je ne puis traiter cette question spéciale sans protester énergiquement contre certains facteurs contemporains se permettant de supprimer les pédales de Combinaison, pour les transporter à portée de la main et les ranger à côté des registres.

On peut ériger en principe qu'un organiste a *toujours un pied libre*, tandis que *ses mains ne le sont jamais*.

Quand on écrit pour l'Orgue, on s'ingénie à disposer son texte de façon que le pied puisse, au moment voulu, presser la pédale de combinaison qui actionne toute une catégorie de registres préparés d'avance et change l'orchestration du morceau, sans en interrompre la trame.

Avec le système de ces Barbares d'une autre espèce, le pied libre reste sans emploi, tandis qu'au mépris de toute raison, de tout respect artistique, la main se trouve forcée d'abandonner le clavier pour saisir au vol le registre de combinaison nécessaire, et reprendre ensuite, comme si de rien n'était, le fil du discours.

Que dirait le Chef d'Orchestre en voyant son premier Cor s'interrompre au milieu d'une Cantilène pour renverser son instrument et en vider l'eau ?

Il est vrai que les Chefs d'Orchestre observent, tandis que les organistes ne s'écoutent jamais.

J'en ai vu un, accompagner des chanteurs en se servant d'un simple jeu de *Flûte*. Dans le *pianissimo*, ses doigts effleuraient l'ivoire; dans le *forte* il tapait sur le clavier à le briser. Quand vers la fin du morceau, je me permis de tirer un *Principal* pour l'adjoindre à la pauvre *Flûte* incapable de soutenir les vigoureux accents des choristes, il me regarda stupéfait, quelque peu mortifié : « Je n'ai donc pas assez de force au bout des doigts, me dit-il ? »

*
* *

Nous devons protester aussi, moins contre ces rouleaux qui, mécaniquement, ouvrent peu à peu tous les registres de l'Orgue, que contre l'emploi qu'on en fait dans la musique des Maîtres.

Introduire dans le développement d'une fugue des sonorités qui entrent suivant l'ordre de la machine, sans coïncidence avec les plans du morceau, les unes après les autres, au hasard des rencontres avec la pensée de l'auteur, faire surgir un Piccolo au milieu du *Sujet*, un Cornet vers la fin de la *Réponse*, une Trompette en pleine *Strette*, cela s'entend, hélas! çà et là.

Et ainsi, nous revoilà à l'époque néfaste du misérable estropié de la cervelle qui renseignait si mal Berlioz, et lui jouait du Bach agrémenté de Bombardes et de Clairons !

La fugue n'est-elle pas en réalité un simple quatuor ? Quel est le cerveau malade en qui germerait la pensée d'ajouter peu à peu à ce quatuor pour le travestir finalement en morceau Symphonique, avec Fifres et Timbales ?

IV

Du temps de Berlioz, la "Boîte expressive" était connue, mais très imparfaitement pratiquée.

D'où vient-elle ? Il serait assez difficile de le dire. Les Anglais en revendiquent l'invention qu'ils attribuent à Jordan (1712) et nous savons qu'Hændel put en admirer l'un des premiers modèles, à Londres; que, vers 1780, l'abbé Vogler en recommandait l'emploi dans la facture Allemande..... Mais ce moyen très ingénieux de faire croire à une modification de l'intensité du son dans un tuyau d'Orgue, restait à l'état de simple curiosité, sans application sérieuse. Aussi Berlioz nie-t-il la possibilité de passer subitement du *piano* au *forte*, d'opposer de rapides contrastes, d'augmenter ou de diminuer le son à volonté, et par suite, de réunir harmonieusement l'Orgue et l'Orchestre, les froides sonorités de l'un ne pouvant supporter l'impressionabilité nerveuse de l'autre. « Dans presque toutes les occasions, dit-il, où l'on a voulu opérer ce singulier rapprochement, c'est l'Orgue qui domine l'Orchestre de beaucoup, ou bien l'Orchestre qui, élevé à une puissance démesurée, fait presque disparaître son adversaire ».

Que les temps sont changés ! Il ne se construit plus, aujourd'hui, de salle de Concert qui n'ait son Orgue. Le moyen de graduer librement la masse sonore, de passer subitement de la plus grande force à la douceur presque immatérielle, la possibilité de s'unir, en l'accompagnant, à toutes les intentions d'un chanteur, tout cela est permis maintenant.

Je sais bien que cette "expression" de l'Orgue moderne ne peut être que subjective : tandis que les instruments d'orchestre à cordes ou à vent, le piano et les voix ne règnent que par le prime-saut de l'accent, l'imprévu de l'attaque, l'Orgue, renfermé dans sa majesté originelle, parle en philosophe; seul entre tous, il peut à perpétuité déployer le même volume de son et faire naître ainsi l'idée Religieuse de celle de l'Infini. » Non, l'expression de l'Orgue n'est ni spontanée, ni imprévue; rien de névrosé chez elle. C'est par plans et par lignes qu'elle procède. Réfléchie et raisonnée, c'est architecturalement, par la plus droite des diagonales qu'elle va du *piano* au *forte* ou du *forte* au *piano*. La moindre inflexion ferait tache sur son graphique, lequel doit être aussi précis aussi net qu'un tracé d'ingénieur.

Le Philistin qui "fait du sentiment" à l'Orgue, transforme aussitôt en accordéon l'instrument de la Majesté et de la Grandeur toute puissante. Son graphique, à lui, ressemble aux courbes folles de la température. C'est un plumeau qu'on promène au hasard le long d'un mur.

Et c'est précisément parce que les moyens actuels permettent tout, qu'il faut se garer de tout attentat contre cette Majesté, que l'on ne doit user de cette "expression" qu'avec une conscience, une réserve, un art tout spécial. Faute de quoi, on dénature le caractère essentiel de l'instrument dont on arriverait à faire un faux orchestre: témoin ces lourdes et grossières transcriptions de Pièces Symphoniques, Ouvertures, Marches, Suites etc…

Les Facteurs contemporains renferment un Orgue entier dans des boîtes expressives et obtiennent ainsi, d'abord en ajoutant registres à registres, ensuite en ouvrant successivement ces boîtes, le superbe crescendo de toute la masse sonore. Et puis, immédiatement après cette évocation d'une force colossale, ils défient, avec un simple Bourdon de 8, le *pianissimo* de n'importe quel instrument d'orchestre.

Grâce à eux: contrastes absolus, changements instantanés, crescendo et decrescendo à volonté; rien de plus facile que de lutter de souplesse avec l'orchestre et de s'équilibrer constamment avec lui.

Nous voilà donc bien loin de la prétendue antipathie entre "l'Empereur et le Pape" dont parle Berlioz. Plus rien de tel aujourd'hui. Et d'ailleurs, en réfléchissant un peu, en y regardant de près, cette antipathie a-t-elle jamais réellement existé? Ne serait-ce pas ici encore la faute de l'ignorant cicerone? Car enfin, toute l'Œuvre vocale de Bach ne démontre-t-elle pas le contraire? Ne repose-t-elle pas toute entière sur la juste association de l'Orgue et de l'Orchestre? Et cette association n'était-elle donc point satisfaisante même à une époque où l'Orgue n'était pas expressif? Ecoutez les "arrangements" des *Cantates* pour les Salles de Concert sans Orgue, et comparez l'effet produit avec les combinaisons originales de Bach! Et Hændel? Et ses *Concertos?*

Si Berlioz vivait encore, il répudierait ses idées d'autrefois, ou plutôt les idées qu'on lui avait si injustement suggérées. Il y a d'admirables effets nouveaux à tirer de l'ensemble de ces deux puissances jadis rivales: "l'Empereur et le Pape", puissances alliées aujourd'hui, dont la réciproque sympathie ne fera que grandir; je pourrais en citer pour preuve un certain nombre de Compositions récentes, témoignage décisif, argument sans réplique.

V

Quelles ont été jadis les dispositions de l'Orgue? Quand a-t-on multiplié les claviers Manuels? Quand a-t-on imaginé le Pédalier? Personne ne pourrait le dire. (Voir la note à la fin du Volume, p. 276).

Nous savons que près de deux-cents ans avant notre ère, on cherchait déjà à perfectionner la soufflerie; que la pression du vent s'obtenait alors par l'introduction de l'eau, et que l'*Hydraulis* était en honneur à Rome au temps des Césars, à peu près comme le Piano chez nous; Vitruve nous donne de l'instrument une description, assez complète, assez claire, pour qu'il soit facile de le reconstituer.....

Et après Vitruve: «Un artiste habile, aux doigts véloces, dit l'Empereur Julien, dirige par son toucher ces soupapes adaptées aux tuyaux, qui, ébranlés doucement par l'action des touches, exhalent une tendre Cantilène.» Les bas-reliefs, les mosaïques, les terres cuites d'alors représentent ordinairement l'organiste *debout*, la tête émergeant au dessus des tuyaux, ce qui prouve qu'on ne pratiquait pas la Pédale.

Les instruments du Cirque devaient être assez grands; avaient-ils plusieurs claviers? C'est peu probable.

Avec les Empereurs, l'Orgue émigra à Byzance, d'où, quelques siècles plus tard, il revint dans nos pays d'Occident, sous le règne de Pépin ou de Charlemagne. Les Chrétiens ayant eu le temps d'oublier l'instrument du Cirque aux sons duquel on avait martyrisé leurs ancêtres, crurent à une nouvelle invention et s'empressèrent de l'adopter pour leurs sanctuaires.

N'est-il pas à supposer que ce sont les premières tentatives polyphoniques de Guy d'Arezzo, ses harmonisations à la quarte ou à la quinte, qui ont donné la première idée des jeux de Mutation, lesquels reproduisaient naïvement les procédés du Chœur, sans prétention aucune d'obéir à des lois de physique en reconstituant les harmoniques du son?

De l'histoire de l'Orgue au Moyen-Age, nous ne savons presque rien. En tout cas il ne servait pas à grand chose, la musique étant alors presque exclusivement chorale. Il ne recommencera à faire parler de lui qu'avec Frescobaldi et Scarlatti, sous les doigts des grands Italiens, pères des Grands Maîtres Allemands.

L'Orgue classique, celui que Bach a consacré et dont il a déterminé l'étendue, se composait de deux ou trois claviers Manuels et d'un Pédalier, les claviers Manuels d'*ut* à *fa* (54 notes), le Pédalier, lui aussi, d'*ut* à *fa* (30 notes) :

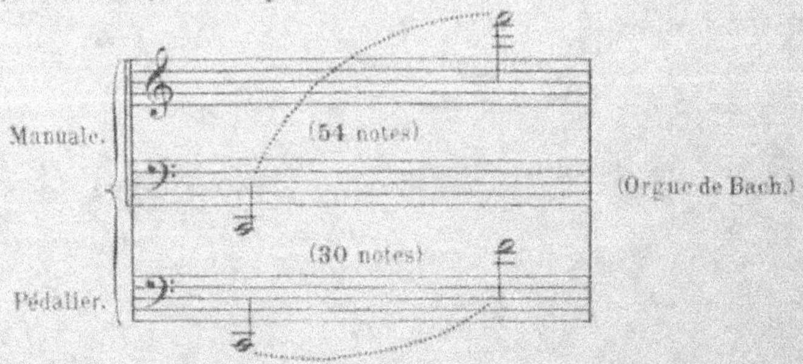

Les Facteurs Allemands, Anglais, Américains, vont maintenant jusqu'à l'*ut* suraigu (aux claviers des mains) tout en conservant le Pédalier de 30 notes :

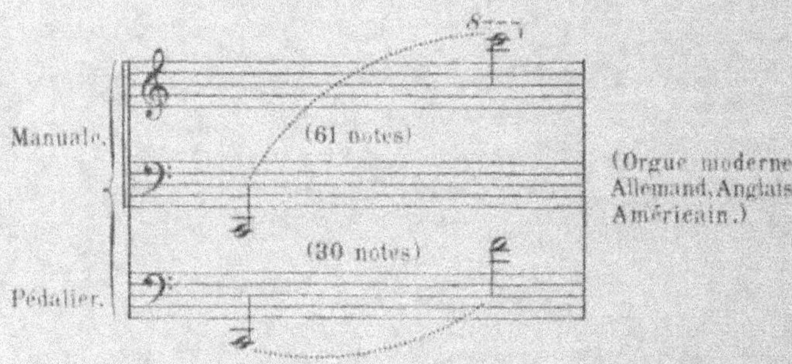

Aristide Cavaillé-Coll avait adopté, pour ses grands instruments Français, une autre disposition assez illogique : 30 notes aux pieds, d'*ut* à *fa* suivant l'usage, mais 56 notes aux mains, d'*ut* à *sol*.

Nous avons obtenu de son intelligent successeur, M. Mutin, l'application de la théorie qui s'inspire de Bach, et qui exige les mêmes points-terminus aux pieds qu'aux mains : *ut sol*. Voici désormais les divisions adoptées :

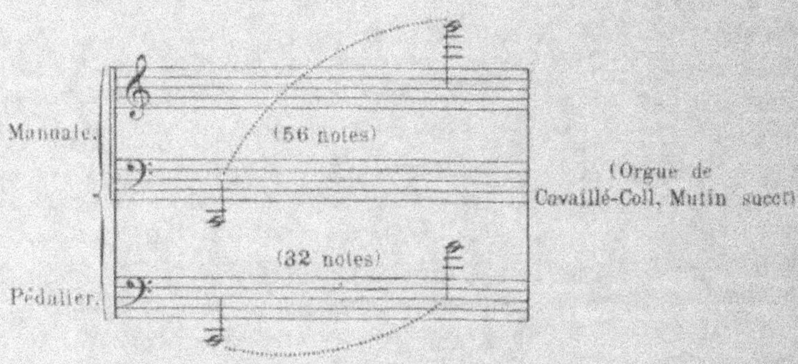

Il faut s'entendre: que les mains montent plus ou moins haut, c'est de peu d'importance; mais que les divisions du Pédalier soient différentes, là est le danger, un organiste ne devant jamais regarder à ses pieds et ses points de repère devant rester immuables, sans quoi il joue à côté.

Prions donc les Facteurs Allemands, Anglais, Américains, d'adopter notre Pédalier de 32 notes, maximum d'écart possible aux jambes de l'Organiste. Comme on peut dire que l'Orgue est en *ut*, il ne sera point trop illogique à eux d'arrêter les Pédales à la quinte, les mains continuant jusqu'à la tonique.

Les Pédaliers incurvés en berceau sont les plus pratiques. Quant aux touches, elles doivent être *minces*, *arrondies* et *cirées*, si l'on veut permettre à l'exécutant toutes les liées et les glissées nécessaires.

J'ai dit: *minces*, parce qu'il est nécessaire de laisser, entre les touches, des intervalles à peu près égaux à la largeur de ces touches, afin de permettre au pied de les attaquer, soit perpendiculairement, soit de coté, suivant le cas.

VI

Il faut consulter les catalogues des Editeurs pour se faire quelque idée de ce que les instruments modernes ont fait naître de musique. La simple nomenclature des noms de Compositeurs inspirés par l'Orgue, constitue à elle seule un volumineux recueil; interrogez les Novello à Londres, les Breitkopf & Härtel à Leipzig!

A Paris la production jadis était nulle... Et voici que deux influences simultanées, la rencontre d'un Maître-virtuose et d'un savant Facteur, font jaillir l'étincelle.

Un artiste Belge, Lemmens, revenait d'Allemagne, où il était allé recueillir chez Hesse, à Breslau, la pure tradition de Bach; Cavaillé-Coll disposait ses plans de Ste Clotilde, St Sulpice, Notre-Dame etc... Les conseils de l'un venaient à point pour guider l'autre jusqu'alors livré à lui-même et marchant un peu à l'aventure.

De là, nos instruments magnifiques.

De là, ce mouvement qui, en quelques années, a fait éclore plus d'œuvres que tous les siècles passés réunis. Et ce mouvement ne s'est point localisé, gagnant de proche en proche, se faisant sentir un peu partout.

Est-il maintenant un pays qui ne s'enorgueillisse d'un bel Orgue joué par un excellent musicien? Est-il un bel Orgue qui n'ait excité l'imagination de son organiste?

Quand, sous le doigt, on obtient un son de durée infinie, en toute liberté, sans obligation aucune de ménager les poumons de l'interprète, quand on se sent, pour ainsi dire, maître du *Temps* et de la *Force*, alors s'impose la juste notion du caractère de l'instrument, de la langue qu'il doit parler, du style qui lui convient.

Et si les qualités essentielles du style se définissent par les mots, *pureté, clarté, précision*, nous les revendiquerons d'abord pour la musique d'Orgue, ces qualités essentielles, en leur en adjoignant ensuite quelques autres encore.

La grande voix de l'Orgue doit avoir le calme des choses *définitives*; elle est faite pour les voûtes de pierre, et s'appuie sur les harmonies naturelles. Tandis que les instruments d'orchestre recherchent les effets d'une virtuosité plus ou moins névrosée, l'Orgue atteint au maximum de puissance par le simple accord d'*ut*, en soutenant des sons qui semblent n'avoir pas plus de commencement que de fin.

Elle veut chanter en mesure, cette grande voix; il lui faut du rythme, une ponctuation, une volonté. Admirons, dans l'œuvre de Bach, ces cadences qui viennent interrompre, çà et là, le *continuo* du texte pour nous laisser savourer une minute de repos. Quel que soit le mouvement, le Maître évite ainsi toute impression de hâte inquiète, et de précipitation. Il ne sort pas de son calme, et y garde ses auditeurs avec lui.

Et cette grande voix de l'Orgue ne se prête point aux formules, aux remplissages, aux banalités quelconques. Tout accent doit être juste, toute note doit porter: tel, le *Quatuor* s'accommodant mal de tout ce qui n'est point indispensable.

Quand on a devant soi les quatre ou cinq claviers de St Sulpice, de Scheffield, de Moscou, on ne s'y trompe point: ce ne sont pas là jouets de salon, instruments de fantaisie. Ce sont des masses colossales, des monuments de granit, le plus puissant moyen d'expression de ce qui est grand, immuable, éternel.

Devant eux, évoquons par la pensée les plus vieilles conceptions architecturales du monde; recueillons-nous; figurons-nous que nous allons faire chanter le Colysée ou les Pyramides.

CHAPITRE V

Le Quatuor.

———

Le Violon.

1.§—Inutile ici d'expliquer en détail le mécanisme de l'instrument, lequel, d'ailleurs, n'a pas changé depuis Berlioz.

On peut limiter son étendue maximum à trois octaves et une quinte :

Mais il est dangereux, à l'orchestre, d'user sans préparation des sons de la dernière tierce aiguë :

Il est presque impossible de faire attaquer le *contre-si♭*, s'il n'est pas amené par degrés voisins ou précédé d'un silence assez long (au moins une mesure à quatre temps *moderato*), pour que le doigt de l'interprète ait tout loisir d'aller chercher sa très étroite place au sommet de l'Echelle.

Et s'il est presque impossible d'attaquer le *si♭*, à plus forte raison, les *si♮*, *ut*, *ut♯*, *ré* suivants.

Nota : Exception faite pour le *contre-mi* qui est excellent, pris en son harmonique (Voir page 205, paragr. 10) : Wagner, et beaucoup d'autres, ne craignent point de l'écrire.

On peut dire que le *contre-si* ♭ est la dernière note sonore du Violon; les quatre degrés au-dessus s'amincissant de plus en plus.

Mais si, dans la masse, on procède par degrés conjoints, ces quatre notes ont encore assez d'éclat pour que les Maîtres classiques les pratiquent de temps à autre.

2.§— Voici le tableau des positions du Violon:

3.§— Les gammes diatoniques sont excellentes sur les instruments à cordes: bien moins nettes, les gammes chromatiques, parce qu'elles ne s'obtiennent que par des glissements du doigt de la note vraie à la note altérée; et que, dans la vitesse, ces glissements sont fatalement approximatifs.

Toutefois la gamme chromatique reste très praticable en montant; ce n'est qu'en descendant que surviennent les réelles difficultés d'exécution.

4.§— Le maximum d'écart sur une même corde ne dépasse pas la *quarte augmentée*, ou la *quinte diminuée* :

A partir de la *quinte juste*, y compris cette *quinte*, on est forcé de se servir de deux cordes, et alors le battement devient beaucoup plus lourd, l'archet étant forcé d'osciller de l'une à l'autre :

Remarque: La limite d'extension de la main sur deux cordes, à l'orchestre, est la *Neuvième Mineure*, et encore ne faudrait-il pas en user sans précautions. (La *Neuvième Mineure* se trouve en face de la *Quinte diminuée*; elle correspond, sur deux cordes, à l'écartement nécessaire pour cette *Quinte* sur une seule.)

5.§—Est-il nécessaire de parler des différentes sonorités du Violon: de l'admirable quatrième corde, de la modestie discrète du *ré* et du *la*, enfin de l'éclatante Chanterelle ?

Si vous confiez un thème à la quatrième corde, *sul G*, les sons de l'octave grave seront les plus forts, étant proportionnels à la longueur de la corde. La sonorité, toutefois, restera grasse et homogène jusqu'à l'*ut* ✳ (7e position) qu'il est imprudent de dépasser.

Je sais bien que dans un *Solo* on peut monter plus haut encore :

(Ch. M. W. *Concerto*.)

Mais pour l'orchestre, il serait très imprudent d'écrire au-dessus de l'*ut*.

Doubles Notes.

6.§—Sont faciles, naturellement, toutes celles qui impliquent une note à vide. (Tableau dressé dans l'ordre de difficulté croissante.)

FACILES, toutes les *Sixtes majeures et mineures :*

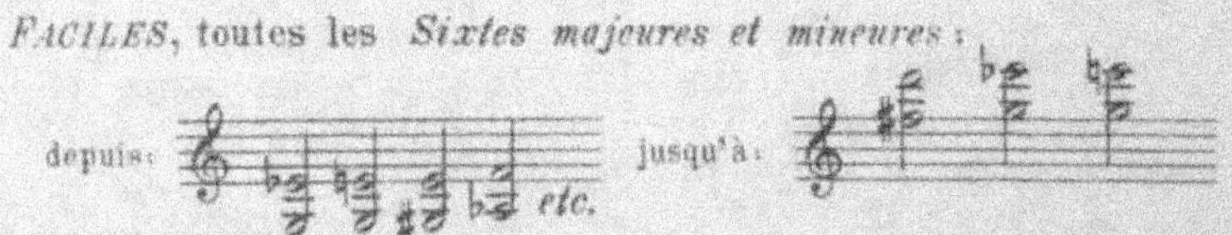

FACILES, toutes les *Septièmes majeures, mineures et diminuées :*

FACILES, les *Tierces majeures et mineures :*

POSSIBLES, toutes les *Quartes justes ou augmentées :*

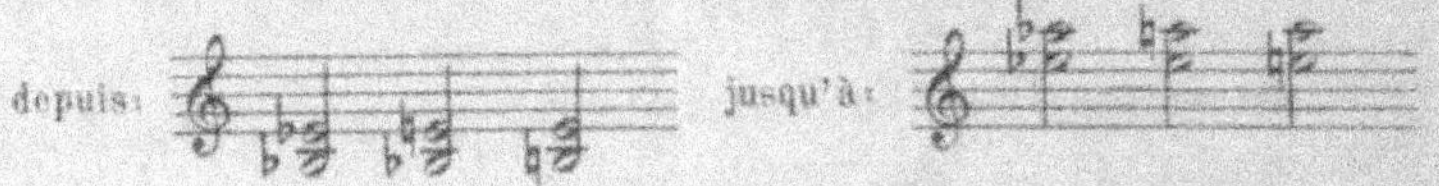

POSSIBLES, toutes les *Quintes diminuées ou augmentées :*

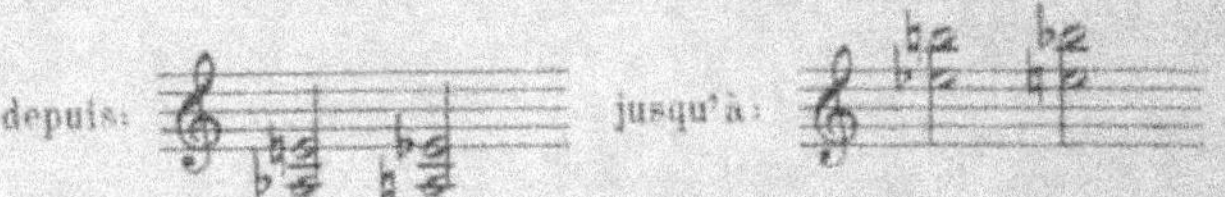

POSSIBLES, les *Octaves :*

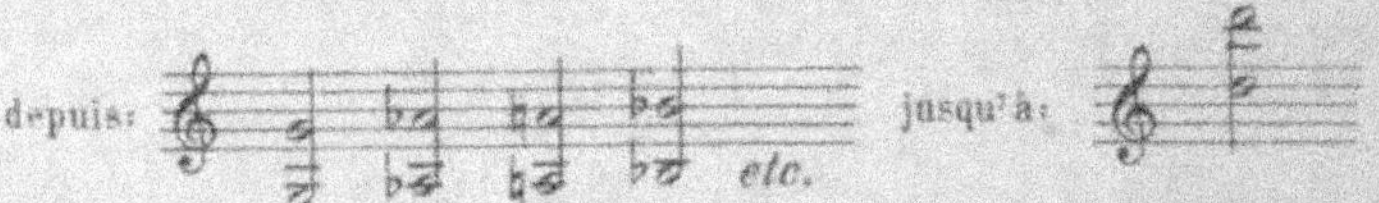

A partir de ce *ré*, elles deviennent de plus en plus difficiles.

POSSIBLES, les *Secondes majeures.*

DÉLICATES, les *Secondes mineures* qu'il ne faut employer qu'avec beaucoup de précautions.

8.§—Quant à la *Quinte juste*, elle est plutôt *fausse* sur les instruments à cordes. Tenez-la donc pour redoutable à l'orchestre; si vous êtes forcé de l'employer dans la disposition d'un accord, évitez soigneusement de dépasser *fa do* sur la Chanterelle:

Et je crois bon de répéter ici la *Remarque* qui termine le paragraphe 4: *Le maximum d'extension de la main ne donne pas plus de la Neuvième mineure:* impossible *d'atteindre la Neuvième majeure.*

Accords de trois et quatre notes.

9.§—Voici maintenant, à trois et quatre parties, la série des *Septièmes* dans tous les tons, et les diverses positions des accords parfaits qui peuvent en être la conséquence. (Etude faite avec M. Sechiari, Violon Solo des Concerts Lamoureux):

Accords de Septième Dominante.

Les croix + indiquent les accords difficiles ou d'une mauvaise sonorité.

Les × indiquent les résolutions impossibles en mineur.

Les résolutions qui ne sont l'objet d'aucune indication sont possibles dans les deux modes.

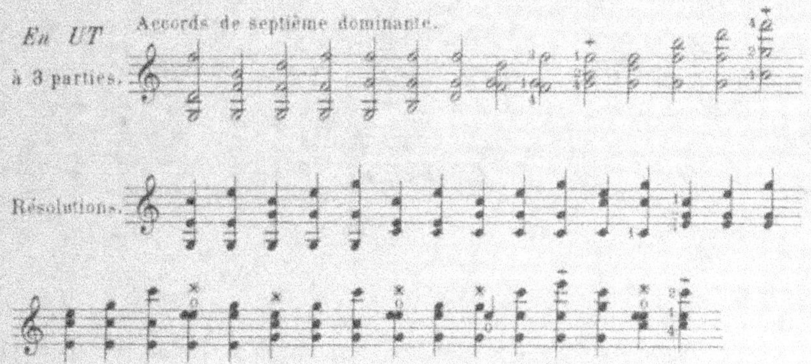

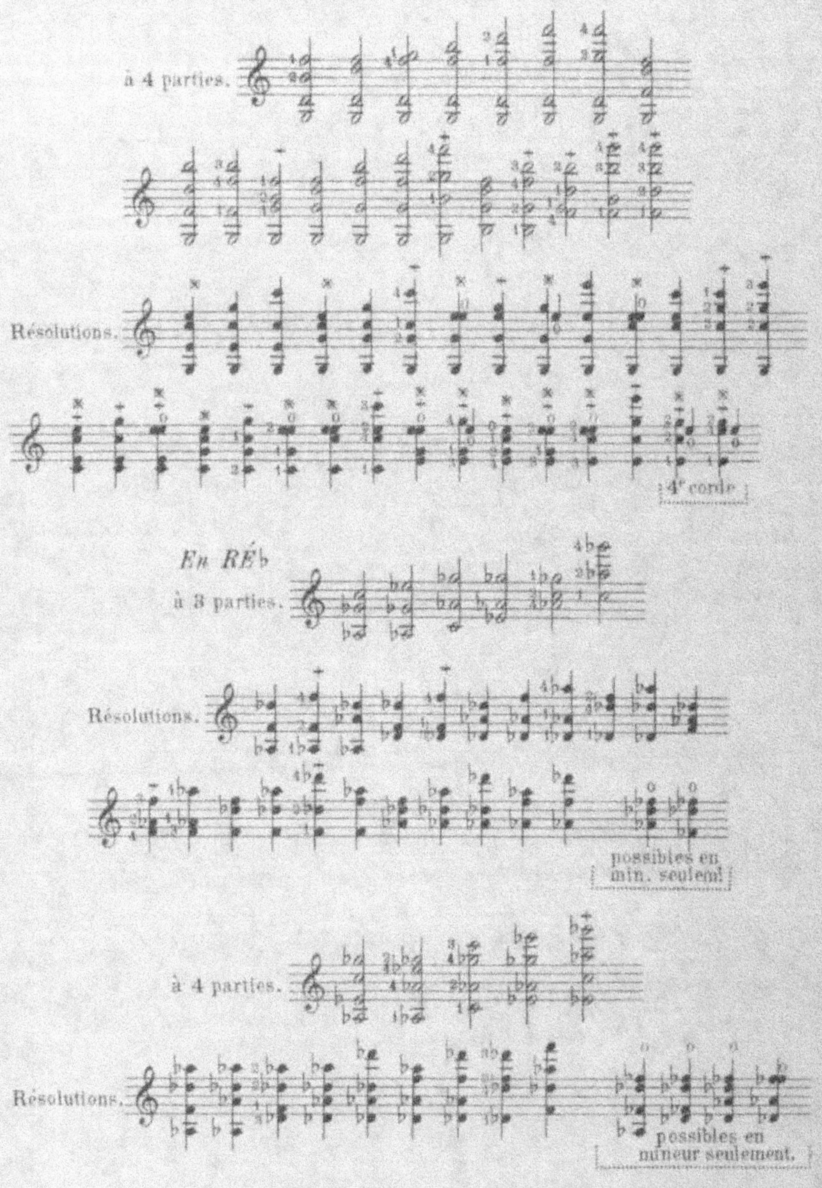
à 4 parties.
Résolutions.
4e corde
En RÉ♭
à 3 parties.
Résolutions.
possibles en
min. seulem.t
à 4 parties.
Résolutions.
possibles en
mineur seulement.
En DO♯
à 3 parties.

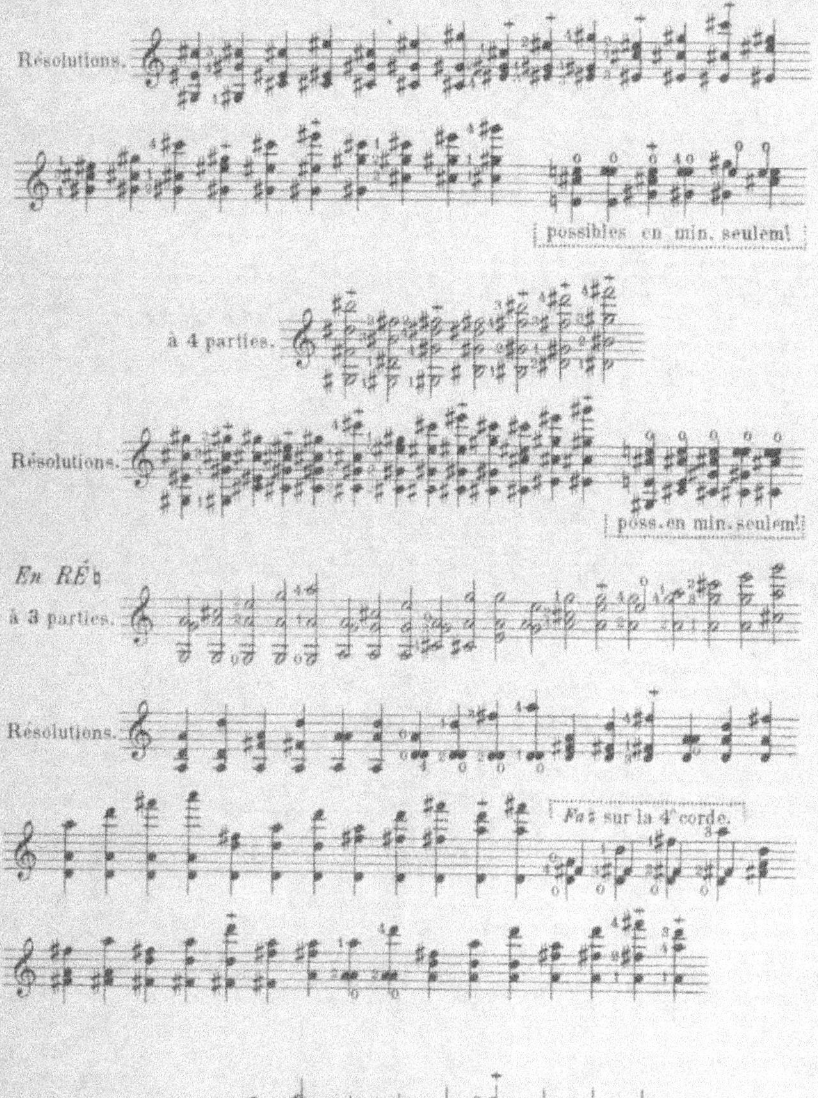
Résolutions.
possibles en min. seulem!
à 4 parties.
Résolutions.
poss. en min. seulem!
En RÉb
à 3 parties.
Résolutions.
Fa♮ sur la 4e corde.
à 4 parties.

Résolutions.

En MI♭
à 3 parties.
Résolutions.

à 4 parties
Résolutions.

En MI♮
à 3 parties.
Résolutions.

possibles en min. seulem!

à 4 parties.
Résolutions.
possibles en mineur seulem!

En FA
à 3 parties.
Résolutions.
à 4 parties.

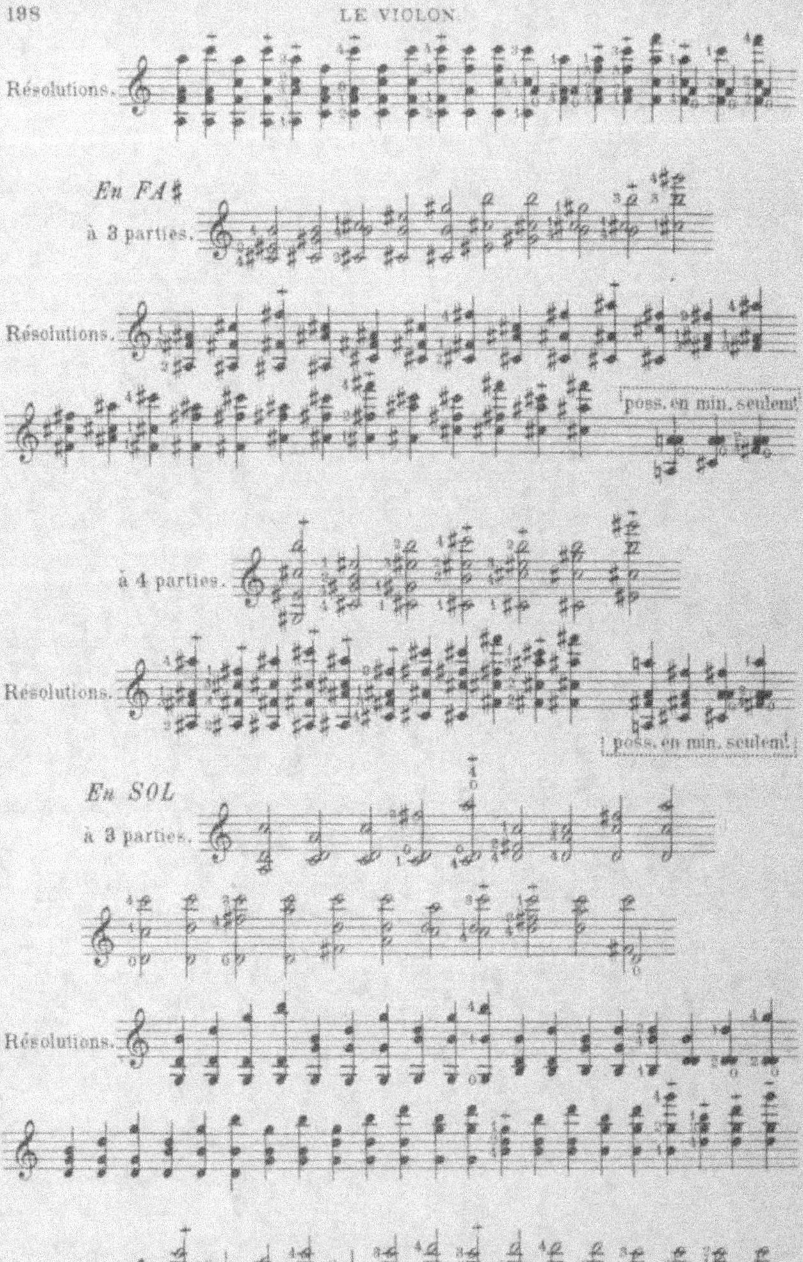
Résolutions.
En FA#
à 3 parties.
Résolutions.
poss. en min. seulem!
à 4 parties.
Résolutions.
poss. en min. seulem!
En SOL
à 3 parties.
Résolutions.
à 4 parties.

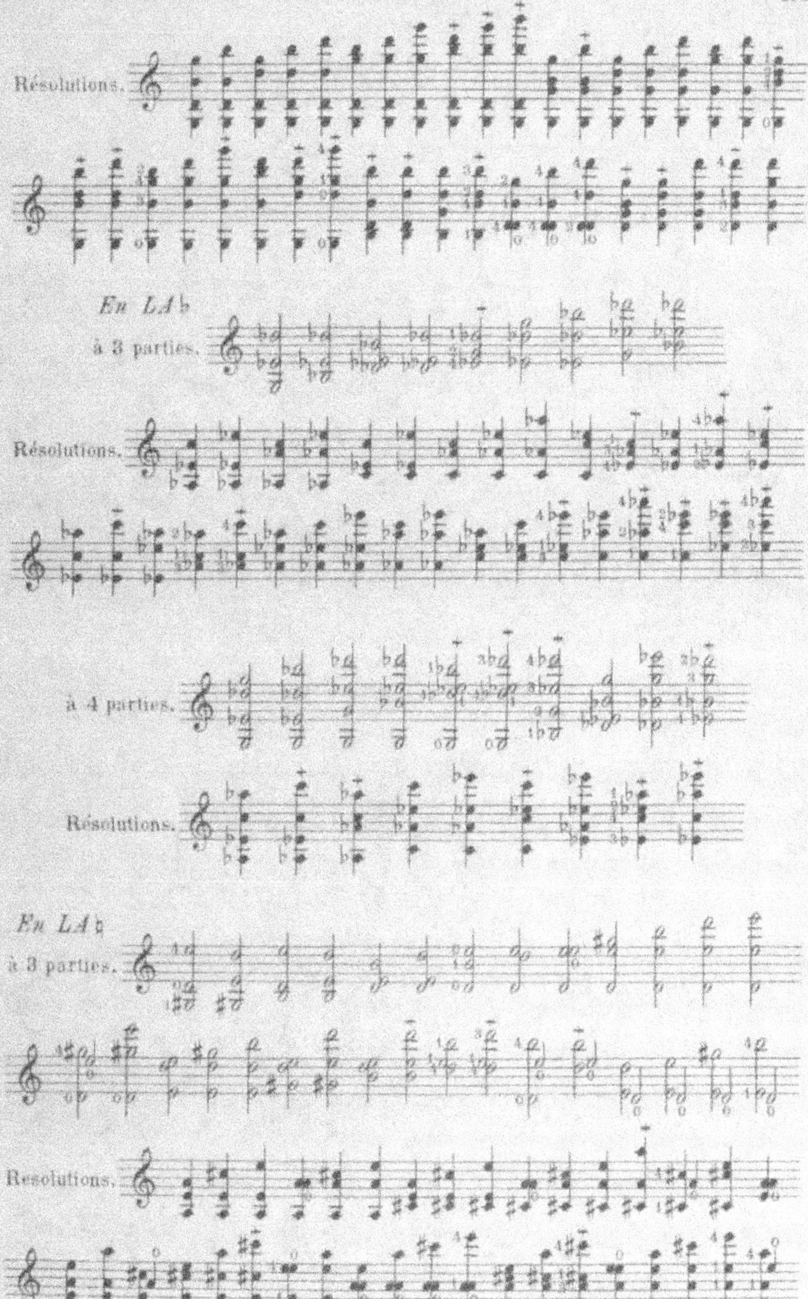

Résolutions.
En LAb
à 3 parties.
Résolutions.
à 4 parties.
Résolutions.
En LAb
à 3 parties.
Résolutions.

à 4 parties.

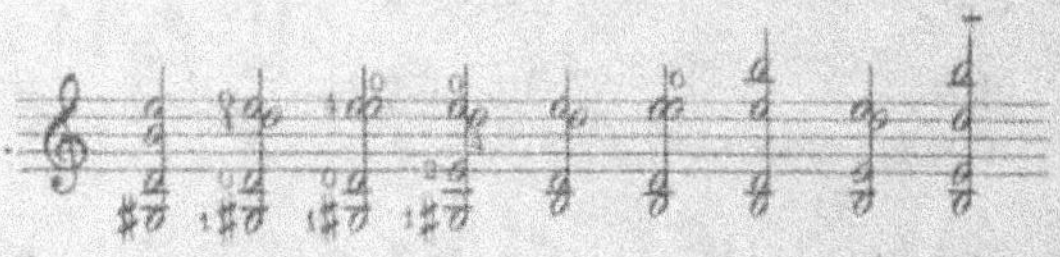

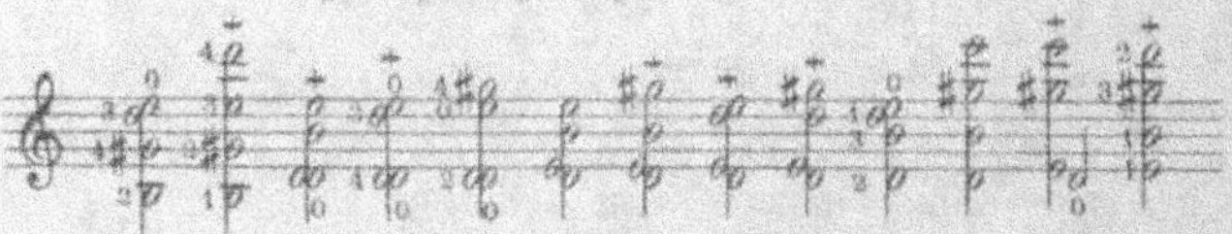

Résolutions.

En SI♭
à 3 parties.

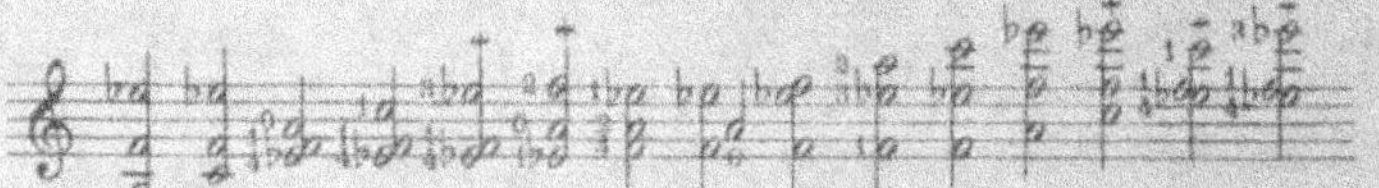

Résolutions.

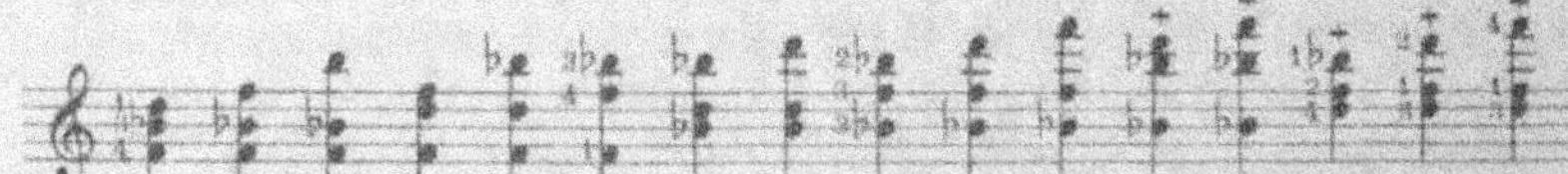

à 4
parties.

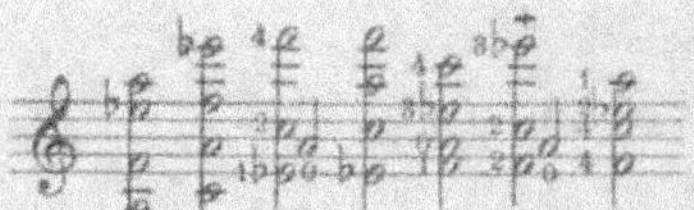

Résolutions.

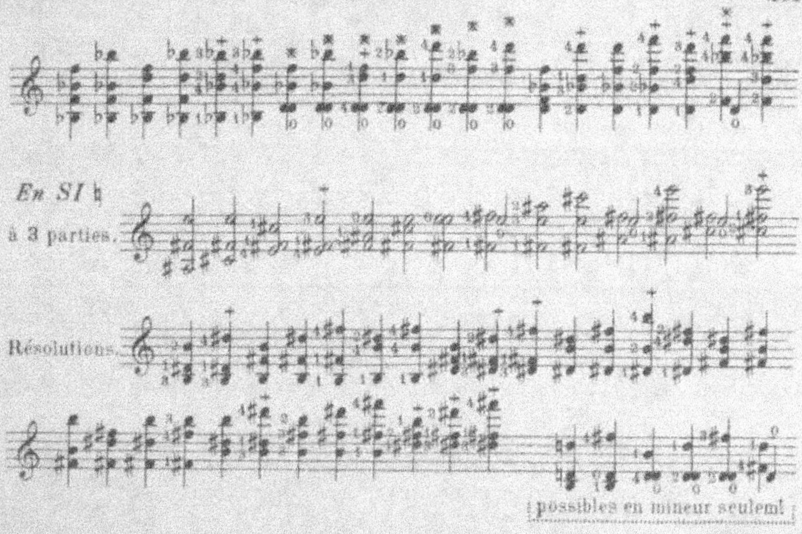

Accords de Septième diminuée. (1)

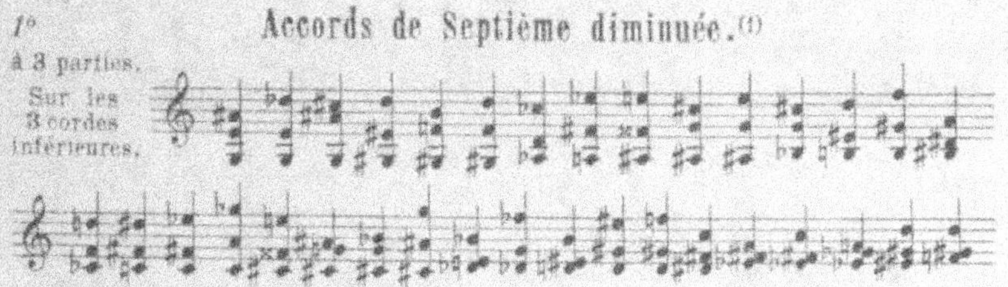

(1) Tous les accords de septième diminuée peuvent s'écrire enharmoniquement.

Ils sont faciles à 4 parties dans l'étendue suivante.

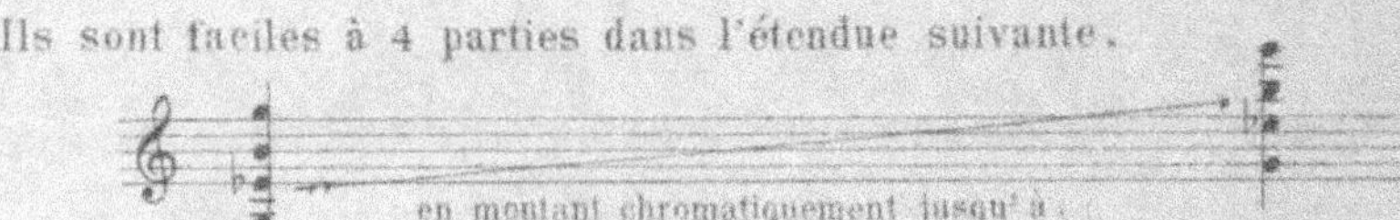

Sons Harmoniques.

10.§—En prenant comme son fondamental (son 1) la note donnée par chaque corde à vide, on peut faire entendre les sons 2, 3, 4, 5 et 6, harmoniques naturels, s'obtenant par le concours d'un *seul doigt effleurant la corde*.

Prenons comme fondamental le *sol* grave, voici ses harmoniques naturels :

LE SON 2 se produit en effleurant la corde, à moitié de sa longueur, c'est-à-dire à l'endroit où le doigt appuyé fait sortir la même note que ce son 2.

LE SON 3 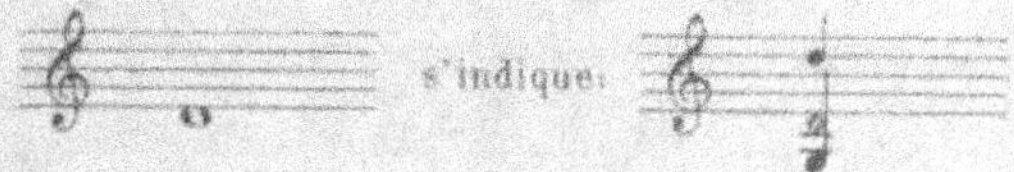 s'obtient de deux façons différentes :

1° en effleurant la corde au $\frac{1}{3}$ de sa longueur (en partant du sillet) c'est-à-dire à l'endroit où le doigt appuyé ferait sortir la quinte juste :

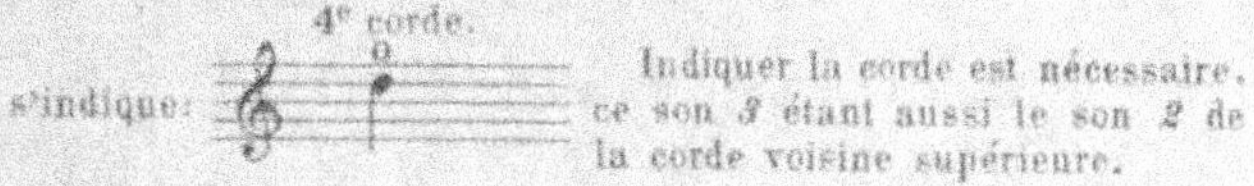

2° en effleurant la corde aux $\frac{2}{3}$ de sa longueur, c'est-à-dire à l'endroit où le doigt appuyé fait sortir la même note que cet harmonique :

LE SON 4 s'obtient aussi de deux manières :

1° en effleurant la corde au $\frac{1}{4}$ de sa longueur, c'est-à-dire à l'endroit où le doigt appuyé ferait entendre la quarte juste :

2° en effleurant la corde aux $\frac{3}{4}$ de sa longueur, à l'endroit où le doigt appuyé fait entendre la même note que cet harmonique :

s'indique : 

LE SON 5 peut s'obtenir de quatre manières :

1° en effleurant la corde au ⅕ de sa longueur, à l'endroit où le doigt appuyé ferait entendre la tierce majeure :

s'indique :

2° en effleurant la corde aux ⅖ de sa longueur, à l'endroit où le doigt appuyé ferait entendre la sixte majeure :

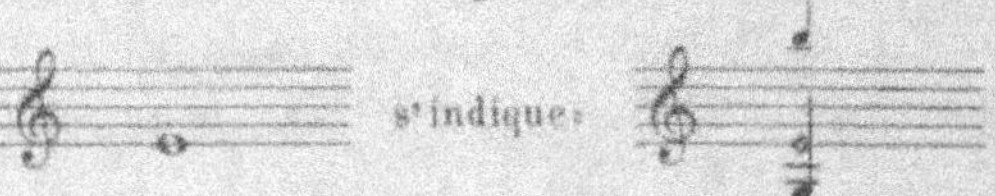

s'indique :

3° en effleurant la corde aux ⅗ de sa longueur, où le doigt appuyé ferait entendre la dixième majeure :

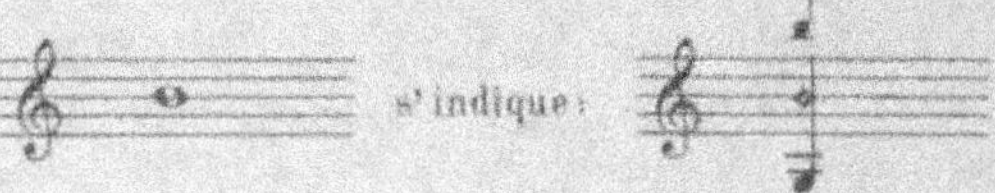

s'indique :

4° en effleurant la corde aux ⅘ de sa longueur, où le doigt appuyé fait entendre la même note que ce son 5 :

s'indique : 

Remarque : Les deux premières manières d'obtenir le *son 5* sont les seules usitées à l'orchestre, les deux autres étant assez périlleuses ; avec la 3ᵉ manière le son harmonique est étranglé et ne sort pas toujours immédiatement ; avec la 4ᵉ manière, le son est très pur, mais, il faut aller le chercher, l'obtenir par une extension considérable, qui deviendrait plus difficile encore sur un Alto, à cause de la dimension de l'instrument.

LE SON 6 se produit de deux manières :

1° en effleurant la corde au ⅙ de sa longueur, à l'endroit où le doigt appuyé ferait entendre la tierce mineure :

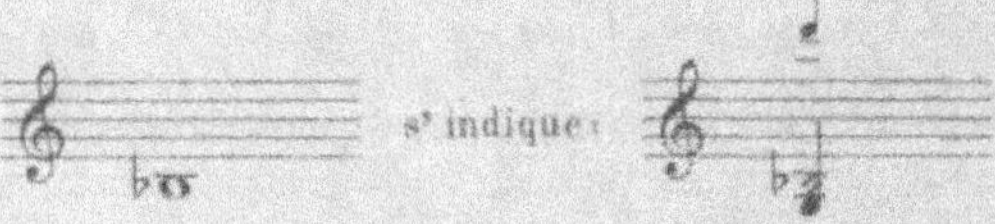

s'indique :

2° en effleurant la corde aux $\frac{5}{6}$ de sa longueur, où le doigt appuyé donne la même note que ce *son 6* :

indication vague, car ce même son *6* du son fondamental

est en même temps le son *4* de la corde à vide :

Il faudrait donc préciser si l'on veut l'harmonique du *sol* ou du *ré*; indiquer dans ce cas *4ᵉ Corde* ou *Sul G*.

D'ailleurs, avec la première manière, ce son *6* sort difficilement, sans ampleur et sans charme; quant à la deuxième manière, elle nécessite une extension pénible; il vaut donc mieux s'abstenir complètement du son *6* qui n'a sa vraie sonorité que comme *son 4* de la corde voisine supérieure.

Tableau des Harmoniques naturels praticables à l'Orchestre.

Sons Harmoniques artificiels.

11.§—On appelle ainsi les sons qui ont pour fondamentale une autre note que celle produite par une corde à vide: ces Harmoniques artificiels nécessitent l'intervention de deux doigts, l'index faisant la fondamentale, l'autre effleurant la corde sur un point déterminé.

Le seul Harmonique de ce genre employé à l'orchestre est le *son 4*, c'est-à-dire la double octave de la fondamentale donnée par l'index: c'est l'application de la théorie que nous avons expliquée ci-dessus (son 4, 1re manière, page 203): le 4e doigt effleure la corde à distance de quarte juste de la fondamentale artificielle, c'est-à-dire au quart de la longueur ainsi obtenue entre le doigt appuyé et le chevalet.

s'indique ainsi:

Ces Harmoniques sont tous possibles chromatiquement, de ce *la♭* grave,

jusqu'à:

12.§—D'autres Harmoniques artificiels sont encore pratiqués par les virtuoses: le *son 3*, par exemple, qui peut s'obtenir en effleurant du 4e doigt la *quinte juste* du son appuyé par l'index, *quinte* correspondant au tiers de la corde, nouvelle longueur.

13.§—Le *son 5* peut encore s'obtenir en effleurant du 3e doigt la *tierce majeure* de l'index appuyé, c'est-à-dire le cinquième de la nouvelle longueur.

s'indique ainsi:

Mais ne se pratique que rarement, vu la médiocrité du son ainsi produit.

Remarque: Un auteur négligent peut se contenter d'écrire une note quelconque en la surmontant d'un zéro, pour que l'exécutant comprenne que cette note doit être rendue en son harmonique, le choix du meilleur moyen laissé à sa disposition. Que cet auteur n'oublie pas alors que l'échelle complète, dont il dispose, ne commence qu'au *sol* de la Chanterelle:

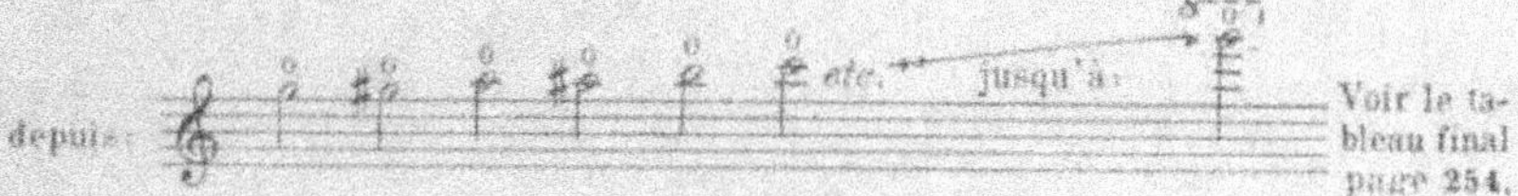

Au-dessous de ce *sol*, il ne peut disposer que des harmoniques naturels, qui ne sortent que sur les degrés de l'accord parfait de chaque corde. (Voyez le tableau, p. 205.)

Coups d'Archet.

14.§—Attaquer la corde par le talon s'appelle *tirer*, par la pointe *pousser*. Voici l'indication conventionnelle des deux mouvements:

Tiré: ⊔
Poussé: ⋁

Quand faut-il se servir de l'un ou de l'autre dans la phrase musicale, ce serait assez difficile à formuler, les choses ne se présentant jamais de la même façon. Mais on peut établir en principe qu'on attaque d'ordinaire en *tirant* sur un temps fort, en *poussant* sur un temps faible ou une partie faible de temps.

Variétés des coups d'Archet.

15.§—1°— Le *Grand Détaché* se produit en usant de toute la longueur de l'archet depuis le talon jusqu'à la pointe et inversement, sans que l'archet quitte jamais la corde, aucune liaison n'étant indiquée sur le texte.

on obtient ainsi une grande sonorité.

Si l'on veut en arriver à la violence, on se sert uniquement du talon; mais alors il y a des intermittences entre chaque coup d'archet car il faut à chaque note recommencer le mouvement, et l'on ne peut ainsi aller aussi vite qu'avec le *Grand Détaché*.

2º.—Le *Détaché Moyen* se fait en employant le tiers de l'archet; on s'en sert dans les mouvements vifs, et l'on peut conserver avec lui une intensité sonore suffisante.

3º.—Quant au *Petit Détaché* qui se produit avec la pointe, on l'emploie dans la très grande vitesse et pour les effets de douceur.

Le *Martelé* se fait de l'extrème pointe, en attaquant chaque note sèchement, comme par un coup de marteau.

on en use aussi bien dans la douceur que dans la force.

Le *Sautillé* s'obtient par le rebondissement du milieu de l'archet après chaque note; surtout approprié aux traits de grande légèreté, d'autant meilleur qu'il est plus rapide, les notes répétées lui allant à merveille; il manque absolument de force :

Certains compositeurs l'indiquent fort improprement par le mot *Staccato*, ce qui est une erreur, le *Staccato* se pratiquant en *poussant*, de la pointe au milieu de l'archet, et en piquant chaque note d'un coup sec.

S'écrivant ainsi :

Fréquent dans le *Solo*, le *Staccato* est très rare à l'orchestre, vu la difficulté de l'exécuter régulièrement. Quant au *Staccato* en *tirant*, il ne se pratique jamais à l'orchestre.

Liés et Coulées.

16. §—Toutes sont possibles quelles que soient les articulations. Plus la durée d'un même coup d'archet est longue, moins on a de sonorité. Même avec **ppp**, il est bon de ne pas excéder sous une même liaison *quatre mesures à quatre temps de mouvement modéré* s'il s'agit de notes tenues; *deux mesures du même mouvement* avec un trait :

17.§—On obtient le son *Louré* en articulant les notes comprises sous un même coup d'archet.

S'indique par des traits sur chaque note, au-dessous de la coulée.

Moyen très expressif, très usité dans les phrases chantées, procédé favori de l'art moderne.

Le Pizzicato.

18.§—Je me contenterai de citer les deux exemples suivants qui caractérisent, mieux que n'importe quelle description, la manière de l'employer:

Il est impossible de passer du *Pizzicato* à l'*Arco*, et réciproquement, dans un mouvement plus vif que celui des deux exemples ci-dessus.

Remarque : Il faut plus de temps pour reprendre l'archet après un *Pizzicato*, que pour pincer une corde après avoir quitté l'archet.

19.§—Le son du Pizzicato est assez égal du *sol* grave au *mi* aigu :

mais à patir de ce *mi*, la corde devenant de plus en plus courte, la sonorité s'assèche en proportion.

Voici cependant un Pizzicato qui monte jusqu'au *contre-ut*, aussi satisfaisant d'effet dans le *forte* que dans le *pianissimo* :

Remarque: Ce contre-ut final ✳ serait impossible s'il ne bénéficiait de la sonorité grasse de l'accord des seconds Violons. Présenté ainsi, on l'entend presque aussi nettement que s'il était émis par un Piano.

Voici un autre exemple, tiré de la *IV⁰ Symphonie* de Brahms, où les Pizzicati des Violons se trouvant moins soutenus, paraissent (sur le *fa♯* aigu ✳) de sonorité plus mate, plus sèche, moins vibrante:

Les dernières notes aigües, employées seules, s'étriquent de plus en plus: doublées ou accompagnées par une corde à vide, elles deviennent admirables:

20.§—La vitesse maximum des Pizzicati ne doit excéder, en doubles croches, 104 à la noire, et encore faut-il que le trait ne dure pas longtemps.

Remarque: La vitesse des Pizzicati peut être considérée comme illimitée lorsqu'il s'agit de pincer les notes d'un accord (qui pourrait être plaqué) successivement, mais en montant seulement:

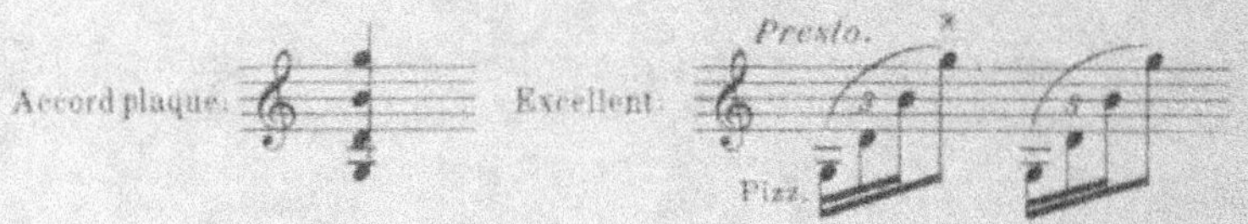

         * La liaison est nécessaire, cet effet correspondant au glissando de la Harpe.

Nota: Cet arpège descendant serait praticable en tenant l'instrument renversé, comme un Violoncelle.

Observations.

21.§—Tous les accords que nous avons vus (paragr. 9) peuvent s'arpéger:

Ils peuvent aussi se scinder en deux ou plusieurs groupes:

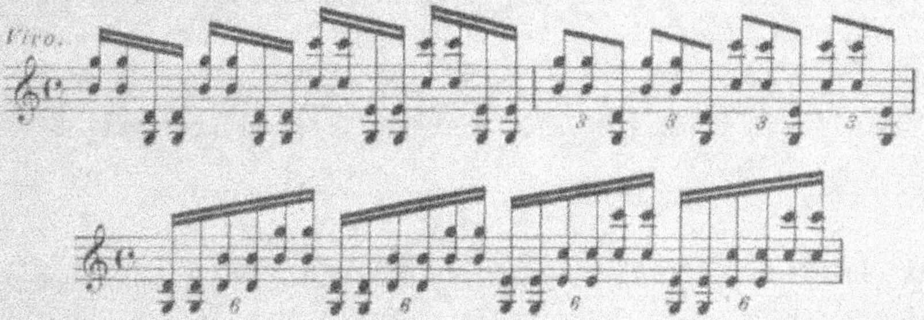

22.§—Quant au vieux *trémolo* de nos pères, il tend à passer de mode et à se faire remplacer par des batteries entrecroisées des premiers, seconds Violons, Altos etc...

au lieu d'écrire:

ou préfère aujourd'hui

Toutefois la première version (**A**) reste plus sonore que la seconde (**B**), et il est des cas ou l'on ne peut rien avoir de mieux pour arriver à la force.

Un trait en *trémolo* peut se terminer dans le vide, sans arrêt final.

23.§—Quand on veut se servir de la baguette de l'archet, pour un effet spécial, on l'indique par ces mots *col legno (avec le bois)*.

L'Alto.

1.§—Tout ce qui a été dit à propos du Violon s'applique à l'Alto, lequel n'est en réalité que l'instrument type transporté une quinte plus bas, et par conséquent de dimensions un peu plus grandes.

On peut fixer son étendue à trois octaves:

Transposez d'une quinte le tableau des Positions du Violon et vous aurez celles de l'Alto: même mécanisme, même doigté pour les deux instruments.

La seule différence provient de la plus grande taille de ce dernier, laquelle diminue ses possibilités d'extension.

2.§—Nous avons vu que, sur une même corde, la main du Violoniste atteignait la *Quinte diminuée* et, sur deux cordes, la *Neuvième mineure*.

Sur l'Alto, il ne faut pas dépasser la *Quarte juste* sur la même corde, l'*Octave* sur les deux.

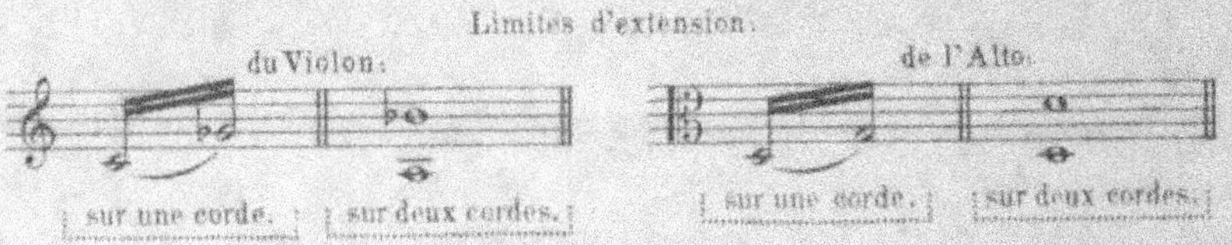

Voici un passage impossible écrit par un compositeur maladroit:

Si les exécutants sont consciencieux, ils joueront ainsi la *Neuvième* en indiquant la basse, comme ferait au Piano une main trop petite; sinon, ils l'omettront tout-à-fait pour ne faire entendre que le *mi* supérieur.

Dans les deux cas, ils tiendront en piètre estime le dit compositeur.

3.§—Comme au Violon, comme à tous les instruments à quatre cordes,

les deux meilleures sont les deux extrêmes, l'archet ne pouvant s'appuyer
avec quelque force sur les cordes intermédiaires sans risquer d'effleurer les voisines.

Doubles Notes.

4.§—Sont excellentes ou possibles toutes les *Sixtes mineures et majeures*

Toutes les *Septièmes diminuées, mineures et majeures*

Toutes les *Tierces mineures et majeures*

Toutes les *Quartes justes et augmentées*

Toutes les *Quintes diminuées et augmentées*

Toutes les *Octaves*

depuis :   jusqu'à :

Toutes les *Secondes mineures et majeures*

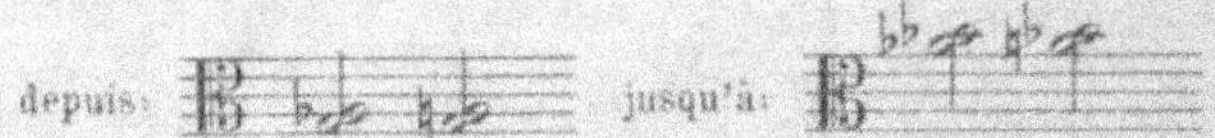

depuis :   jusqu'à :

5.§—Quant à la *Quinte juste*, nous répéterons ce qui a été dit (page 193, paragr. 8) à propos de sa justesse relative sur les instruments à cordes.

Nous avons vu que l'extrême limite de cette *Quinte juste* dans un accord de Violon était *fa-do* :

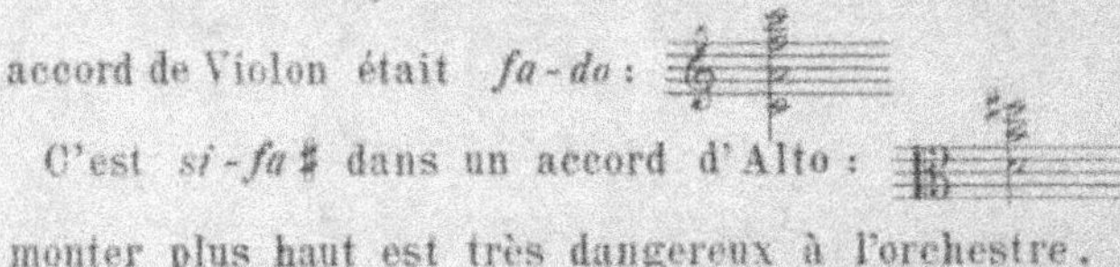

C'est *si - fa ♯* dans un accord d'Alto :

monter plus haut est très dangereux à l'orchestre.

Accords de Septième dominante &
leurs Résolutions.

6.§—Les croix + indiquent les accords difficiles ou d'une mauvaise sonorité.

Les ✕ indiquent les résolutions impossibles en mineur.

Les Résolutions qui ne sont l'objet d'aucune indication sont possibles dans les deux modes.

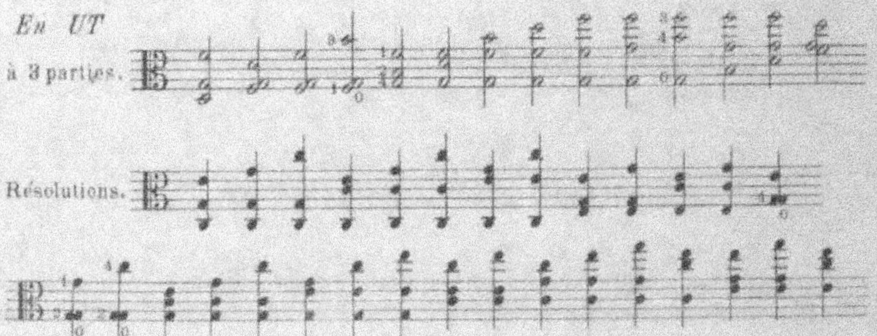

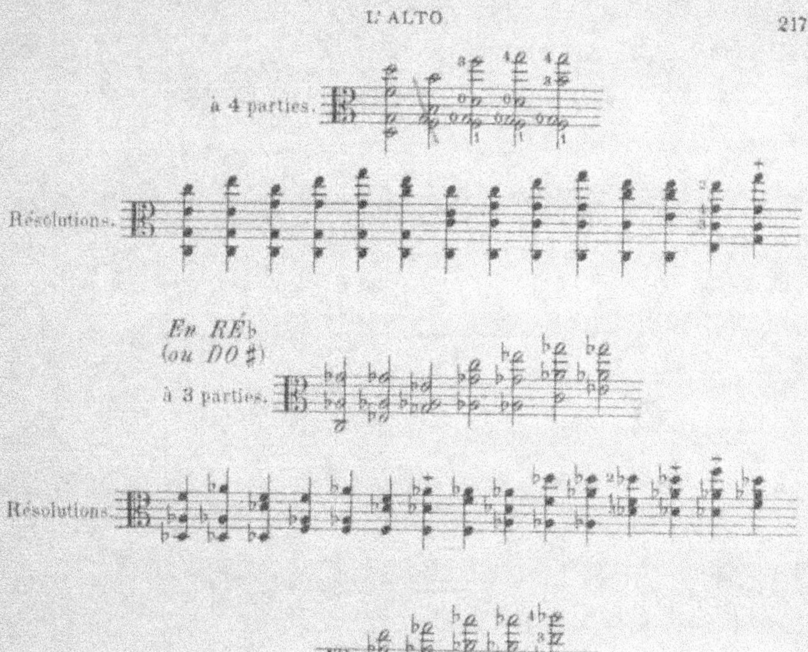
à 4 parties.
Résolutions.
En RÉ♭
(ou DO♯)
à 3 parties.
Résolutions.

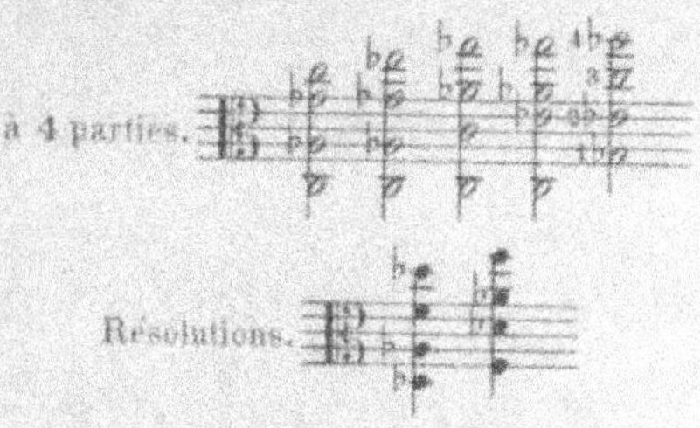
à 4 parties.
Résolutions.

En RÉ♭
à 3 parties.
Résolutions.

à 4 parties.

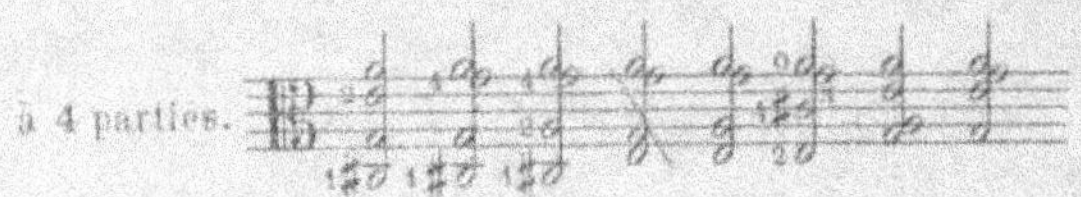

Résolutions.

En MI♭

à 3 parties.

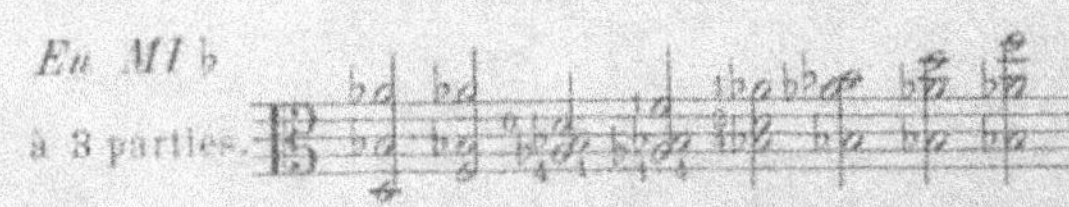

Résolutions.

à 4 parties.

Résolutions.

En MI♮

à 3 parties.

Résolutions.

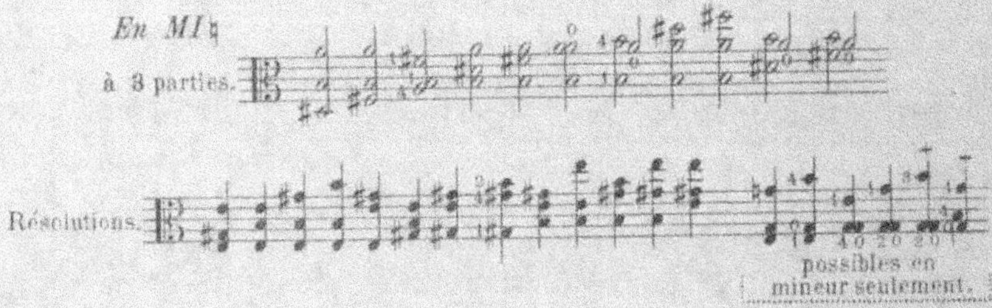

à 4 parties.

Résolutions.

En FA
à 3 parties.

Résolutions.

à 4 parties.

Résolutions.

En SOL ♭
à 3 parties.

Résolutions.
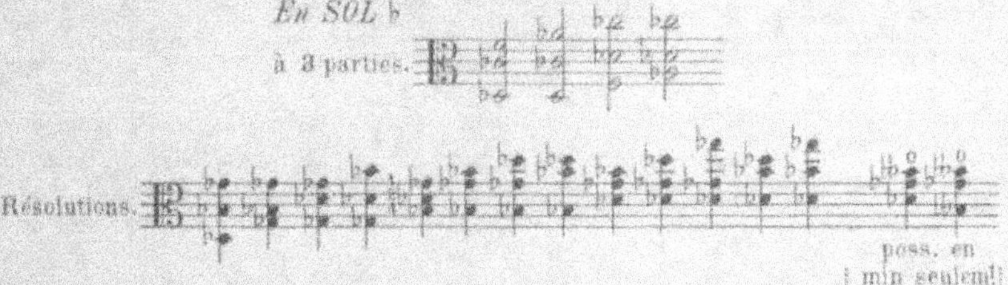

à 4 parties.

Résolutions.

En FA♯
à 3 parties.

Résolutions.

à 4 parties.

Résolutions.

En SOL
à 3 parties.

Résolutions.

à 4 parties.

Résolutions.

En LA♭
à 3 parties.

Résolutions.

à 4 parties.
Résolutions.

En LA♮
à 3 parties.
Résolutions.
à 4 parties.
à 3 parties.
Résolutions possibles en min.
poss. en min. seulemt
Résolutions.
poss. en min. seulemt

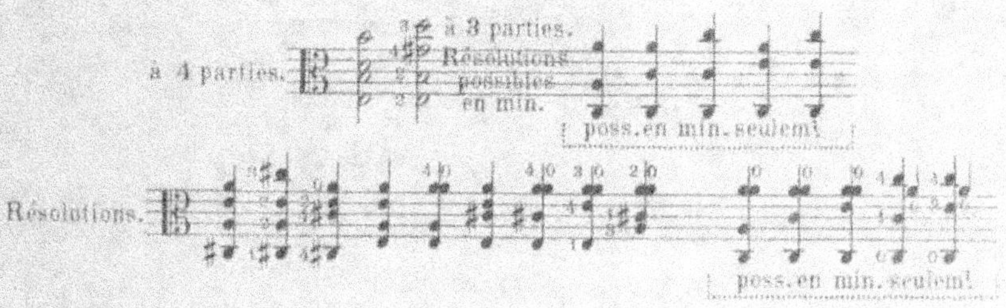
En SI♭
à 3 parties.

Résolutions.

à 4 parties.

Résolutions.

En SI♮
à 3 parties.

Résolutions.

En SI♮
à 4 parties.

Résolutions.

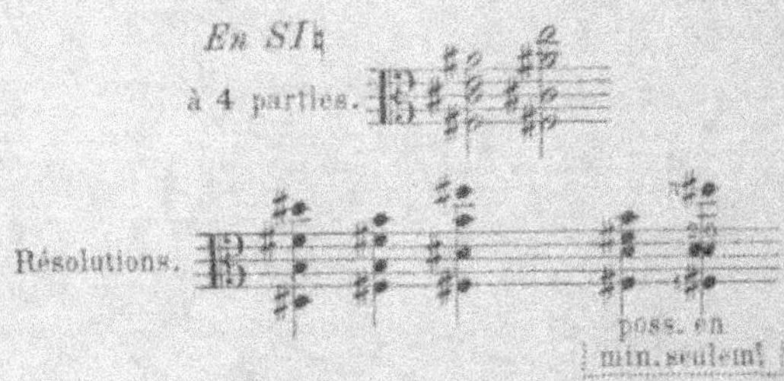

1°   Accords de Septième diminuée.

à 3 parties.
Sur les
3 cordes
inférieures.

Accords de Neuvième majeure et mineure.

Accords de Quinte augmentée.

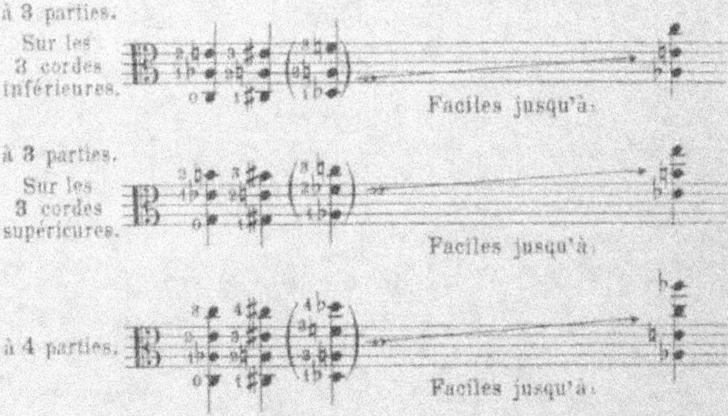

7.§ — Ainsi que pour le Violon, tous ces accords peuvent s'arpéger, ou se scinder en groupes quelconques.

Tableau des Harmoniques naturels
praticables à l'Orchestre.

Nota. — Les trois dernières cordes écrites en clef de *sol* pour la facilité de la lecture.

En somme, tous les sons harmoniques s'obtiennent à l'Alto

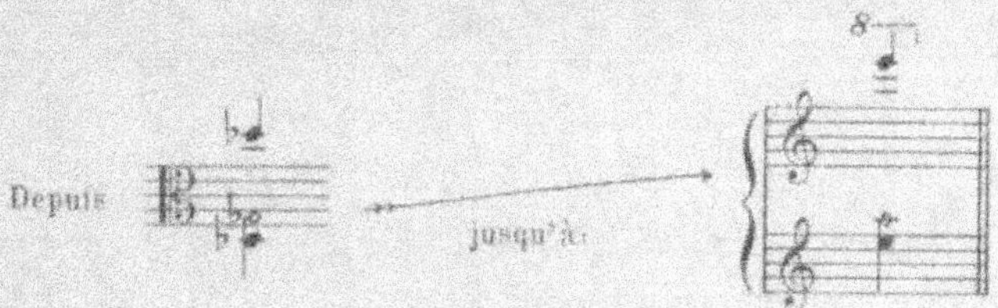

Remarque : De même qu'au Violon, (Voir page 206 paragr. 13) un auteur négligent peut se contenter d'écrire une note quelconque en la surmontant d'un zéro (à partir du son 4), et laisser ainsi les exécutants libres du moyen à employer pour produire harmoniquement la note indiquée :

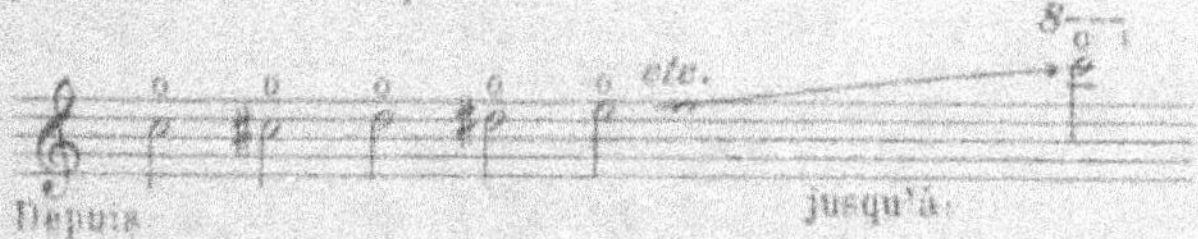

Au-dessous de cet *ut*, il ne peut disposer que des harmoniques naturels qui ne sortent que sur les degrés de l'accord parfait de chaque corde. (Voir le tableau p. 224.)

Coups d'Archet.

8.§ — Tout ce qui a été dit au Violon, à ce sujet, s'applique à l'Alto. Toutes les variétés : *Grand Détaché, Moyen, Petit, Martelé, Sautillé, Staccato* etc ; toutes les *liées, coulées, lourées* se pratiquent également sur les deux instruments.

De même pour le *Pizzicato* : s'il paraît prudent au Violon de ne pas dépasser l'octave de la Chanterelle, ne dépassons pas, à l'Alto, cette *même octave* sur la corde de *la* :

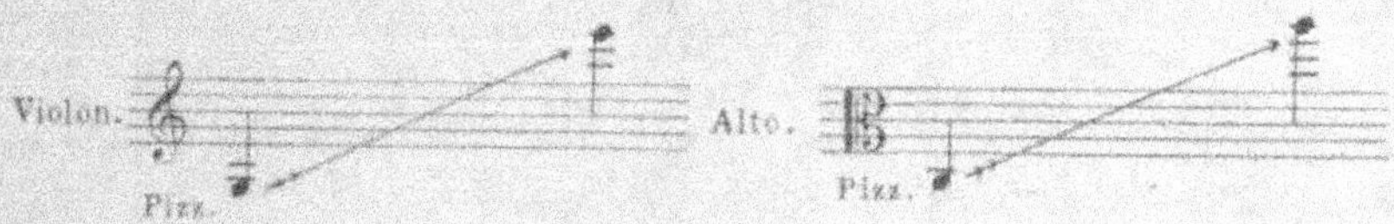

De même pour les accords qui, tous également, peuvent se convertir en arpèges ou se scinder en deux ou trois groupes, etc... (page 224, par. 7).

Le Violoncelle.

1.§—Son étendue est d'environ trois octaves et une tierce, de l'*ut* grave de 8 pieds au *mi* aigu:

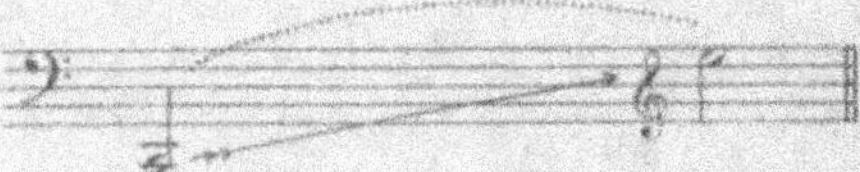

Ce *mi* aigu est indiqué ici comme limite extrême à l'orchestre parce qu'il est, à la fois, la dernière bonne note "appuyée" et l'un des meilleurs sons harmoniques de l'Echelle, ce qui permet aux exécutants de le donner, soit appuyé soit harmonique, suivant le cas.

Au-dessus de ce *mi* l'émission devient pénible, dure, revêche.... Bien entendu, je parle ici du Violoncelle instrument d'orchestre et non du Violoncelle Solo qu'on fait monter plus haut encore, à l'octave, à la onzième etc...

2.§—Le Doigté diffère de celui du Violon et de l'Alto dans toute la partie essentielle de l'instrument, c'est-à-dire dans le grave.

De l'*ut* bas jusqu'au *la* du diapason,  chaque demi-ton est produit par un doigt différent. Mais à partir de ce *la*, c'est le doigté du Violon.

La gamme chromatique, si difficile aux instruments à cordes précédemment analysés, devient donc ici, dans le grave, très facile, très naturelle.

Mais au-dessus du *la* (**B**), il vaut mieux l'éviter à l'orchestre.

Tel est le doigté ordinaire, étant donnés les six degrés chromatiques qui séparent une corde à vide et l'autre, doigté qui se répète sur chaque corde et s'adapte à tous les tons.

Et cette gamme s'exécute très également malgré le déplacement o-
bligé de la main après chaque série de quatre demi-tons. Les virtuoses s'en acquittent si bien qu'on ne s'aperçoit pas du passage.

Le Démanché.

3.§—La dernière note produite à l'aigu par le doigté ordinaire est
le *si* :

Quand on le dépasse, il faut changer de technique, prendre le pouce
pour point d'appui sur la corde, en guise de sillet, et procéder à la façon des Violonistes. Cela s'appelle *démancher*.

Il arrive parfois qu'on en vient à ce moyen dans le médium, voire même dans le grave de l'instrument. Certains traits ne sont possibles
qu'ainsi : les octaves par exemple, qu'on n'obtient jamais qu'avec un
seul et même doigté, *pouce et troisième* :

Les traits, fort difficiles, du *Rheingold* (pages 287-289) ne sont pas
moins impraticables sans le secours du pouce pivotant sur les cordes de
sol, ré, la : ils restent, d'ailleurs, très redoutables comme justesse. Et
si l'exécutant n'est pas prévenu du moyen à prendre, écoutez le déchif-
frer le morceau : vos nerfs en souffriront.

4.§—En général, il faut prendre garde au moment ou l'on *démanche*.
Passer brusquement, par saut rapide, d'une note appuyée (doigté naturel) à une autre note appuyée (le pouce servant de sillet), est chose très
aventureuse. Si l'on a la chance de tomber sur le premier harmonique,
dont la place sur l'Echelle est relativement assez large, bien moindre
est le danger ; mais combien rare cette chance !... Et quand elle ne s'offre pas, méfions-nous.

Sonorité des Cordes.

5.§—Comme au Violon et à l'Alto, la première du Violoncelle est la
plus éclatante ; c'est elle qui chante d'ordinaire, elle qui donne l'impression la plus intense.

Le *ré* n'est pas moins précieux pour la sonorité voilée qu'il nous donne.

Le *sol* peut encore chanter et faire très bonne figure de Soliste; mais on l'emploie le plus souvent dans le rôle de basse de la polyphonie, ainsi que l'*ut* (quatrième corde) dont le timbre gras et tranquille peut supporter le poids d'une masse orchestrale assez considérable.

Sur chaque corde on peut monter à l'octave. Nous connaissons l'effet admirable de la quatrième corde du Violon sur laquelle on grimpe, à l'orchestre, jusqu'à la *onzième* (paragr. 5, page 191.)

Il ne faut point chercher l'effet analogue sur le Violoncelle. Ce sont des nécessités de doigté, la plupart du temps, qui nous obligent à rester sur une corde; parfois encore le souci de l'égalité du timbre.

6.§— Voici une observation que je n'ai trouvé mentionnée ni dans les Traités d'Instrumentation ni dans les Méthodes spéciales :

Si vous dépassez la quinte sur la troisième corde (sol), *vous tombez aussitôt sur quatre mauvaises notes :*  *d'une sonorité revêche, inconsistante, hésitante, rugueuse; et cela, sur tous les Violoncelles d'orchestre, quel qu'en soit le fabricant.*

A quoi cela tient-il ? Quel est donc ce mystère ? Pourquoi *la♭*, *la♮*, *si♭*, *si♮*, sur la quatrième corde, pourquoi *si♭*, *si♮*, *do*, *do♯*, sur la seconde, ne sont-ils pas mauvais ? Qui pourrait nous le dire ?...

7.§— Comme au Violon et à l'Alto, l'isolement de la première et de la quatrième corde, leur manque de voisins ici de droite, là de gauche, permet à l'archet d'attaquer le son avec une franchise qui ne craint rien. Nul danger comme pour les cordes intermédiaires, de frôler la corde à côté pour peu qu'on appuie. De là encore, supériorité sonore des extrêmes.

Limites d'extension.

8.§— Nous avons vu que la main du Violoniste ne pouvait atteindre au-delà de la *Quarte augmentée* sur une même corde :

Nous avons vu que la main de l'Altiste ne pouvait atteindre au-delà de la *Quarte juste* sur une même corde :

Or, la main du Violoncelliste ne dépasse pas la *tierce majeure* :

Pizzicato.

9.§—Plus la longueur des cordes diminue, plus le son s'étrique : jusqu'où nous est-il permis de monter ? Cela dépend un peu des artistes et des instruments ; toutefois, je crois pouvoir fixer à *sol* ♯, *la*, *si* ♭, l'extrême limite aigüe.

Le *sol* ♯ laisse encore traîner derrière lui cette vibration chatoyante qui évoque l'idée d'une bleuâtre vapeur fuyant à l'horizon.

Le *la* devient déjà plus mat : mais employé comme ci-dessous, bénéficiant ainsi de la sonorité de la Chanterelle, il reste encore excellent :

Quant au *si* ♭ au-dessus, il ne vibre plus guère ; il faut éviter en tout cas de le dépasser, si vous êtes forcé de l'écrire.

10.§—Je me permettrai de remarquer ici que certains chefs d'orchestre ne s'inquiètent pas assez des Pizzicati, laissant l'exécutant libre de tout soin à cet égard, ne se doutant pas de la qualité de son, du moëlleux, de la variété qu'on peut obtenir. Il faut ajouter, pour être juste, que beaucoup de professeurs méritent le même reproche : interrogez les élèves, ils vous répondront que jamais on n'a attiré leur attention de ce côté, et qu'ils jouent sans intention aucune, au petit bonheur, n'ayant point réfléchi à ce sujet.

C'est une faute.

11.§—Nous avons vu (paragr. 20 page 212) que le maximum de vitesse du Pizzicato ne devait pas dépasser, en doubles croches, 104 à la noire. Cette vitesse est commune aux Violons, Altos et Violoncelles. Nous avons lu la *Remarque* finale du même paragraphe, au sujet des accords plaqués pouvant se "pincer" dans un mouvement quelconque, à la façon des "glissés" de la Harpe.

Et nous disions que si ce Pizzicato était excellent, de bas en haut:

son renversement était impossible:

Eh bien! au Violoncelle le Pizzicato est aussi bon dans un sens que dans l'autre. Vous pouvez écrire indifféremment ces deux arpèges, lesquels auront, tous deux, la même sonorité:

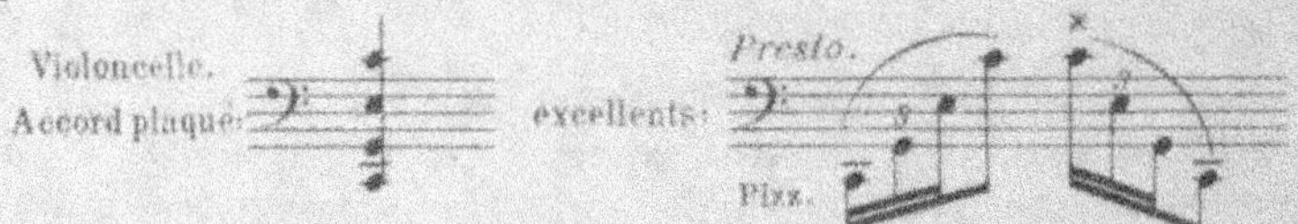

Nota: Cet effet d'arpège descendant × est fort peu pratiqué, il peut être de grande utilité, à l'occasion.

Doubles Cordes.

12.§—Les Secondes et les Octaves qui impliquent l'emploi du pouce sont à éviter à l'orchestre, à moins que l'une des deux notes ne soit à vide:

Quant aux Tierces, voici comment on peut les cataloguer:

Tierces difficiles à l'orchestre, ne pouvant guère être employées que dans le *fortissimo* :

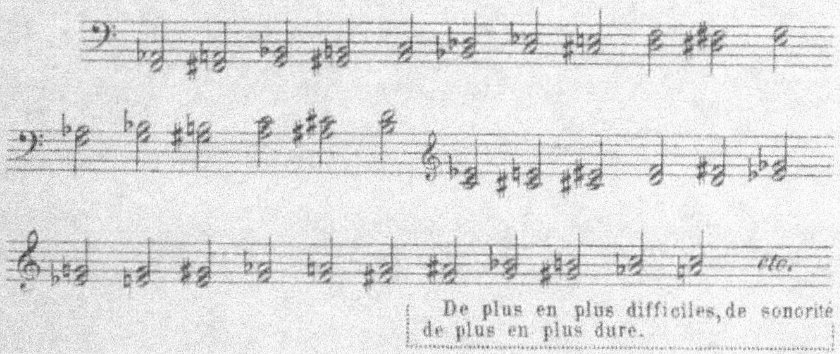

Quartes *justes* et *augmentées* :

Les Quintes *justes* sont meilleures qu'au Violon, et on peut les considérer comme praticables :

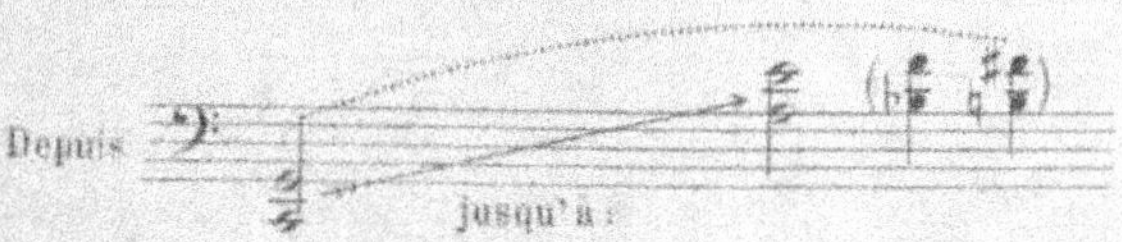

Excellentes toutes les Sixtes mineures et majeures :

Plus difficiles les Septièmes mineures, d'une justesse moins sûre à l'orchestre :

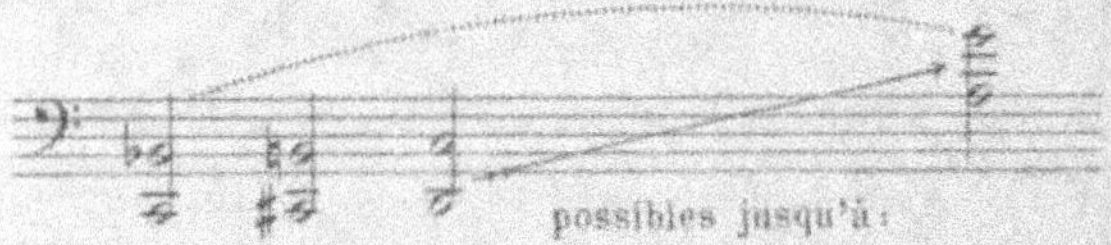

Accords Parfaits.

13.§—Très faciles tous les Mineurs et Majeurs jusqu'au *mi*♭(à la basse):

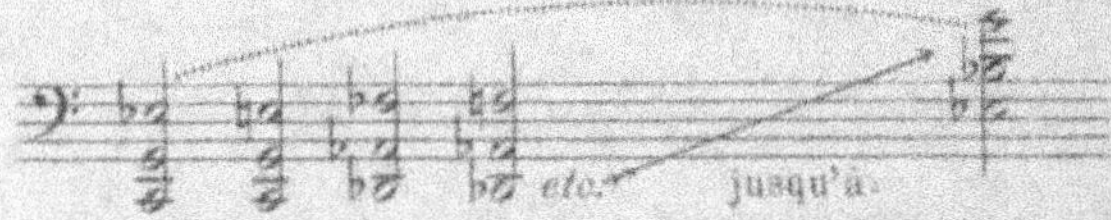

Très faciles les Premiers Renversements :

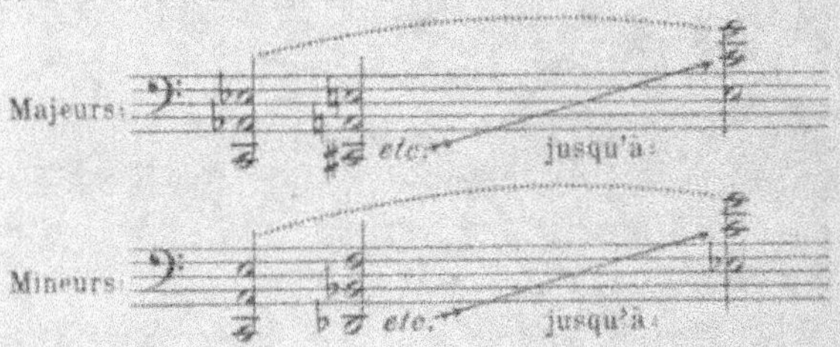

Très faciles les Seconds Renversements :

Accords de Quinte Altérée.

Praticables :
Les *Altérations ascendantes* de la Quinte dans l'*Accord Parfait* :

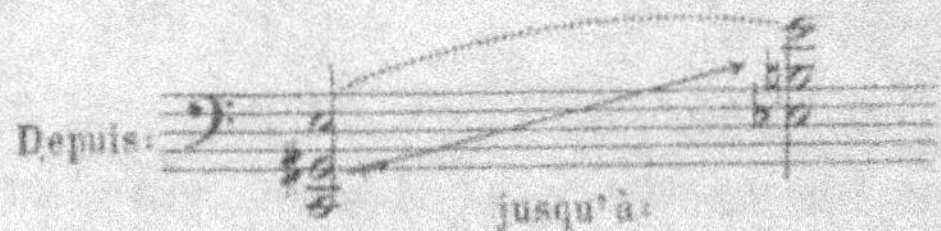

Les *Altérations descendantes* :

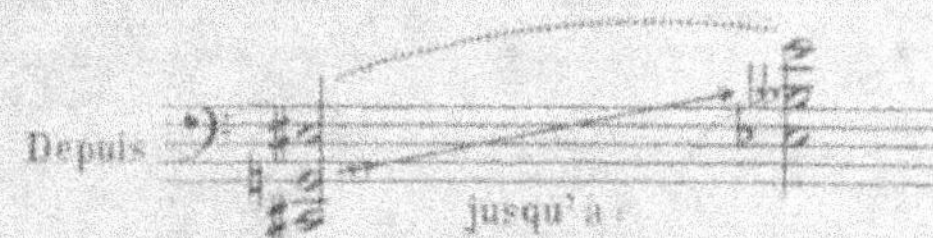

Les *Altérations ascendantes* de la Quinte dans le Premier Renversement :

Les Accords de *Quinte Diminuée* :

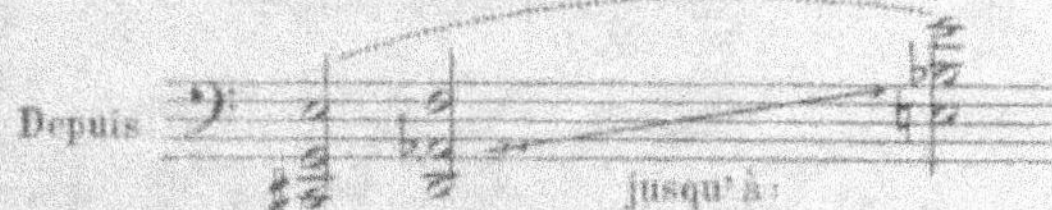

Leur Premier Renversement :

Les accords de *Septième Dominante* :

Les accords de *Septième Mineure* :

Et leur 2e Renversement.

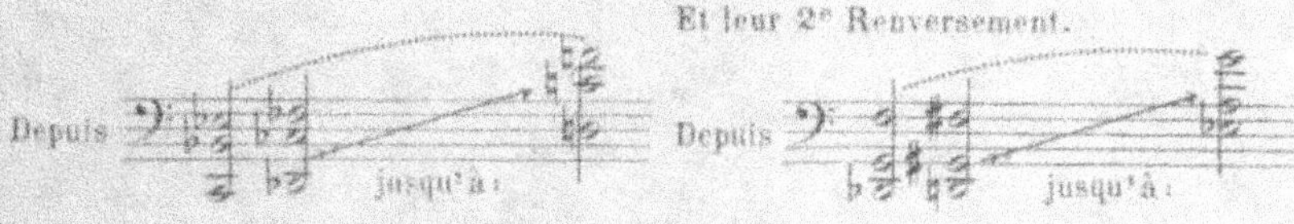

Les accords de *Septième Diminuée* :

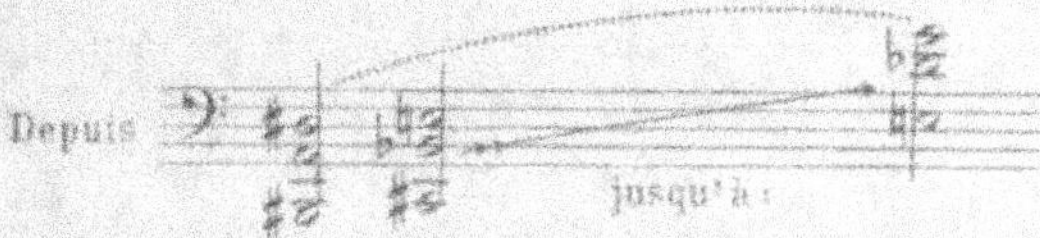

Quadruples Cordes.

14. § — Praticables :

Accords Parfaits :

Leur Premier Renversement :

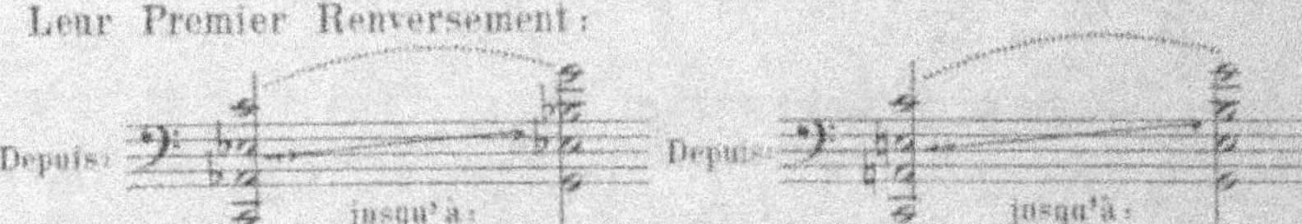

Leur Second Renversement :

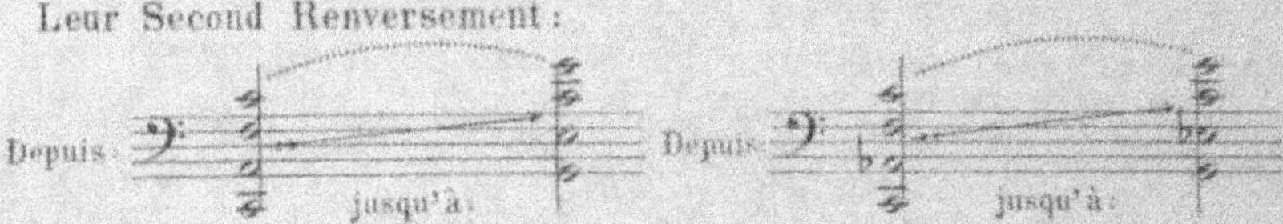

Quinte Augmentée :

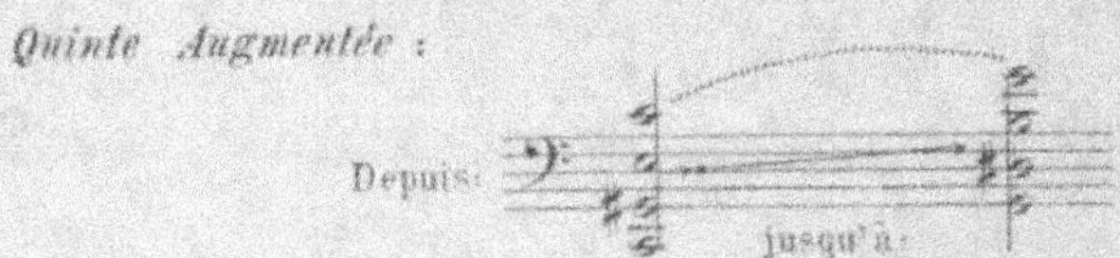

Premier Renversement :

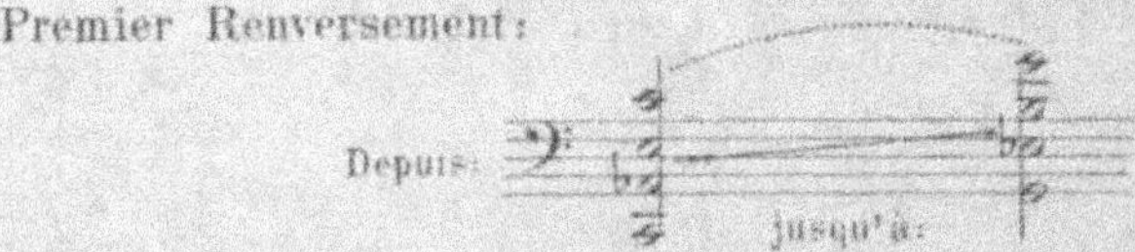

Les accords de *Septième Dominante* :

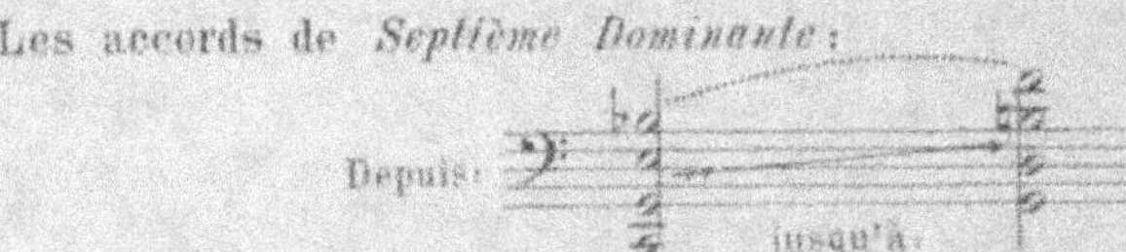

Les accords de *Septième Mineure* :

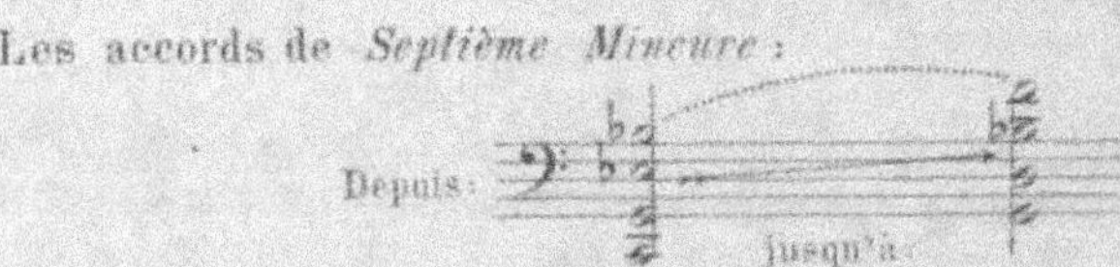

Les accords de *Neuvième* :

Coups d'Archet.

15.§—Tout ce qui a été dit pour le Violon s'applique au Violoncelle ; *martelé*, *détaché*, *sautillé*, *staccato* se pratiquent également sur tous les instruments à cordes. De même, les *liées*.

Je ferai toutefois remarquer un effet spécial au Violoncelle, effet qui tient à sa position renversée eu égard à celle du Violon. C'est l'attaque *poussée* d'un accord (impression de grande énergie),

alors que d'ordinaire c'est en *tirant* que l'on obtient le maximum de force au Quatuor.

Sons Harmoniques.

16.§—Voici le tableau des Harmoniques naturels :

Et voici l'étendue praticable des Harmoniques artificiels:

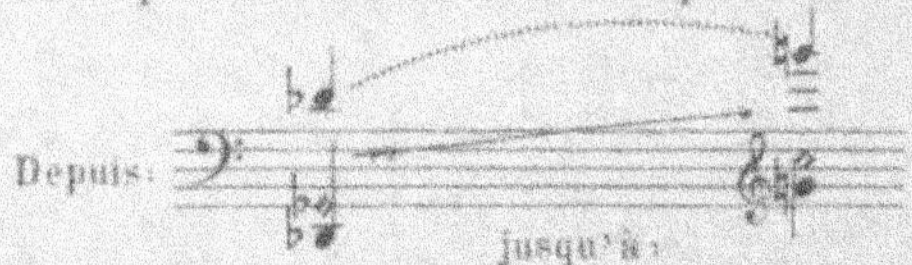

Depuis: jusqu'à:

Remarque: De même que pour le Violon et pour l'Alto, un auteur négligent peut se contenter d'écrire une note quelconque en la surmontant d'un zéro (a partir du son 4):

Depuis: jusqu'à:

Au-dessous de cet *ut*, il ne peut disposer que des harmoniques naturels.(Voir le tableau p.235).

Notation du Violoncelle.

17.§—De même que pour le Cor et la Clarinette-Basse, l'écriture traditionnelle laisse trop souvent place au doute sur l'intention du Compositeur, pour qu'il n'y ait pas urgence à s'entendre entre musiciens et à adopter un parti.

Suivant une vieille coutume, la clef de *sol* est considérée comme un 16 pieds et se joue à l'octave inférieure, soit qu'elle débute dans la notation du morceau, soit qu'elle succède à une clef de *fa*; quand on veut lui garder sa véritable altitude sur l'Echelle, il faut qu'elle vienne immédiatement après une clef d'*ut*.

Donc, chaque fois que vous passez du grave à l'aigu, vous êtes à peu près contraint de faire appel à cette très inutile clef d'*ut*, pour éviter tout malentendu.

Hâtons-nous de constater les nombreux exemples de protestation contemporaine contre pareille absurdité. Je n'aurai qu'à citer Grieg, Reinecke, Hans Huber, Luzatto, N. von Wilm, Ph. Wolfrum écrivant toujours la clef de *sol* à sa hauteur réelle, et Saint-Saëns, notant sur deux lignes, (l'une clef de *fa*, l'autre clef de *sol*,) son *Second Concerto*, comme s'il s'agissait d'un morceau de Piano.

Ce dernier système est évidemment le plus sûr...

Il faut se liguer aujourd'hui contre les routines surannées et s'entendre pour laisser à nos signes leur exacte valeur, quelle que soit la notation d'à côté. Que les clefs de *fa*, *ut*, *sol* restent à leur vraie place gardant chacune leur invariable signification: *Ne varientur*.

Le Violoncelle à l'Orchestre.

18.§—Je n'ai pas à conter ici son rôle polyphonique. Jadis, il faisait la Basse-Continue, inséparable de la Contrebasse, identifié à ce point qu'on leur donnait la même partie. Violoncelle et Contrebasse se trouvaient toujours dans le rapport du son 2 au son 1. Jamais on ne traitait le premier en instrument isolé, en voix chantante.

Aujourd'hui il n'en est plus de même. On les écrit sur deux portées différentes: le Violoncelle est devenu un ténor, le moyen d'expression le plus intense du Quintette, sans en excepter la quatrième corde du Violon; et la Contrebasse reste seule, le plus souvent, pour supporter l'énorme masse symphonique.

Nous avons tous remarqué ce phénomène; à lui seul le Violoncelle fait une basse insuffisante (sauf dans des cas spéciaux, dans des morceaux d'un sentiment de douceur et de calme absolus, comme au second Acte des *Meistersinger*, par exemple); à elle seule, la Contrebasse paraît sourde et sans précision tonale. Réunis, Violoncelle et Contrebasse constituent le plus beau son fondamental qui se puisse souhaiter... net, clair, solide et profond, malléable à plaisir. Médiocres séparément, leur ensemble est admirable.

En fait de "cas spécial" je ne puis m'empêcher de citer ces quelques mesures de l'exquise scène d'Hans Sachs, dans lesquelles, sans Contrebasses, les Violoncelles, même divisés, sont plus que suffisants pour supporter le plus élégamment du monde l'ensemble du Quatuor et des Cors:

(B. Schott's Söhne, Éditeurs-Propriétaires.) (Wagner, *Maîtres chanteurs.*)

Et voici encore un exemple des Violoncelles Soli faisant une excellente basse avec un simple *la* harmonique :

(Borodine, *2e Symph.* p. 35.)
(M. P. Belaïeff, Éditeur-Propriétaire.)

Nota. L'auteur écrit la note réelle surmontée d'un zéro, laissant à l'interprète le choix du moyen.

La Contrebasse.

1.§—Son étendue va du *mi* grave au *si♭* (deux octaves et une quinte):

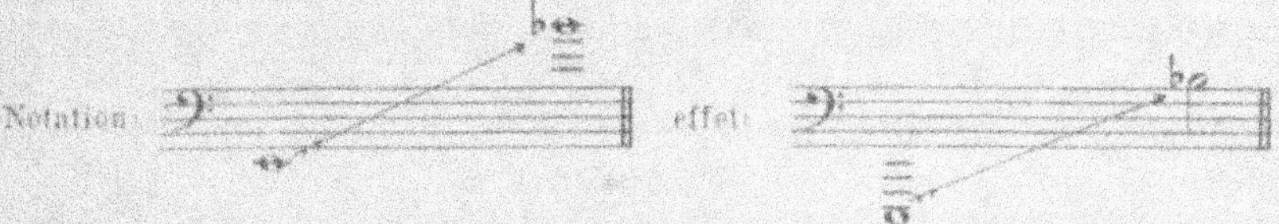

Les virtuoses montent plus haut encore; l'*ut* et le *ré* (immédiatement au-dessus) leur sont familiers; mais il vaut mieux ne pas en user à l'orchestre, quoique Verdi dans *Falstaff* n'ait pas craint d'écrire le *mi♭* ×:

M. Ed. Nanny, contrebassiste solo à l'Opéra-Comique, soutient cette théorie que tous les exécutants doivent s'entraîner jusqu'au *Contre-sol*, et il nous fait pressentir les admirables effets de Contrebasses doublant à l'unisson les Violoncelles dans un *Cantabile*:

2.§—La Contrebasse étant un 16 pieds l'effet de sa notation se produit une octave au-dessous. On l'écrit en clef de *fa*.

Elle s'accorde par quartes:

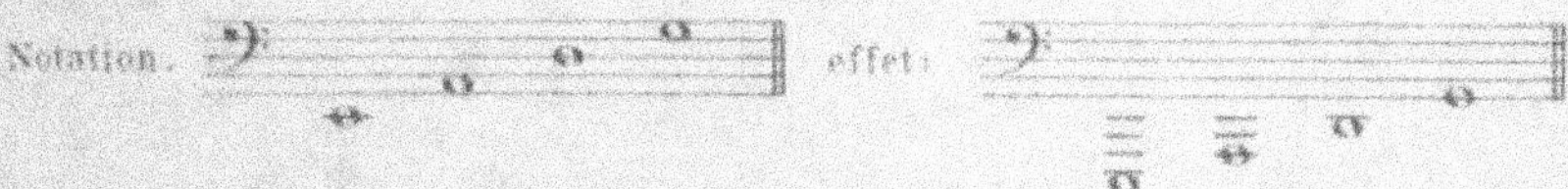

Jadis elle n'avait que trois cordes, et sa sonorité était peut-être meilleure alors, par le fait du nombre moindre des cordes sur la table d'harmonie (encore aujourd'hui, les virtuoses, pour un *Solo*, préfèrent ce type classique de l'instrument).

«Sans entrer dans une énumération inutile des avantages et des inconvénients des Contrebasses à trois ou quatre cordes, dit Bottesini, sans discuter sur la question de plus grande profondeur, je commence par parler de la *vraie* Contrebasse, de celle qui pour la facilité du doigté aussi bien que pour la netteté et la rondeur du son *ne se joue qu'à trois cordes*».

Cette Contrebasse à trois cordes était d'ailleurs celle qu'on pratiquait au temps de Beethoven. L'illustre Maître a pu connaître le mi *grave que nous avons aujourd'hui, mais non l'ut de 16 pieds que nous commençons à avoir. Il écrivait une seule et unique partie pour* les Violoncelles, *partie que les contrebassistes exécutaient tant bien que mal et en la simplifiant chaque fois qu'ils se trouvaient en présence d'un trait difficile.*

Les ut graves, du début du Final de la Vᵉ *Symphonie, se jouaient, comme aujourd'hui, une octave au-dessus.*

Que de discussions à ce sujet! Longtemps on a cru à cette quatrième corde. C'est comme pour la petite Trompette de Bach, (voir page 90): si elle avait existé, nous en trouverions dix, vingt, trente échantillons dans nos Musées; or aucune collection ne nous montre de type de Contrebasse à quatre cordes. Se sont-elles donc toutes évaporées à la même heure? Est-ce admissible? Alors qu'on voit partout des instruments du temps de Louis XIII et de Louis XIV, nous n'aurions pas une Contrebasse datant de 1815 ou de 1820 ? (Voir la note au bas de la page 249).

Le sentiment plutôt dédaigneux des compositeurs pour les contrebassistes de jadis, sentiment qui ressort de leur système d'écriture, était d'ailleurs tout à fait justifié: «Ces gens-là ne méritaient pas le nom d'artistes, me disait dernièrement un érudit, c'étaient des porteurs d'eau.»

3.§—Aujourd'hui nous avons la corde de *mi*, et cette corde de *mi* pourrait descendre jusqu'à l'*ut*, mais à condition que l'instrument fût construit dans de plus vastes proportions.

Telles sont, plus grandes d'un cinquième environ, les Contrebasses du Conservatoire de Bruxelles, celles-ci riches de cinq cordes réglées de la façon suivante:

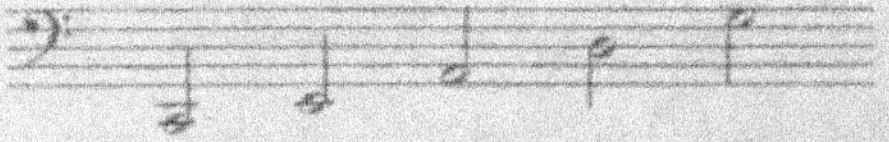

On commence, d'ailleurs, à pratiquer ces Contrebasses à cinq cordes en Allemagne, en Angleterre, à l'orchestre de Monte-Carlo (dirigé par Jéhin) et dans bien d'autres pays encore.

Avec nos instruments descendant au *mi*, il est possible de gagner un degré dans le bas et de produire cet accord, sans trop de dérangement de doigté pour l'exécutant.

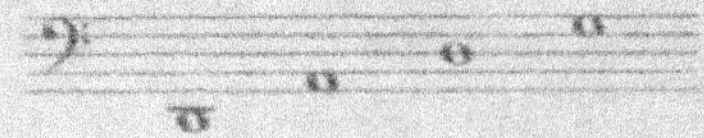

Observons que la tension de la corde grave diminuant en proportion de la différence de *mi* à *ré*, le moyen que j'indique est praticable dans le *piano* seulement. Dans la *force* il serait médiocre.

En vérité, nos orchestres devraient compter, outre les Contrebasses ordinaires, deux ou trois Contrebasses profondes, à cinq cordes, de grande dimension, descendant jusqu'à l'*ut*, comme celles de Bruxelles. De même que nous avons des Cors ascendants et des Cors descendants (page 65, par. 3), nous aurions des Contrebasses-Solo et des Contrebasses-Tutti.

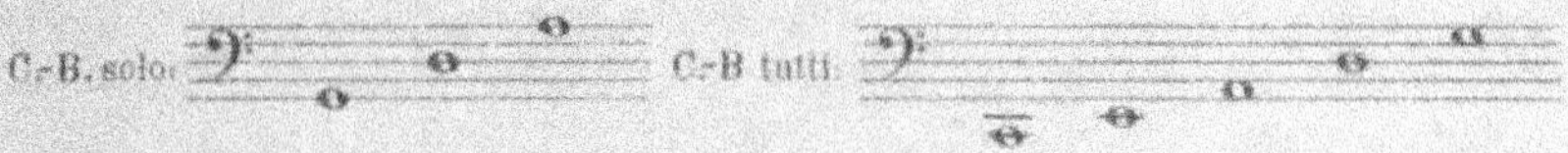

Doigté de la Contrebasse.

4. § — Si longues sont les cordes, que l'écartement des doigts dans le bas du manche ne va pas jusqu'au demi-ton. Seuls, le 1er et le 2e doigts peuvent se distendre assez pour atteindre cet intervalle.

Voici le doigté de la gamme diatonique :

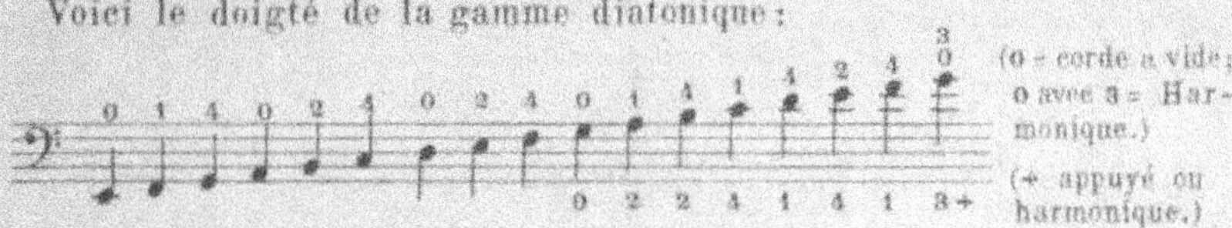

5. § — Il est bon de se souvenir que l'archet de la Contrebasse est très court. Dans les *tenues piano*, l'exécutant est libre de le reprendre sans que l'auditeur s'en doute; mais il n'en est pas de même dans le *forte*, où les attaques ne peuvent passer inaperçues. C'est donc au compositeur qu'il appartient de déterminer ses rythmes et de manifester une volonté.

Sonorité des Cordes.

6. § — Nous avons moins affaire ici à un instrument chanteur, qu'à un soutien, au vrai soutien de l'orchestre. Ces quatre cordes en boyau (les deux dernières recouvertes de fil de laiton) peuvent être considérées comme d'égale valeur, quoique le registre de la meilleure sonorité reste compris entre *la* et *ré* :

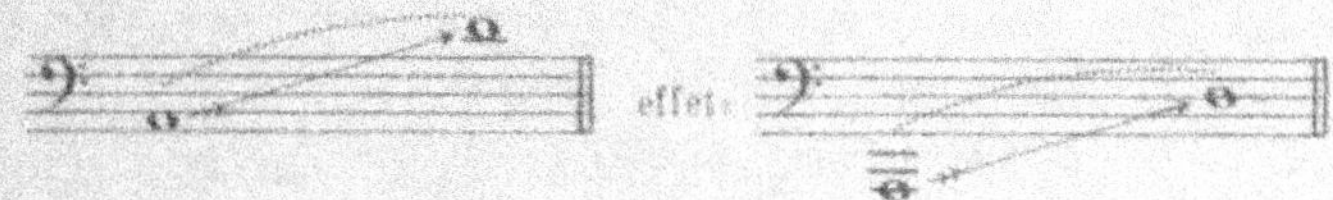

Les virtuoses que nous admirons maintenant chez nous, parviennent à phraser sur la, chanterelle avec non moins d'intensité expressive que des Violoncellistes.

Si Beethoven était encore de ce monde, il leur écrirait un Concerto, n'en doutez pas, car ce ne sont plus des "porteurs d'eau", mais bien des artistes de premier mérite.

Limite d'extension de la main.

7.§—Toutes les batteries de secondes majeures et mineures, c'est-à-dire tous les trilles, sont d'usage constant, et possibles jusqu'au *si b* aigu:

Quant à la tierce mineure, la main ne commence à l'atteindre que deux tons au-dessus de chaque corde à vide, la distance entre les intervalles diminuant de plus en plus en montant. Vous pouvez en juger par le tableau ci-dessous:

Batteries praticables
sur une seule corde par extension du 1er au 4e doigt, et pouvant s'écrire sans danger:

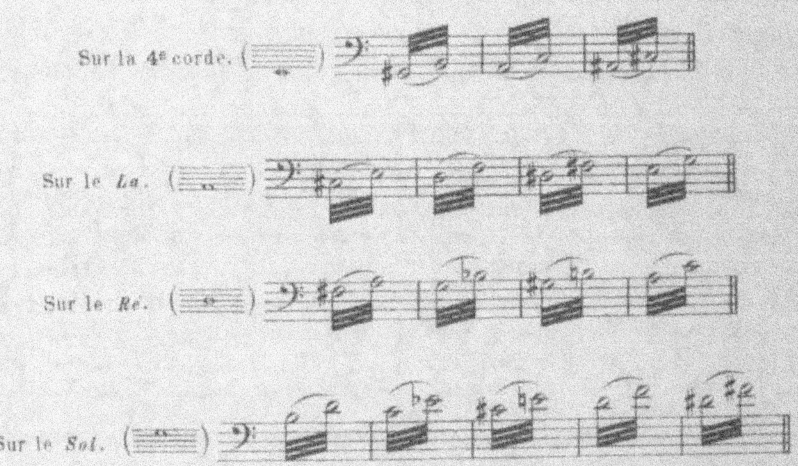

Excellents les traits *détachés* en octaves, dans tous les mouvements :

Liés, ils deviennent impossibles dans les mouvements vifs.

Le Pizzicato.

8.§—On l'emploie sur tous les degrés de l'Echelle, mais son registre de meilleure sonorité reste compris entre le *la* et le *ré* :

On voit souvent des *Pizzicati* monter jusqu'au *la*, voire même au *si* ♭ :

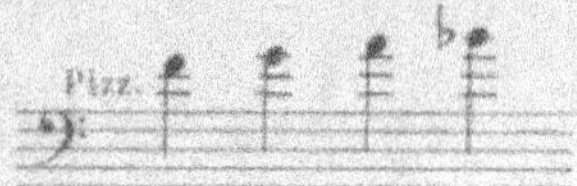

Constatons toutefois, qu'à ces hauteurs, le son devient sec et plat, perdant toute poésie.

Remarque: Le *Pizzicato* est à éviter dans des mouvements trop rapides, vu la fatigue qui en résulte pour le Contrebassiste, lequel perdant ses forces ne donne plus de son. Si vous y êtes contraint, divisez vos musiciens et faites alterner les pupitres :

Doubles Notes.

9.§—*Sont très praticables :*
Toutes les *Tierces mineures et majeures*, de *fa* à *ré* :

Toutes les *Quartes justes*, de *mi* à *ré* :

Toutes les *Quintes justes*, de *fa* à *ut* :

10.§—Les *Sixtes* sont impossibles sauf à l'aigu, où elles restent moyens de virtuoses, impraticables à l'orchestre; de même les *Septièmes* et les *Octaves* (à moins que la basse de ces intervalles ne soit une note à vide):

Voici un exemple, en doubles cordes, d'excellente sonorité :

Les Sons Harmoniques.

11.§—Nous ne disposons ici que des Harmoniques Naturels, puisque nous avons vu que les Artificiels se produisaient d'ordinaire par une extension de Quarte, intervalle impossible aux contrebassistes sur une même corde; et encore devons-nous faire une réserve au sujet de la Quatrième Corde dont la grosseur ne permet guère de sortir qu'aux Harmoniques 4 et 5:

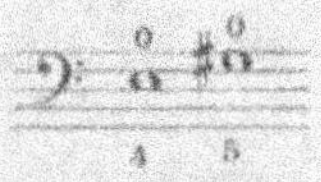

Voici le tableau (en sons réels):

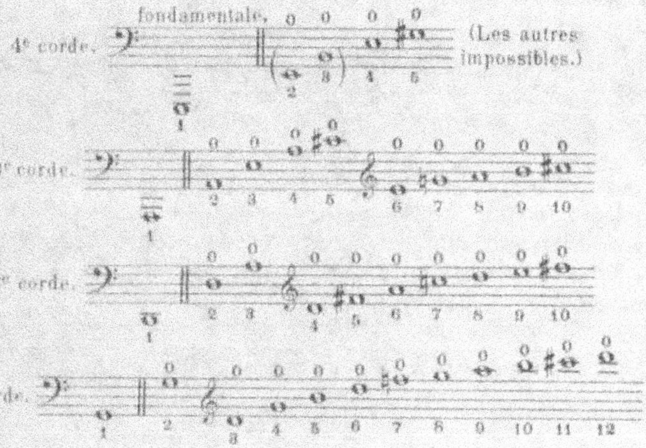

Il serait dangereux d'employer tous les degrés de ce tableau à l'orchestre; soyons prudents et contentons-nous des suivants (en sons réels):

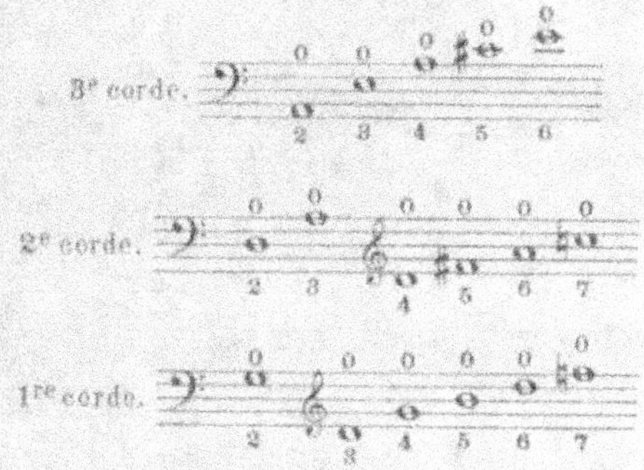

En divisant vos instrumentistes, vous obtenez des accords d'une admirable sonorité :

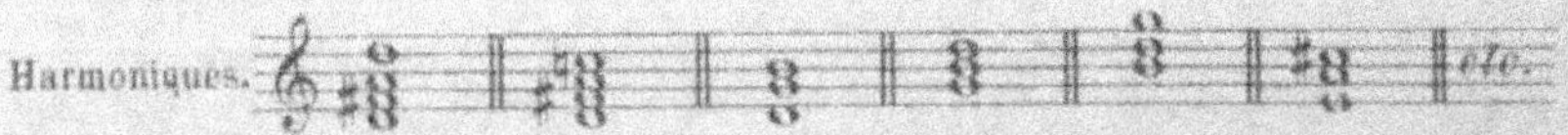

« Par suite de la longueur de ses cordes, la Contrebasse est très favorable a la production des sons harmoniques. » Berlioz le fait remarquer, et Verdi le prouve. (*Aïda*, IIIe Acte.)

Coups d'Archet.

12.§—Tout ce qui a été dit à ce sujet pour le Violon, l'Alto, le Violoncelle s'applique à la Contrebasse, (n'oublions pas toutefois la petite réserve du paragraphe 5 concernant le peu de longueur de l'archet.)

Rappelons ici que la force, l'accent, le rythme sont uniquement produits par l'attaque du talon. Et cela est si vrai que, lorsque l'auteur néglige toute indication de procédé sur son texte, il suffit que le passage soit *forte* pour que l'exécutant se serve spontanément de ce moyen :

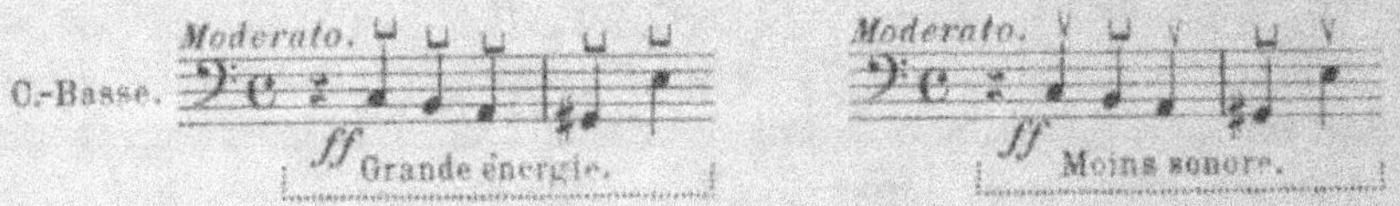

Groupes-Fusées.

13.§—Très pratiqués à la Contrebasse, de grand effet, d'une rare puissance :

 (Berlioz, *Invocation à la Nature*.)

(Gluck, Armide.)

(Ch. M. W. Les Pêcheurs de St-Jean)
(Heugel & Cᵢᵉ, Editeurs-Propriétaires.)

Dans tous ces exemples, les Violoncelles sont unis aux Contrebasses avec lesquelles ils se mélangent et se confondent aussi absolument que deux harmoniques voisins, comme les sons 1 et 2 d'une même Fondamentale.

A eux seuls, les Violoncelles paraissent faibles surtout dans le registre des cordes *sol, ré*. A elles seules, les Contrebasses manquent de netteté, les sons graves devenant de plus en plus lourds et pâteux.

Eh bien, associés, rivés l'un à l'autre, ces deux instruments forment la basse la plus claire, la plus souple, la plus puissante de l'orchestre.

C'est le même effet que celui que nous constatons à l'Orgue, quand, à un Bourdon de 16 paresseux et sourd, nous adjoignons un 8 pieds quelconque, si faible soit-il. L'ensemble en est étonnant, la résultante stupéfiante de solidité et de précision tonales.

La Sourdine.

Nous avons étudié le quatuor sans parler de la Sourdine, parce qu'il nous semblait assez inutile de la décrire et d'essayer d'en indiquer l'effet.

On l'adapte aux Violons, Altos et Violoncelles dont elle atténue la force du son tout en augmentant le caractère du timbre. (Il faut s'en méfier sur la quatrième corde du Violon, qu'elle étouffe un peu trop.)

Mais on ne s'en sert pas pour la Contrebasse.

Si votre Quatuor est en Sourdine, équilibrez l'ensemble en spécifiant que vous ne voulez alors qu'*un* ou *deux* contrebassistes, et en inscrivant au-dessus de leur partie : *Solo* ou *Due Soli*. La sonorité des deux instruments seuls se trouvera excellemment proportionnée avec le reste ; impossible à l'auditeur de se douter que "tous" n'ont pas la Sourdine.

Au temps de Berlioz, on s'en servait encore, paraît-il : «*On emploie les sourdines sur les Contrebasses comme sur les autres instruments à archet, mais l'effet qu'elles y produisent est assez peu caractérisé ; elles diminuent seulement un peu leur sonorité en la rendant plus sombre et plus terne.*»

Autres temps, autres mœurs ; nos contrebassistes d'aujourd'hui ne la pratiquent plus.

Le Chevalet.
(PONTICELLO)

«La sonorité des instruments à archet subit une modification sensible d'après l'endroit de la corde où se pose l'archet. Tandis que, dans le voisinage du Chevalet, le son atteint son maximum d'éclat, au-dessus de la touche il reste faible et mat.»

Près du Chevalet (*sul Ponticello*) le timbre est cuivré, métallique, comme mordoré : d'une force sans pareille dans la plénitude de l'ensemble, il devient scintillant et pour ainsi dire aérien dans le *pianissimo*.

Le même phénomène d'altération du timbre en approchant du Chevalet se produit sur la Harpe quand on attaque la corde tout près de la Table d'harmonie ; c'est vers le chevalet et contre la Table d'harmonie que les cordes supportent le maximum de tension. De là cet effet spécial, cette sonorité caractéristique.

La Baguette.
(LEGNO)

Wagner dans *Die Meistersinger*, Meyerbeer dans *l'Africaine*, Saint-Saëns dans la *Danse Macabre*, ont su tirer parti du renversement de l'archet, la baguette frappant les cordes, à l'exclusion des crins.

Très curieux ce cliquetis du bois ressemblant à une sorte de *pizzicato* très sec, évoquant l'idée d'une giboulée de Mars fouettant contre les vitres. Très curieux, très significatif, mais dangereux à utiliser sans raison sérieuse. Il faut le légitimer.

* * *

Voici, en Français en Italien et en Allemand, l'énumération des termes spéciaux usités dans l'écriture du Quatuor:

Pizzicato.	Pizzicato.	Pizzicato.
Archet.	Arco.	Bogen.
avec Sourdines.	con Sordini	mit Dämpfer.
sans Sourdines.	senza Sordini	{ ohne Dämpfer. { die Dämpfer fort.
Divisés.	Divisi	Getheilt.
Unis	{ Tutti. { Insieme	Zusammen.
sur le Chevalet.	sul Ponticello.	sul Ponticello.
sur la Touche	sul Tasto.	sul Tasto.
sur la 4ᵉ Corde	sul G.	sul G.
Soutenu	Sostenuto	{ Ausgehalten. { Getragen.
Staccato.	Staccato.	Staccato.

Nota: Mon éminent traducteur, le Dʳ H. Riemann, me fait observer que N. W. Koch (*Musikalisches Lexicon, 1802*), parle de la Contrebasse à quatre cordes (*Mi, La, Ré, Sol*), comme étant çà et là pratiquée, et mentionne la possibilité de gagner encore un ton dans le grave, en faisant descendre le *Mi* jusqu'au *Ré*.

TABLEAU
de l'étendue des Instruments.

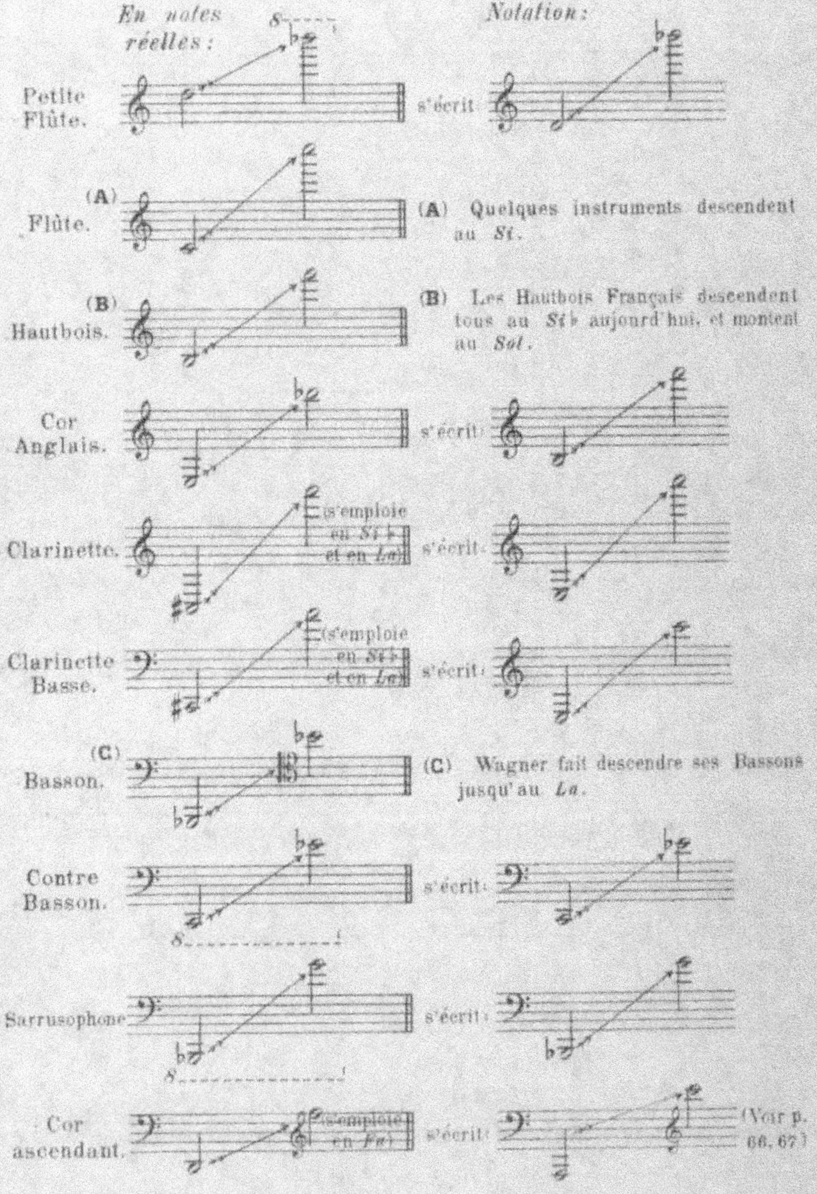

En notes réelles:
Notation:
Cor descendant.
s'écrit
(Voir p. 66, 67)
(D)
Trompette.
(D) Se joue en Ut aujourd'hui (son réel.)
Cornet à pistons.
(s'emploie en Si♭ et en ba)
s'écrit:
(E)
Trombone Ténor.
(E) Nous pratiquons peu le Trombone-Alto aujourd'hui. (Voir page 95)
(F)
Trombone Basse.
(F) Ne se trouve pas dans un grand nombre d'Orchestres.
(G)
Tuba.
(G) Se pratique en Ut et en Si♭ (Voir page 117).
(H)
Timbales.
(H) On divise cette gamme entre deux ou trois Timbales.
(I)
Harpe.
(I) Le Ré et l'Ut au-dessous du dernier Mi grave de sonorité moins riche.
Violon.
Maximum d'extension de la main.
(batteries sur une même corde):
Alto.
id.
Viol^celle
id.
C-Basse.
s'écrit:
id.
Etendue pratique a l'Orchestre.
(Voir p. 246)

TABLEAU
des Trilles sur les Instruments en bois.

Flûte:

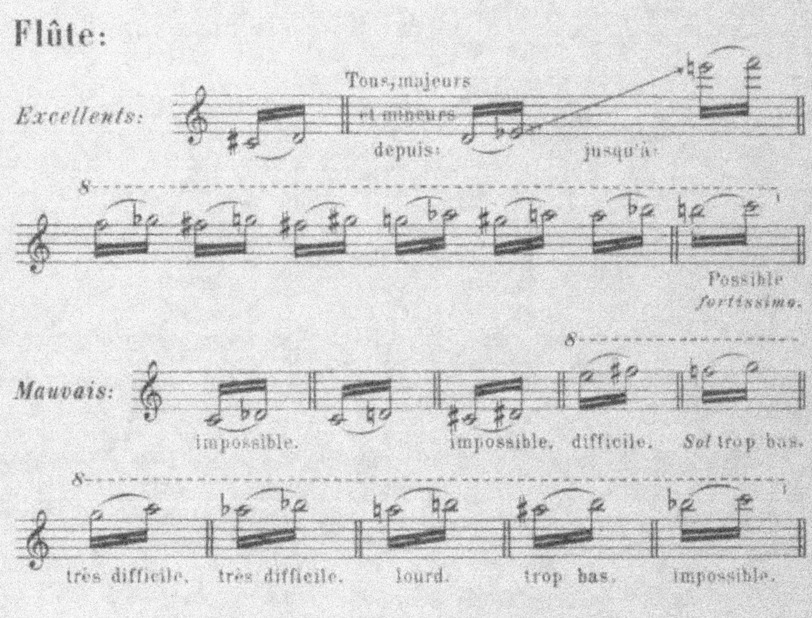

Remarque:— Sur les anciens instruments, il faut éviter les suivants:

(*Voir pages 6, 7*)

Hautbois:

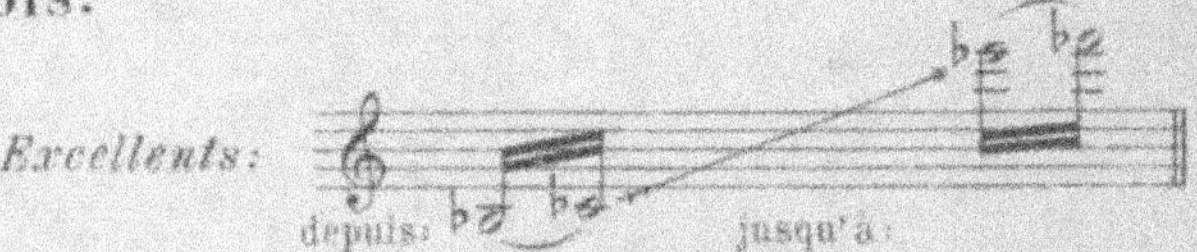

Remarque:— Sur les anciens instruments, les trilles suivants étaient mauvais:

(*Voir pages 17, 18, 19*)

Clarinette:

(Voir page 31)

Basson:

Nota. — Tous les trilles omis dans le registre grave sont impossibles.

(Voir pages 47, 48, 49)

TABLEAU
des Harmoniques.

A — *Notation pratique:*
(Le moyen de faire sortir *l'harmonique* indiqué.)

B — *Notation moins sûre:*
(Le moyen de produire *l'harmonique* laissé au choix de l'exécutant.)

Nota. — On écrit tout simplement la note réelle; le zéro qui la surmonte indique qu'on la veut *en son harmonique.*

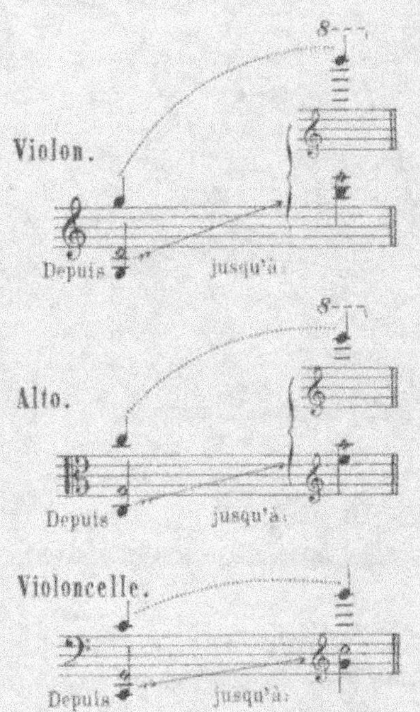

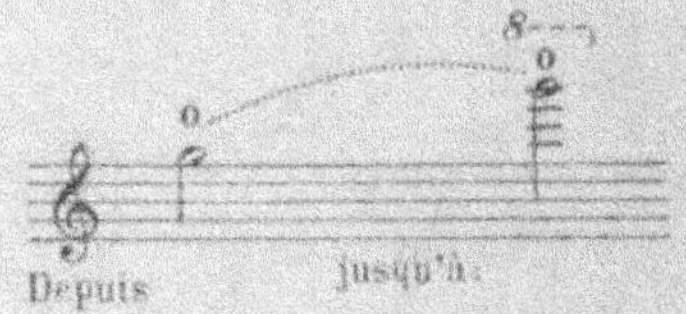

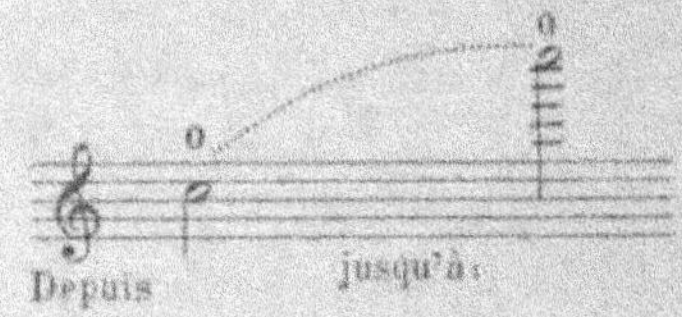

Contrebasse:

Les doigts ne pouvant s'écarter suffisamment pour atteindre la *Quarte*, les Contrebassistes ne pratiquent pas les harmoniques artificiels; il ne faut leur écrire que les harmoniques naturels compris entre 2 et 6, 7, 8. (Voir le tableau p. 245.)

Au-dessous des Harmoniques Artificiels indiqués dans les tableaux **A** et **B**, on ne peut obtenir que les Harmoniques Naturels, c'est-à-dire les sons 2 et 3.

(Voir p. 205 le Violon, p. 224 l'Alto, p. 235 le Violoncelle, p. 245 la Contrebasse.)

Remarque: On peut employer très facilement en doubles cordes les sons 2 (harmoniques naturels) de deux cordes voisines, et cela sur tous les instruments du Quintette.

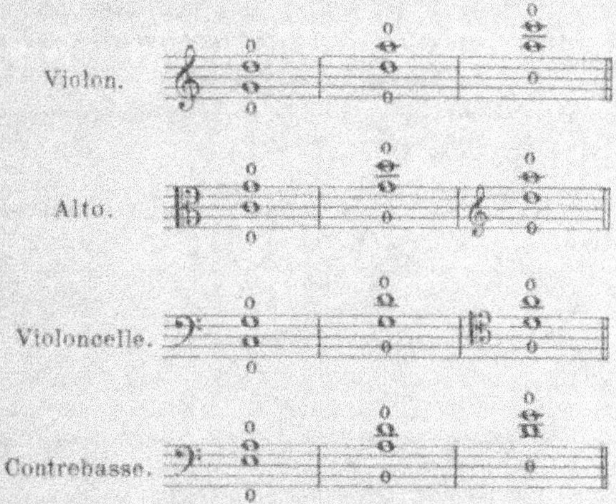

___

Les Doubles Cordes à l'Orchestre.

Un intervalle produit par deux cordes d'un même instrument, est plus lourd, moins fin, moins souple que le même intervalle produit par des instruments différents.

La double corde, dans le *piano*, reste peu malléable, peu apte aux changements harmoniques, dangereuse au point de vue de la justesse. Son emploi le plus fréquent est à l'Alto, en plein centre de l'Orchestre, dans la partie la plus sonore et la plus facile de l'instrument: souvent même on écrit deux parties d'Alto, chacune en doubles cordes, afin d'obtenir une plus complète plénitude harmonique.

* * *

La première qualité du Symphoniste consiste à savoir écrire le Quatuor: quand celui-ci sonne bien, tout va bien. Et pour acquérir cette qualité, il n'est qu'un moyen: *écouter et lire*, entendre et constater. Je suppose que vous connaissez assez bien vos classiques pour pouvoir reconstituer de mémoire telle page de Beethoven; eh bien, maintenant, étudiez les contemporains; lisez:

en *Allemagne*: Humperdinck, Gernsheim, Max Bruch, Richard Strauss, Weingaertener, Schillings, Hofmann, d'Albert, Wolfrum.

en *Autriche*: Hugo Wolff, Goldmark, Bruckner, G. Malher, Dvŏràk, Smetana, Fibich.

en *Italie*: Puccini, Giordano, Mancinelli, Bossi, Martucci, Leoncavallo, Mascagni, Wolff-Ferrari, Cilea.

en *Russie*: Rimsky-Korsakoff, Balakireff, Glazounow, Liadow, Borodine, Cui, Taneïew, Zolotareff, Sibelius.

en *Suède-Norvège*: Grieg, Sinding, Svendsen.

en *Belgique*: Gevaert, Tinel, Radoux, Blockx, Gilson, Mathieu.

en *Hollande*: Richard Hol.

en *Danemark*: Asger-Hamerick.

en *Angleterre*: Mackenzie, Cowen, Elgar, Villiers-Stanford.

en *Amérique*: Mac-Dowell, Chadwick, Van der Stucken, R. de Koven.

Et beaucoup d'autres encore: rien de plus instructif que d'étudier et de comparer les procédés de chacun, l'art étant fait d'observations bien plus que de formules.

Conclusion.

Le but de cet ouvrage ayant été d'analyser et de décrire la technique actuelle des instruments d'orchestre, nous ne nous sommes pas occupés de la *Voix*.

Et d'ailleurs, est-ce donc par une analyse, une description que se pourrait traiter un tel sujet ? Est-il une méthode qui apprenne quelque chose ?

Il ne se passe pas de jour où un compositeur ne frappe à la porte d'un professionnel pour lui demander conseil sur un son de Cor Anglais ou un trille de Clarinette : combien ne serait-il pas plus nécessaire encore de s'adresser à la porte en face et d'interroger les Chanteurs ! Les moyens du Cor Anglais et de la Clarinette peuvent à la rigueur s'étudier dans un livre; mais ceux du gosier humain, combien plus complexes !

Le Chant ne s'apprend que par expérience. Beaucoup de musiciens, connaissant bien l'orchestre, ignorent l'art d'écrire pour les Voix. On en rencontre ne se doutant même pas qu'il y ait lieu de traiter différemment un Soprano d'un Ténor, faisant prononcer l'un sur des *sol*, *la*, *si* aigus, et descendre l'autre comme une voix de femme.

Un Compositeur doit savoir chanter, ou tout au moins savoir comment il faut chanter.

* *

Nous n'avions pas, non plus, à nous occuper de grouper les instruments, de les équilibrer, de les opposer les uns aux autres, car, encore une fois, ceci n'est point un traité d'Orchestration, mais un simple Appendice fait pour enregistrer les progrès de la facture instrumentale en ces soixante dernières années.

Bornons-nous donc à rappeler les principes les plus essentiels de l'Art :

1° — Ecrivez votre Orchestre de telle sorte que chaque groupe puisse s'entendre isolément.

De même qu'une armée se compose de trois masses : Infanterie, Cavalerie, Artillerie ; de même l'orchestre avec son Quatuor, ses Bois, ses Cuivres.

De même que chacune de ces masses doit avoir sa vie propre, être capable d'agir, de se défendre par elle-même ; de même les trois groupes de la Symphonie.

Pensez qu'à la première répétition, on lira les Vents d'abord, les gros Cuivres ensuite, les Cordes enfin, et que chaque groupe séparé devra donner la sensation d'une harmonie complète avec ses vraies Basses, et une idée aussi juste que possible de l'ensemble.

2° — Ecrivez de telle sorte que chaque musicien comprenne son rôle dans l'orchestre.

Faites que vos interprètes se rendent compte, à première vue, s'ils sont premier, second, troisième plan ; quelque difficile que soit l'œuvre, elle leur paraîtra intelligible aussitôt et ils la joueront de leur mieux. (Le Chef n'aura guère qu'à s'inquiéter des grandes lignes, le détail s'ordonnant de lui-même, les musiciens donnant tout naturellement l'intensité de son nécessaire, pénétrés de la claire volonté de l'auteur.)

3° — Associez l'idée des contrastes sonores à celle des changements de tonalités.

Il est bien évident que, pas plus en Musique qu'en Peinture, on ne peut formuler de loi sur les variétés de couleurs et les oppositions d'effets. Quand faut-il changer son décor, à quel moment substituer les Bois aux Cordes, par exemple ? C'est comme si vous demandiez quand on doit moduler, question qui restera toujours sans réponse technique : «Quand on ne sait plus que dire,» affirmeront les ironistes.

Mais ce n'est là qu'une réponse d'ordre sentimental... En est-il donc une autre?

Eh bien, si le bon sens interdit même la recherche d'une règle, il reste permis de comparer et de procéder par analogie.

Moduler, c'est quitter sa maison, franchir des frontières et s'en aller aux Indes, en Chine, au Japon, contempler des paysages nouveaux sous un ciel d'une autre couleur.

Très logiquement, le même instinct qui nous fait changer de ton, nous incite en même temps à changer de sonorité. Les deux partis se tiennent: prenez l'un, l'autre s'impose aussitôt.

Je me hâte de faire remarquer que, l'Art n'admettant pas l'Absolu, c'est un timide essai de vague théorie, ou plutôt un simple rapprochement d'idées, que je me permets d'exposer ici.

4° — Maintenez vos instruments de premier plan dans le registre de la meilleure sonorité.

Prenez garde aux sons de l'extrême aigu. Si pour un effet quelconque, vous devez y avoir recours, n'en usez pas longtemps.

La tension des lèvres chez un Corniste ou chez un Trompettiste exige un effort qui ne saurait se prolonger impunément. Profitons de l'exemple que nous donne une Musique d'Harmonie: Au début du morceau, c'est à qui, parmi les instrumentistes, soufflera dans son tube avec le plus bel entrain; au fur et à mesure de la durée, l'enthousiasme décroît en proportion des forces, et pour peu que le morceau se prolonge, il ne reste plus de son vers la fin.

Les Maîtres ont toujours écrit avec logique et clarté; jamais ils n'ont dédaigné le côté pratique des choses.

Voici, pour finir, quelques exemples d'intéressantes dispositions orchestrales, pris dans des œuvres contemporaines, d'écoles, de nationalités diverses.

Remarquons dans l'exquise scène dite de *la Fontaine*, d'E. Reyer, l'heureux mélange des Harpes et des Altos sous la cantilène des Flûtes:

I

Fl.
Cors mib.
Cors sib.
1re H.
Sons ord.res
2e H.
Altos.
Chant.
que l'eau traîne en cou_rant,
A_vec ces
Fl.
Clar.
Cors mib.
Cors sib.
1re H.
2e H.
1er & 2e Viol.
Altos.
Chant.
fleurs
qui vont
aux pré_ci_ pi_ces
V.lles & C.-B.
molto cresc.
molto cresc.

II

Sonorité grasse du *Quatuor* soutenu par les Cors et la Harpe:

p dolce.
p
p
p
p
p
p
p
p
p
p
pizz.
p
pizz.
p
p

III

Le dessin du *Quatuor* produisant l'effet d'un trille continu:

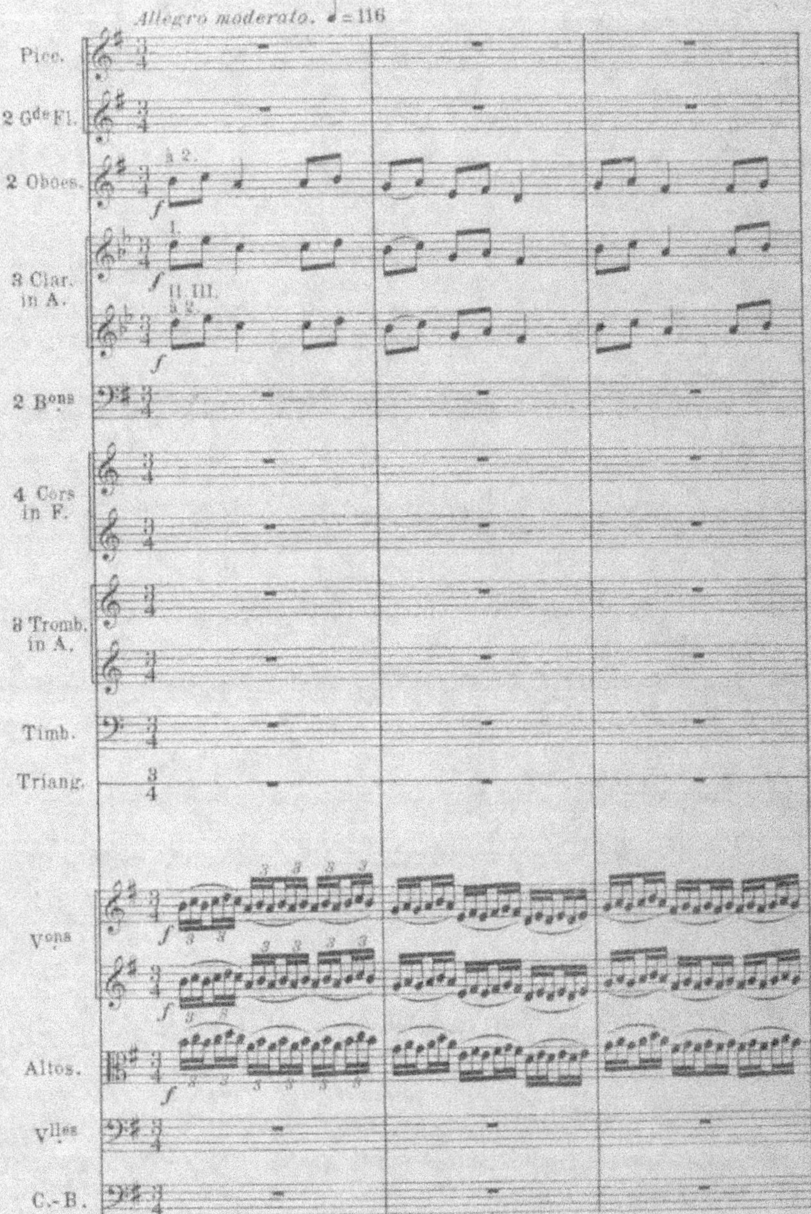

Ob.
Clar.
Cors.
Vons
Alt.
Fl. picc.
Gde Fl.
Ob.
Cl.
Cors
Triang.
Vons
Alt.
Dim.
mf
p

266
Fl.
Ob.
Clar.
Bas.
Cors.
2e Viol.
Alt.
Vlles
pizz.
Fl.
Ob.
Cl.
Bas.
Cors.
Vons
Alt.
Vlles
arco.
(M. P. Belaïeff, Éditeur-Propriétaire.) (Glazounow, 6e Symphonie.)

Brillante sonorité:

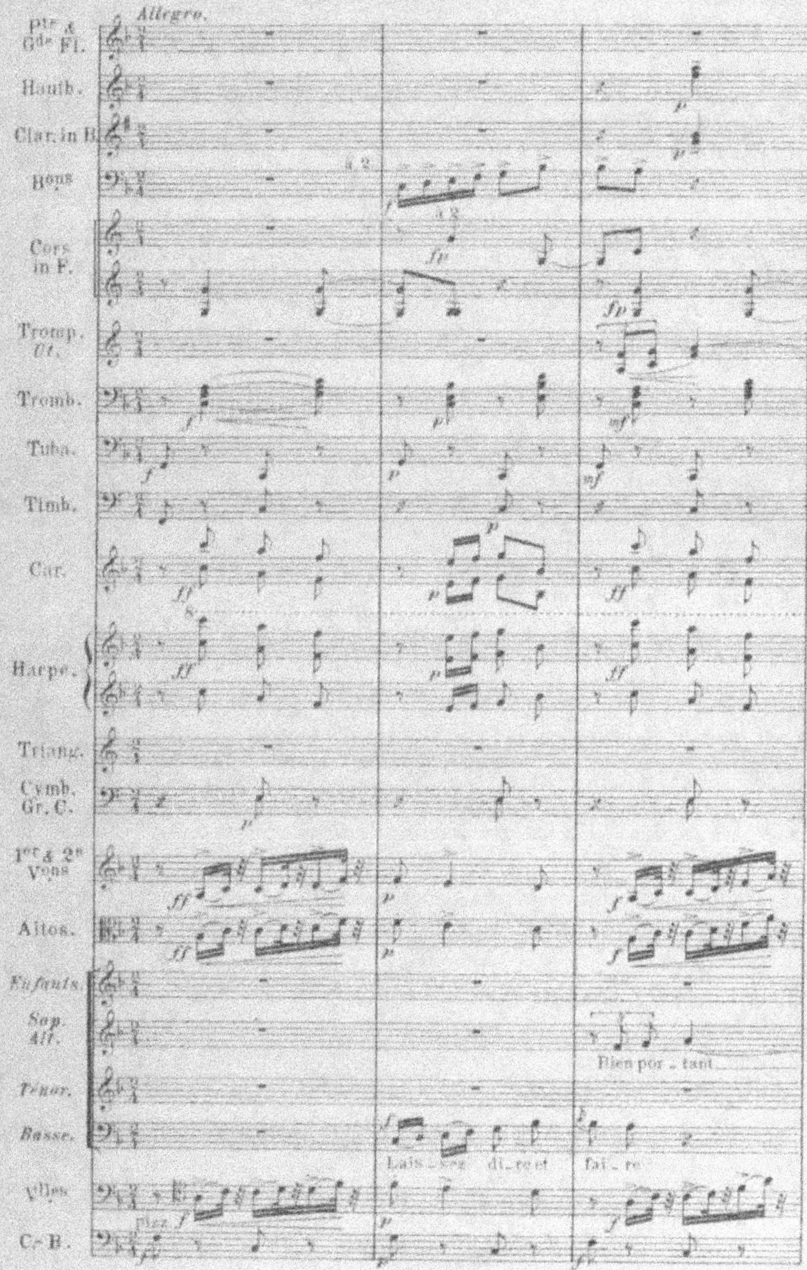

Solo.
Solo.
Car _ na _ val
Est de retour
Et con _ tent
Va ton train, Va, fi _ dè _ le
Prends ta
Vo _ gue la ga _ lè _ re
Vin qui pé _ til _ le
Vo _ gue la ga _ lè _ re
pizz
pizz

Pte Fl.
Gde Fl.
Vons
arco.
Fête et bal
Flûte et tambour
Jeunes
fil _ les
joyeux
bel _ le
Pas _ la main...
C'est l'instant du rigau _ don
Fil _ le gen _ til _ le
Bou _ che ri _ an _ te
Valse entrai _
Fil _ le gen _ til _ le
Bou _ che ri _ an _ te
Valse entrai _
Vlles & C-B unis
div.
pizz.

V

Sonorité grasse et pleine:
Allegro ma non troppo. (♩ = 100)
Piccolo & Flûte 8va.
Oboes.
Cor anglais.
Clarinettes.
Cl. Basse.
Bassons & C.-Basson.
1er & 2e Cors. in F
3e & 4e Cors.
1re 2e & 3e Trompettes.
1er & 2e Trombones.
3e Trombone & C.-Basse Tuba.
Triangle.
Piatti.
Gr. Caisse.
Timbales.
1er & 2e Violons.
Altos.
1er & 2e Soprani.
1er & 2e Alti.
Chœur Général.
Soprani.
Alti.
Ténor.
Basse.
Violoncelles.
C.-Basses.
de bon_heur!
Bon_heur au
de bon
Bon_heur, bon_heur au
Bon_heur, bon_heur au

Picc.
Fl.
Voci
cou_ple ra _ di_eux! Bon _ heur,____ bonheur au
cou_ple ra _ di_eux! Bon _ heur,____ bonheur au
cou_ple ra _ di_eux! Bon _ heur,____ bonheur au

VI

Effet de contraste violent et dramatique:

Fl. I.
Meno.
Fl. II.
p spiccato.
mf spiccato.
mf spiccato.
pp
pp
pp
1er Viol.
div. à 3.
ppp
ppp
2e Viol.
div. à 3.
ppp
ppp
ppp
ppp

Table des Matières.

Note
sur les origines de l'Orgue
(Appendice au Chapitre V)

La Boîte Expressive a été introduite pour la première fois dans l'orgue de l'église St Magnus-le-Martyr par Jordan ainé, à Londres (1712). Le système d'alors consistait à faire glisser l'une sur l'autre deux parois à jour, disposition qui sera bientôt remplacée par des jalousies horizontales d'abord, verticales ensuite.

Pédalier. C'est bien à tort qu'on en attribue l'invention à Bernhard (dit l'Allemand) facteur et organiste à Venise, lequel en aurait fait la première application en 1471. L'orgue de Halberstadt (1361) avait des touches de Pédalier. L'addition d'une Pédale à l'orgue de St Nicolas, d'Utrecht, n'est pas postérieure à 1450. Enfin l'orgue de Groningue construit en 1479 par R. Agricola avait déjà une Pédale de dix jeux, mais de disposition spéciale.

Un des premiers exemples de Pédaliers partant de l'*Ut* grave, et ayant la gamme chromatique complète, date de 1673 (Amsterdam, Nieuwe-Kerk). Depuis lors, les orgues d'Allemagne et de Hollande ont des Pédaliers assez semblables aux nôtres, mais d'une étendue de 27 notes (d'*ut* à *ré*). C'est Bach qui fera monter le Pédalier jusqu'au *fa*.

Claviers. Au Xme siècle, le clavier manuel était de quinze touches pour deux octaves (*la, si, ut, ré, mi, fa, sol, la, si, ut, ré, mi, fa, sol, la*). Au milieu du XIme, les demi-tons commencent à apparaître. En 1361, on construit un orgue à trois claviers, mais quels claviers! Les touches ont 7 centimètres de largeur et ne se peuvent enfoncer qu'à coups de poing. Et tandis que les deux premiers claviers ont 22 notes, le troisième et le Pédalier n'en comptent pas plus de 14.

Registres. On peut les faire dater de la fin du XVme; c'étaient alors de simples lames de bois (séparant les rangées de tuyaux) que l'organiste, cessant de jouer, devait aller tirer ou repousser, sur le côte de l'instrument. A l'extrémité de chaque lame, un trou muni d'une ficelle, voilà tout le mécanisme. Les rouleaux de transmission avec bâtons et boutons ne datent que de la fin du XVIme siècle, commencement du XVIIme.